中國大陸
涉外稅法實務

盧　雲著

臺灣商務印書館發行

前　言

　　中國涉外稅收法律制度，已為海內外經濟、法律界人士所普遍關注。本書注重實用性，對中國**涉外企業所得稅、工商統一稅、房產稅**等主要稅項的法律與實務問題力求做出詳盡準確的說明；同時對那些稅額較小或者僅會涉及個別業務的稅項、以及近期會有較全面修訂的稅項（**個人所得稅**），均有扼要的介紹；另外還對外國企業通常從事的各類業務的有關稅務處理，加以專門的描述；鑒於國家間的稅收協定對締約國稅法的執行會有某些限定，因而在本書的有關章節中，對此亦會給以必要的提示，以便對有關人士在處理稅務事項時有所指引。作者對現行稅務法規持有的一些個人看法，在本書中也有所表露，這些在文中是不難識別的。

　　本書適合與中國有商務往來之人士以及從事會計、法律和稅務諮詢工作的人士在實際業務中查用，亦可作為稅務研究人員和學生的參考用書。

　　寫作本書需引證大量文件資料，稅務規定又會時有增補、變化，故書中內容若有疏漏之處，均以有效之稅務規定為準；或有值得商榷之處，敬請讀者指正。在本書成稿過程中，諸多同事和好友提供中肯意見或協助抄錄，在此不一一舉明，謹致衷心感謝。

盧　雲

1993年2月於北京

目　錄

中國大陸涉外稅法實務

中國大陸涉外稅法實務

第三部分　流轉稅與財產稅

第四部分	稅務行政管理

第一部分

概　述

1

中國涉外稅制概述

第 1 章

中
國
涉
外
稅
制
概
述

1.1 內外分設稅制

　　自 1949 年以來，中國稅收法律制度歷經多次重大的改革調整。1979 年，國家開始實行對內搞活經濟、對外開放的政策。為適應經濟體制改革和發展商品經濟的要求，國家再次進行了全面的稅收體制改革。其中最具實質性的重要改革，就是對國營企業實施了所得稅法律，企業由以往上繳全部利潤的分配形式改為繳納所得稅和稅後利潤留成的分配形式。同時，為適應拓展國際經濟交往、吸收外國投資和引進先進技術的需要，對涉及外國投入資本的企業和外籍個人，專門開闢了涉外稅收制度的立法進程。單獨設置涉外適用稅制的決策還有這樣兩個成因：一是當時正在執行中的各類稅項大多數處於對國內中資企業的試行階段，並且均是由國務院以＂條例（草案）＂或＂暫行條例＂的形式公布執行，尚未完成全國人民代表大會的立法程序；二是對國內中資企業或中國個人適用的某些稅項，由於所基於的經濟體制的差別，故而在稅率的設計、稅基的確定及徵收程序的規定內容上，尚不能適應國際經濟交往和對具有外國資本成分的各種經濟類型的企業的稅務處理需要，有些稅務規定內容與國際通行的稅收慣例有較大差異。因而，中國採取對內對外分別設置稅制的方式，以至目前形成了對內對外兩套包括流轉稅、所得稅等主要稅項的、較為完整的稅收制度。當然，中國今後稅制改革的趨向，是要隨着國家經濟體制改革進程的發展、以及國際經濟交往領域和規模的拓展，稅制逐步走向統一。

　　目前，中國現行稅制共包括 30 多個稅項，其中有些稅項是專門適用於國內中資企業、或者是在中國境內居住（不包括香港、澳門、臺灣等地區）的中國籍人士的，通常稱作對內稅收；有些稅項是專門適用於有外國或港、澳、臺地區資本成分的外商投資企業或外國企業和外籍人士、華僑、港、澳、臺同胞，通常稱作涉外稅收；有些稅項則是對中資、外資企業均適用的。

以下對各稅項分類列舉如下：

(一)對業務流轉額徵收的流轉稅類

(1)　僅對內適用的稅項：

- 產品稅
- 增值稅
- 營業稅
- 集市交易稅
- 農林特產稅

(2)　僅涉外適用的稅項：

- 工商統一稅

(3)　內外通用的稅項：

- 關稅
- 牲畜交易稅

(二)對所得徵收的所得稅類

(1)　僅對內適用的稅項：

- 國營企業所得稅
- 國營企業調節稅
- 集體企業所得稅
- 城鄉個體工商業戶所得稅（注：此稅將與個人所得稅合併）
- 私營企業所得稅

- 農（牧）業稅
- 個人收入調節稅（注：此稅將與個人所得稅合併）

(2) 僅涉外適用的稅項：

- 外商投資企業和外國企業所得稅
- 個人所得稅（注：此稅將與個人收入調節稅，城鄉個體工商業戶所得稅合併成為內外通用的稅項）

(三)對財產徵收的財產稅類

(1) 僅對內適用的稅項：

- 房產稅
- 契稅

(2) 僅涉外適用的稅項：

- 城市房地產稅（注：由於此稅為地方稅項，故有些地區已規定對內對外均同時適用房產稅，對外不再單獨適用此稅）

(四)對專項行為徵收的行為稅類

(1) 僅對內適用的稅項：

- 城市維護建設稅
- 投資方向調節稅
- 燒油特別稅
- 車船使用稅
- 筵席稅
- 國營企業工資調節稅
- 國營企業獎金稅
- 集體企業獎金稅
- 事業單位獎金稅

(2) 僅涉外適用的稅項：

- 車船使用牌照稅（注：由於是地方稅項，故有些地區已規定，對內對外同時適用車船使用稅，對外不再單獨適用此稅）

(3)　內外通用的稅項：
- 特別消費稅
- 印花稅
- 屠宰稅
- 船舶噸稅

(五)對資源級差收入徵收的資源稅類

資源稅類的各稅項均僅對內適用：
- 資源稅
- 鹽稅
- 耕地佔用稅
- 城鎮土地使用稅

以上共計稅項38個，其中僅涉外適用和內外通用的稅項有11個。當然，我們從以上列舉的稅項中可以看出，在對內適用的稅中，有些稅雖屬同一稅種，但按納稅人性質不同又區分為多個稅項，如：所得稅、獎金稅等。雖然這種情形有其稅制建設中的歷史及客觀成因，但政府及法律界人士亦已經注意到此種情形的不利方面，並且準備在今後的稅制建設中，逐步改變這種現象。

涉外稅項與對內適用的稅項相比，具有稅種少，稅負低，優惠多的特點。首先是稅種少，這從前面的內、外適用的稅項歸類中即可以看出，涉外適用（包括內外通用）的稅種或稅項僅有11項；對內適用（包括內外通用）的稅項達33項，按同稅種分亦達27項稅種。此外，國內中資企業及事業單位還須繳納國家在上述稅項以外規定徵集的某些基金或費用，如＂國家能源交通重點建設基金＂、＂國家預算調節基金＂等。其次是稅務負擔低，這主要體現在直接稅即企業所得稅方面。目前對外商投資企業和外國企業徵收所得稅統一實行33%的比例稅率（包括地方所得稅在內）。而國營大中型企業的所得稅適用55%的比例稅率，此外還須視稅後利潤額的大小，由稅務機關採取分別核定稅率的方式計繳國營企業調節稅。對國營小型企業及從事飲食、飯店、服務業的企業和集體企業徵收所得稅，適用10%至55%的八級超額累進稅率，最低一級稅率10%適用於企業年所得額在1,000元以下的部分，最高一級稅率55%適用於年所得額超過20萬的部分。當然，作為外商投資企業所沒有的，按上述規定稅率納稅的國營企業還特別享有用稅前利潤歸還全部貸款的政策。但此項政策將隨着國內所得稅制的改革而逐步取消。對私營企業徵收所得稅，按《私營企業所得稅暫行條例》的規定，適用35%的比例稅率。自1992年，為配合國家搞活國營大中型企業和轉換國營企業經營機制的改革政策，對部分作為改革試點的國營大中型企業已開始試用33%的比例稅率，對股份制企業亦規定按33%的比例稅率徵收所得率。今後，所得稅的改革方向預計將會逐步降低內資企業的所得稅稅率，在稅率及稅基的計算等方面逐步與外商投資企業趨於一致。在流轉稅方面，雖然內資企業適用產品稅、增值稅、營業稅，外商投資企業適用工商統一稅，但在兩者之間，有關稅率的設置或稅收負擔率並無大的差異。涉外稅收優惠多的特點主要體現在所得稅優惠方面，包括分地區或行業的減低稅率、定期稅收減免、專項稅收減免、再投資退稅等內容，這些將在本書的第三章中加以詳細的討論。

中國大陸涉外稅法實務

1.2 涉外適用稅種概述

中國現行的各種稅項，均以單獨立法的形式出現，尚沒有一個統一的綜合性稅收法律。雖然在1950年1月，前中央人民政府政務院曾發布了《全國稅政實施要則》作為統一全國稅政的綜合性法規，對中國的稅收政策，稅收制度和稅務機構的設置原則等重大問題作了規定。但經過幾十年的經濟發展，特別是自1979年以來稅收制度的重大改革，該《要則》已不可能適應現時的情況，所以已很少再被人們提及。因而，中國現行涉外適用的稅項，同樣是表現為各個單項的稅收法律。其特點是，除所得稅法是80年代以來制定或修改的法律外，其他各稅項大多是延用50年代經過正式立法程序產生的稅收法律。目前涉外適用的11個稅項，其中有關關稅和船舶噸稅的法律是由海關負責實施，其餘9個稅項的法律均由稅務局負責實施。

1.2.1 工商統一稅

工商統一稅是依據《中華人民共和國工商統一稅條例（草案）》（以下簡稱＂條例＂）和《工商統一稅條例施行細則（草案）》（以下簡稱＂細則＂）徵收。

一切從事工業品生產、農產品採購、外貨進口、商業零售、交通運輸和服務性業務的單位或個人，都是工商統一稅的納稅人（條例第二條）。納稅人在中華人民共和國境內和國外分別設有總、分支機構，只就在中國境內的機構所經營的業務交納工商統一稅（細則第二條）。

商品在生產和流通的各環節中，一般要在兩個環節負有工商統一稅納稅義務：工業品在工業環節、列舉徵稅的農產品在採購環節、進口貨物在進口環節交納一次工商統一稅；其後，這些產品（商品）通過商業零售環節銷售時，另在商業零售環節交納一次工商統一稅。條例"稅目稅率表"中未列舉的農產品，在採購或進口環節不交納工商統一稅，只在通過商業零售環節銷售的時候交納工商統一稅。交通運輸、銀行保險和服務性業務僅在從事業務取得收入環節，交納工商統一稅。（參見細則第三條）。

工商統一稅視不同產品或經營項目分別規定適用的比例稅率。工業產品按列舉的產品稅目，分別適用該稅目規定的稅率，最低稅率為1.5%，最高稅率為66%；未列舉的工業產品應按"其他工業產品"稅目適用5%的稅率。農、林、牧、水產品，按各稅目列舉的產品，分別適用有關稅率，最低稅率為5%，最高稅率為40%；未列舉的農、林、牧、水產品，不徵收工商統一稅。商業、交通運輸和服務業務，按列舉的項目，分別適用有關稅率，最低稅率為3%，最高稅率為7%；未列舉的項目一般應按"其他服務性業務"項目適用3%的稅率。企業另須按應納的工商統一稅額繳納1%的地方附加。應繳工商統一稅稅額的計算，以計稅依據數額直接乘以稅率算出；地方附加按企業應納工商統一稅總額直接乘以1%附加率算出。

1.2.2 牲畜交易稅

牲畜交易稅依據《牲畜交易稅暫行條例》（簡稱"條例"）徵收。該項條例由國務院1982年12月13日發布，從1983年1月1日起執行。

在中華人民共和國境內，凡進行馬、牛、騾、驢、駱駝五種牲畜交易的公民和機關、部隊、團體、農村社隊、企業事業單位，都應交納牲畜交易稅（條例第一條）。牲畜交易稅以購買牲畜者為納稅義務人，按照牲畜頭（匹）的成交額，依5%的稅率計算應納稅額（參見條例第二、三、四條）。由納稅義務人在購買牲畜時向牲畜成交地的稅務機關繳納（"條例"第六條）。

1.2.3　企業所得稅

外商投資企業和外國企業所得稅依據《中華人民共和國外商投資企業和外國企業所得稅法》（簡稱"稅法"）徵收。該"稅法"是在對原《中外合資經營企業所得稅法》和原《外國企業所得稅法》以及原有的諸多重要稅務規定進行歸集、修訂、調整的基礎上，於1991年4月9日由第七屆全國人民代表大會第四次會議通過並頒布，於1991年7月1日起施行。原《中外合資經營企業所得稅法》和《外國企業所得稅法》同時廢止。1991年6月30日，國務院發布《中華人民共和國外商投資企業和外國企業所得稅法實施細則》並亦於1991年7月1日起施行。

稅法統一適用於外商投資企業和外國企業的生產經營所得和股息、利息、特許權使用費、租金等其他所得，對在中國境內設立的企業或生產經營機構取得的上述所得，依30%的比例稅率徵收企業所得稅，依3%的稅率徵收地方所得稅；對在中國境內未設立生產經營機構的外國公司、企業取得的來源於中國境內的投資所得適用20%的比例稅率。

現行稅法及其實施細則與原有的兩個對外適用的企業所得稅法相比，有以下重要的調整、修訂或補充：

(1)　調整稅率

原《中外合資企業所得稅法》對營業企業或機構所規定的稅率為應納稅所得額的30%，地方所得稅稅率為應納企業所得額的10%。原《外國企業所得稅法》對企業和營業機構所規定的稅率為，按應納稅所得額的數額大小適用20%—40%的五級超額累進稅率，地方所得稅稅率為應納稅所得額的10%。

(2)　調整定期稅收減免的優惠適用人

稅法規定對生產性外商投資企業，經營期在10年以上的，從開始獲利的年度起，2年免稅，其後3年減半徵稅（參見"稅法"第八條第一款）。此項優惠內容，在原《中外合資經營企業所得稅法》中亦有規定，但不限於生產性企業適用；在原《外國企業所得稅法》中無此項優惠內容。

(3)　調整再投資退稅優惠規定的適用人

稅法規定：外商投資企業的外國投資者，將從企業取得的利潤直接用於資本性再投資，其再投資額已繳納的所得稅款，可以獲得40%或100%的退稅。原《中外合資經營企業所得稅法》中亦有此項優惠規定，但規定合資企業的中、外合營者均可適用，不限於外國投資者適用。原《外國企業所得稅法》中無此項優惠規定。

(4)　取消對匯出利潤徵稅

原《中外合資企業所得稅法》第四條規定，合營企業的外國合營者，從企業分得的利潤匯出國外時，按匯出額繳納10%的所得稅。現行稅法取消了此項對匯出利潤徵稅的規定。

(5)　統一優惠規定

原有諸多單項稅務優惠規定，大部分歸入了稅法或細則的正式條款中。

(6) 允許計提壞賬準備

稅法允許對從事信貸和融資性租賃等業務的企業，逐年按年末放款餘額或者年末應收款項餘額計提不超過3%的壞賬準備，從當年度應納稅所得額中扣除（細則第二十五條）。原有兩個稅法均無此項規定。

(7) 增加對關聯企業的稅務處理規定

稅法第十三條和細則第四章規定了對關聯企業業務往來的稅務處理辦法。外商投資企業或者外國企業在中國境內設立的從事生產，經營的機構，場所與其關聯企業之間的業務往來，應當按照獨立企業之間的業務往來收取或者支付價款、費用；若未按照獨立企業之間的業務往來收取或支付價款、費用，而減少其應納稅的所得額的，稅務機關有權進行合理調整（稅法第十三條）。原有兩個稅法均無此類規定內容。

1.2.4 個人所得稅

個人所得稅依據《中華人民共和國個人所得稅法》（簡稱"稅法"）徵收。該"稅法"於1980年9月10日由第五屆全國人民代表大會第三次會議通過並同時頒布執行。同年12月14日經國務院批准、財政部公布《中華人民共和國個人所得稅法施行細則》（簡稱"細則"），並規定以稅法的公布施行日期為細則的施行日期。個人所得稅法原適用於包括中、外籍個人的所有個人納稅人。由於1986年9月25日國務院發布了《中華人民共和國個人收入調節稅暫行條例》，並規定從1987年1月1日起施行，該條例規定，個人收入調節稅的納稅義務人是指具有中國國籍、戶籍，並在中國境內居住，取得條例規定納稅收入的公民（個人收入調節稅暫行條例施行細則第二條），對上述中國公民徵收個人收入調節稅，不再徵收個人所得稅。因此，自1987年起，個人所得稅實際成為僅對外籍個人和其他在中國無戶籍之個人適用的稅項。

在中國境內居住滿一年的個人，從中國境內和境外取得的所得，須依個人所得稅法的規定繳納個人所得稅（稅法第一條）。但在中國境內居住滿一年，未超過五年的個人，其從中國境外取得的所得，只就匯到中國的部分繳納個人所得稅，居住超過五年的個人，從第六年起，就從中國境外取得的全部所得納稅（細則第三條）。但依據財政部（83）財稅字第62號通知的規定內容，對在中外合資經營企業、中外合作經營企業中工作的外籍人員以及在外國公司、企業和其他經濟組織在華機構中工作的外籍人員，如果只是為了執行任務，從事業務工作，在華常駐一年以上或超過五年的，但並不準備在中國境內定居，其在中國境外取得的所得，不論是否匯來中國，均可免予申報繳納個人所得稅。納稅人在中國境外取得的所得，已在外國繳納的所得稅可持納稅憑證在按照中國稅法規定稅率計算的應納所得稅額內申請抵免（細則第十六條第二款）。

不在中國境內居住或者居住不滿一年的個人，只就從中國境內取得的所得繳納個人所得稅（〝稅法〞第一條）。但在一個歷年中連續或累計居住不超過90日的個人，從中國境外僱主取得的工資、薪金所得免於徵稅（見細則第五條第一款，另可查看財政部（88）財稅字第005號〝關於修改《中華人民共和國個人所得稅法施行細則》第二條第一款、第五條第一款規定的通知〞第二條）。

依稅法第二條的規定，應納個人所得稅的所得有以下各項：

(1) 工資、薪金所得；

(2) 勞務報酬所得；

(3) 特許權使用費所得；

(4) 利息、股息、紅利所得；

(5) 財產租賃所得；

(6) 經中華人民共和國財政部確定徵稅的其他所得。

依稅法第四條的規定，免徵個人所得稅的所得有以下各項：

(1) 科學、技術、文化成果獎金；

(2) 在中國的國家旅行和信用合作社儲蓄存款的利息；

(3) 福利費、撫恤金、救濟金；

(4) 保險賠款；

(5) 軍隊幹部和戰士的轉業費、復員費；

(6) 幹部、職工的退職費、退休費；

(7) 各國政府駐華使館、領事館的外交官員薪金所得；

(8) 中國政府參加的國際公約，簽訂的協議中規定免稅的所得；

(9) 經中華人民共和國財政部批准免稅的所得；

(10) 個人從中國境內的中外合資經營企業、城鄉合作組織分得的股息、紅利，免予徵稅（細則第五條第二款）。

個人所得稅的稅率和稅額，視所得項目的不同而有區別：

（一）工資、薪金所得，適用下列超額累進稅率計算納稅。每月免稅扣除額為800元。

級數	級　距	稅率(%)	速算扣除數
1	全月收入額在 800 元以下的	免	0
2	全月收入額 801 元至 1,500 元的部分	5	40 元
3	全月收入額 1,501 至 3,000 元的部分	10	115 元
4	全月收入額 3,001 至 6,000 元的部分	20	415 元
5	全月收入額 6,001 至 9,000 元的部分	30	1,015元
6	全月收入額 9,001 至 .12,000 元的部分	40	1,915
7	全月收入額 12,001 元以上的部分	45	2,515 元

　　依國務院 1987 年 8 月 8 日發布的《關於對來華工作的外籍人員工資、薪金所得減徵個人所得稅的暫行規定》的規定，對在外商投資企業、外國企業駐華機構中工作和其他來華工作的外籍人員、華僑、港澳同胞的工資、薪金所得，依照個人所得稅法的規定應繳納的個人所得稅稅額從 1987 年 8 月 1 日起減半徵收。

　　（二）勞務報酬所得、特許權使用費所得、利息、股息、紅利所得、財產租賃所得和其他所得，適用比例稅率，稅率為 20%。其中：勞務報酬所得、特許權使用費所得、財產租賃所得，每月收入不滿 4,000 元的，可減除費用 800 元；4,000 元以上的，減除 20% 的費用，然後就其餘額依 20% 稅率計算稅額。利息、股息、紅利所得和其他所得，直接依 20% 稅率計

例1.1

某個人月工資為 10,000 元人民幣，計算應納個人所得稅為：

工資級距：	稅率(%)：	稅額：
800 元以下部分	免	0
801 元—1,500 元部分	5	35 元
1,501 元—3,000 元部分	10	150 元
3,001 元—6,000 元部分	20	600 元
6,001 元—9,000 元部分	30	900 元
9,001 元—10,000 元部分	40	400 元
應納稅額		2,085 元
減半徵稅應納稅額		1,042.50 元

採用簡便計算方法計算：

月工資	10,000 元
乘：適用最高一級稅率	40%
減：同級速算扣除數	1,915 元
應納稅額	2,085 元
減半徵稅應納稅額	1,042.50 元

稅，無任何費用扣除。

個人所得稅以支付所得的單位為扣繳義務人，按月代扣代繳稅款。沒有扣繳義務人的，由納稅人按月自行申報納稅。扣繳義務人每月所扣的稅款或納稅人自行申報每月應納的稅款，須在次月 7 日之內繳入國庫代理銀行，並向稅務機關報送納稅申報表（見稅法第六條、第七條）。

預計在 1993 年內，個人所得稅將與個人收入調節稅和城鄉個體工商業戶所得稅合併，重新頒布新的個人所得稅法。新的個人所得稅法將統一適用於中、外籍或無國籍個人，與現行個人所得稅法對比，其內容含有某些調整和變動。但稅率調整後的稅收負擔水平與現行個人所得稅法規定的減半徵收（參考上文）後的稅收負擔水平相比，不會有大的改變。

1.2.5　城市房地產稅

城市房地產稅依據《城市房地產稅暫行條例》徵收。該條例於1951年8月8日由前中央人民政府政務院公布並從即日起施行。自1986年10月1日起，對國內中資企業和單位改按國務院1986年9月15日發布的《房產稅暫行條例》徵稅。對外商投資企業和外國企業以及外籍個人、華僑、僑眷、港、澳、臺灣同胞在華擁有的房產仍按照《城市房地產稅暫行條例》的規定徵收房產稅，由於房屋所佔用的土地，所有權屬於國家，並由有關房管部門徵收土地使用費，故不再徵收地產稅。（參見：財政部（80）財稅字第82號通知、前稅務總局（87）財稅外字第230號批復）。

城市房地產稅以房地產權所有人或房產權承典人為納稅人，產權所有人或承典人不在本地的，由房產代管人或使用人代為申報交稅（見條例第三條）。依前政務院1952年12月31日發布的《關於稅制若干修正及實行日期的通告》規定，房產稅按年計徵，每年的房產稅依據標準房價按1.2%的稅率徵收，或依據標準房租按18%的稅率徵收。

1.2.6　車船使用牌照稅

車船使用牌照稅依據《車船使用牌照稅暫行條例》徵收。

該條例於1951年9月13日由前政務院公布並從公布之日施行。1986年9月15日國務院發布《車船使用稅暫行條例》，並從1986年10月1日起施行，適用於國內中資企業、單位和非外籍人員。因而，《車船使用牌照稅暫行條例》現僅對外商投資企業、外國企業和外籍個人適用。

車船使用牌照稅對行駛於公路的車輛和航行於國內河流、湖泊或領海口岸的船舶，按其種類、大小，實行定額徵收。擁有或者使用上述車船的單位和個人為納稅人。

《車船使用牌照稅暫行條例》對稅額有如下規定：

（一）對車輛規定了稅額幅度，由各省、市、自治區根據本地情況，在幅度內確定本地區適用的稅額。稅額幅度為：

類　　別	項　　目	計稅標準	年稅額幅度
機動車	乘人汽車	每輛	60—320 元
	載貨汽車	按淨噸位每噸	16—60 元
	機器腳踏車	二輪車每輛	20—60 元
		三輪車每輛	32—80 元
非機動車	獸力車	每輛	4—32 元
	人力車	每輛	1.2—24 元
	腳踏車	每輛	2—4 元

（二）對船舶規定統一的分類、分噸位固定稅額，船舶淨噸位越大的，每噸稅額越高。

機動船稅額按船舶淨噸位每噸每年1.20元（50噸位以下船舶）—4.40元（3,000噸位以上船舶）；非機動船稅額按船舶載重噸位每噸每年0.60元（10噸以下船舶）——每噸每年1.40元（300噸以上船舶）。

1.2.7　特別消費稅

根據國務院的決定，國家稅務局發布文件規定從1989年2月1日起對彩色電視機和小轎車徵收特別消費稅。但對彩色電視機徵收的特別消費稅根據國務院的決定已於1991年4月停止。

在中國境內從事生產和進口特別消費稅應稅產品（商品）的單位和個人為特別消費稅的納稅義務人。對小轎車徵收特別消費稅的稅額，區別進口車或國產車及各類車型的不同，每輛2,000元—40,000元不等。

1.2.8　印花稅

印花稅依據《中華人民共和國印花稅暫行條例》（簡稱"條例"）徵收。該條例由國務院於1989年8月6日發布，並從當年10月1日起執行。

凡在中國境內書立、領受條例列舉的應稅憑證的單位和個人，均須繳納印花稅。由兩方或兩方以上當事人共同書立的憑證，當事人各方均為納稅人，須各自納稅。

應繳納印花稅的憑證有五類：

(1)　合同或具有合同性質的憑證；

(2)　產權轉移書據；

(3)　營業賬簿；

(4)　權利許可證照；

(5)　經國家確定的其他憑證。

印花稅稅額計算分有兩類：

(1)　對各類合同或產權轉移書據視合同的內容不同，按合

同金額或書據印截金額分別適用萬分之三至千分之一
的稅率不等；

(2) 對營業賬簿或權利許可證照按件計稅，每件五元。

由於工商統一稅是在對1958年以前的貨物稅、商品流通
稅、營業稅、印花稅等四種稅加以合併和改革的基礎上制定
的，所以對繳納工商統一稅的外商投資企業和外國企業在華營
業機構，均暫免予徵收印花稅；但在華未設有營業機構之外國
公司或外國公司在華之非營業機構，由於無須繳納工商統一
稅，因而仍須按印花稅暫行條例的規定繳納印花稅。（參見：
財政部（89）財稅字第010號通知）。

1.2.9　屠宰稅

屠宰稅依據《屠宰稅暫行條例》（簡稱＂條例＂）徵收。
該＂條例＂由前政務院於1950年12月19日公布施行。

屠宰稅的納稅人為屠宰豬、牛、羊等牲畜的單位和個人。
計徵方法原規定按牲畜屠宰後的實際重量從價依率計徵。後為
簡化徵收程序，改按每頭屠宰的牲畜定額徵稅，稅額由各省、
市、自治區人民政府確定。依據原稅務總局（85）財稅外字第
199號批復規定，對中外合資經營企業宰殺豬、牛、羊等牲
畜，可按宰殺後的實際重量以價計徵，稅率減按4%。

1.2.10　船舶噸稅

船舶噸稅依據《船舶噸稅暫行辦法》徵收。該辦法於
1952年9月16日由前政務院財政經濟委員會批准，同年9月
29日由海關總署發布施行。

船舶噸稅由海關徵收，徵稅範圍包括：在中國港口行駛的

外國籍船舶、外商租用的中國籍船舶、中外合資企業使用的中、外國籍船舶、中國租用的航行於國外及兼營國內沿海貿易的外國籍船舶。上述已完噸稅的船舶，無須再向稅務機關繳納車船使用牌照稅。

噸稅稅額按船舶噸位分級確定，噸位越大的船舶，每噸稅額越高。機動船稅額為每噸位 0.30 元—1.80 元不等；非機動船稅額為每噸位 0.15 元—0.35 元不等。應徵噸稅船舶的國籍，如屬於與中華人民共和國簽有條約或協定，規定對船舶的稅費給予最惠國待遇的國家，該船舶的噸稅按優惠稅額計徵，機動船每噸位 0.30 元—1.10 元不等，非機動船每噸位 0.15 元—0.35 元不等。噸稅分為三個月期和 30 天期繳納，由納稅人選報。按三個月期繳納者，每期依上述稅額繳稅；按 30 天期繳納者，每期按上述稅額減半徵收。

1.2.11 關稅

1951 年，中國政府公布《中華人民共和國暫行海關法》和《海關進出口稅則》以及《稅則實施細則》。1987 年 1 月 22 日第六屆全國人民代表大會常務委員會第十九次會議通過了《中華人民共和國海關法》，並於 1987 年 7 月 1 日生效。1987 年 9 月 21 日國務院修訂發布《中華人民共和國進出口關稅條例》，並實施了新的《海關進出口稅則》。現行關稅主要依據上述新《海關法》第五章、《關稅條例》和《海關進出口稅則》徵收。

進出口貨物的收、發貨人或其代理人，是為關稅的納稅人。進出口貨物和物品的關稅，須在貨物和物品的進出口岸地海關，按申報進口或出口之日實施的稅率，依規定的完稅價格計算稅額。進口稅率稅目為2,102個，稅率分為最低稅率和普通稅率，來自與中華人民共和國簽訂有關互惠條款的貿易協議或條約的國家的進口產品，適用最低稅率，從3%至15%不等，共分17級；其他則適用普通稅率，普通稅率在最低稅率基礎上提高1-2級，或提高50%-60%。出口稅率除煤炭按每噸40元從量定額徵稅外，其他規定徵稅的商品均從價計稅，稅率分為六級，從10%-60%不等，目前僅對34種規定商品出口時徵稅。

1.3　涉外稅收管理機構

為執行中華人民共和國有關稅收法律，對各項稅收進行有效的徵收管理，中國各級稅務機關分設為：直屬國務院、由財政部負責協調管理的國家稅務局；接受地方政府和國家稅務局雙重領導的各省、自治區、直轄市稅務局；接受當地政府和上級稅務機關領導的地區、縣稅務局及其派出機構稅務分局或稅務所。由於中國目前存在的內、外兩套稅收制度，因而為適應涉外稅收的徵收管理特點，在各級稅務機構中通常均設置如下專門的涉外稅收管理部門：

國家稅務局設置：

⑴　涉外稅務管理司，具體處理國家稅務局有關貫徹執行涉外稅收法律、法規及依據實際情況研究制定行政措施等事務。

⑵　海洋石油稅務管理局，具體負責與海洋石油業務有關的涉外稅收法律、法規的執行，及稅收的徵收管理。下設四個海洋石油管理分局及一個徵收處。

各省、自治區、直轄市稅務局設置：

(1) 涉外稅政處，負責涉外稅收法律、法規、行政措施在本地區的實施。

(2) 涉外稅務徵收分局，負責對本省、自治區、直轄市級次的外商投資企業和外國企業的稅款徵收。

各地區或縣稅務局設置：涉外稅務分局或涉外稅科（所），負責對本地區外商投資企業和外國企業的稅款徵收。

第二部分

企業所得税

2

稅法及其適用範圍

第 2 章

税法及其適用範圍

2.1 税法和規定

1991 年 4 月 9 日中國第七屆全國人民代表大會第四次會議通過並頒布《中華人民共和國外商投資企業和外國企業所得稅法》（以下簡稱 " 稅法 "）。該稅法自 1991 年 7 月 1 日起施行，統一適用於中外合資經營企業、中外合作經營企業，外資企業（統稱為外商投資企業）和外國企業。在此之前，中外合資經營企業適用《中外合資經營企業所得稅法》，上述其他類型的企業適用《外國企業所得稅法》（以下除特別指明之處，對該兩個稅法均稱為 " 原稅法 "）。

在制定新稅法的過程中，遵循了以下基本原則：

(1) 有利於貫徹中國對外開放政策，改善外商投資環境，促進對外經濟技術合作的發展；

(2) 在維持國家權益的前提下，繼續堅持 " 稅負從輕、優惠從寬、手續從簡 " 的原則，從而使稅收政策更好地發揮引導投資方向的作用；

(3) 注重從中國實際情況出發，積極借鑒國際稅收慣例和他國有益的做法，並注意在稅法的內容中體現實用性、穩定性和與原稅法內容上必要的連續性。

稅法共設 30 條，分別對納稅人、納稅所得、稅率、優惠等稅收基本內容進行了法律規範。

1991 年 6 月 30 日，國務院批准並發布實施《中華人民共和國外商投資企業和外國企業所得稅法實施細則》（以下簡稱為《細則》）。《細則》按各類稅務事項，分為 9 章，共 114 條，其主體是對稅法內容作出定義解釋，制訂實施程序規範。

在《稅法》和《細則》以外，國務院或其稅務主管部門以

"通知"或"暫行規定"的形式發布的某些對稅法或細則的解釋性及補充性規定，亦具有執行效力。

在特定情況下，對某些外商投資企業和外國企業，可能還會適用原稅法的某些條款，故在本書的有關章節中，亦會對該等有可能適用的原稅法條款分別加以說明。

2.2 適用稅法的納稅所得

基於經濟體制和稅收立法進程中的種種原因，中國的所得稅體制基本上是以納稅人經濟性質的不同而分別設置各自適用的所得稅法，而在每一部適用不同納稅人的所得稅法中大多是採用了綜合所得稅制。我們現在所討論的對外適用的企業所得稅法也是採用了綜合所得稅的體制，對諸如資本收益、或財產轉讓收益等類所得與生產經營利潤所得適用同一稅法及相同的稅率。

稅法第一條規定，適用《稅法》納稅的外商投資企業和外國企業的所得包括"生產經營所得"和"其他所得"。《細則》第二條對生產經營所得的行業範圍和其他所得的類型範圍分別進行了列舉式的說明。

⑴ 生產經營所得包括從事下列行業取得的所得：
- 製造業
- 建築安裝業
- 農業、林業、畜牧業、漁業
- 水利業
- 商業
- 金融業

- 服務業
- 勘探開發作業
- 其他行業

(2) 其他所得包括：
- 利潤（股息）
- 利息
- 租金
- 轉讓財產收益
- 提供或者轉讓專利權、專有技術、商標權、著作權的收益
- 營業外收益

對此應予注意的是，《細則》第二條對納稅所得範圍的說明僅為列舉，並非限定。也就是說，對適用《稅法》的納稅所得可以概括為：一切以合法經營、投資、轉讓財產、提供勞務等方式所取得的所得。

2.3 適用《稅法》的納稅人

《稅法》僅適用於有外來資本成分的公司企業（參閱第一章 1.1 " 內外分設稅制 " 一節）。《稅法》第一條對適用的納稅人限定為 " 外商投資企業 " 和 " 外國企業 " 兩類。

2.3.1 外商投資企業

《稅法》第二條第一段表明，" 外商投資企業 " 是指在中國境內設立的中外合資經營企業、中外合作經營企業和外資企業。中國《中外合資企業法》、《中外合作企業法》、《外資

企業法》分別對這三類企業形式規定有基本定義。因而，適用《稅法》的外商投資企業的範圍一般來說是明確的，但亦有某些特殊的情形。對此，我們簡要地歸納如下：

(1) 中外合資經營企業：

中外投資者共同投資、經營，按投資比例共負盈虧的股權式的、具有中國法人地位的有限責任公司。中外合資經營企業是為《稅法》規定的納稅人。

(2) 中外合作經營企業：

中外合作各方以協議方式對公司各方責任、權利、義務和收益分配比例進行約定而合作組織的公司。合作經營企業可以依法取得獨立的中國法人地位，組成有限責任公司；也可以採取不組成獨立法人的經營聯合體等方式。

所得稅應以獨立的法人實體為課稅主體，對不組成獨立法人的中外合作企業，由於其合作各方仍然分別從屬於各自的法人實體，因而不能作為一個統一的所得稅納稅人，而是由合作各方各自作為單獨的納稅人，分別就其從合作企業取得的所得繳納所得稅。其中參加合作經營的外國合作者應被視為在中國境內設有生產、經營機構場所的外國企業而成為稅法的納稅人，因而並不享受外商投資企業的有關稅收優惠待遇；參加合作經營的國內中資企業應為適用內資企業有關稅法的納稅人（參見《細則》第七條和國家稅務局國稅發〔1991〕165號通知第四條）。但依據上述《細則》條款和國家稅務局文件規定的內容，對不組成企業法人的中外合作經營企業，凡訂有公司章程，共同經營管理，統一核算盈虧，共同承擔投資風險的，經企業申請，報當地稅務機關批准，也可以依照稅法統一計算繳納所得稅，並享受外商投資企業的有關稅收優惠。

《稅法》中規定的關於稅收管轄權的實施範圍與納稅人是否具有中國法人地位有直接的關係。因而，由於中外合作經營企業的法人地位的複雜情形，將使其在適用不同的稅收管轄範圍問題方面亦會產生一些複雜的問題，對此將在本章第2.4.1 "中國居民公司"一節中加以討論。

(3) 外資企業：

全部為中國境外投資者投資並經營，依中國法律註冊，取得中國法人地位的有限責任公司。外資企業是為稅法規定的納稅人。

2.3.2　外商投資企業與國內中資企業再合營

在中國境內的外商投資企業與國內中資企業再合資建立的企業，依照國家工商行政管理部門的有關工商企業管理註冊規定，均不能認定成為中外合營企業，而仍視其為內資企業。其理由是，儘管這個理由會令人感到牽強，中國境內的外商投資企業是中國法人，因而其與另一中國法人（中國境內的中資企業）的合資經營不能稱為中外合營。也就是說，依照工商行政管理規定，所謂"中外合營"之"外"，是指具有外國法人地位的公司或外籍自然人。依此理，在中國境外組成法人企業的中資公司返回中國境內投資則可註冊為外商投資企業。

但是，對中外合資經營企業與國內中資企業再合營的徵稅問題，財政部做出了另外的處理規定。依照財政部（86）財稅字第306號通知的規定，凡中外合資經營企業與國內企業再合營申辦新的合營企業，如果該新辦的企業屬於國家鼓勵發展的項目，外資股權比例佔25%以上，並經國家主管部門及其授權機關批准的，可視為中外合資經營企業，按《中外合資企業所得稅法》的規定繳納所得稅，並享受法則的稅收優惠。

2.3.3 外國企業

外國企業的概念為：在中國境外組成法人實體的公司企業和其他經濟組織。有可能成為中國所得稅納稅人的外國企業有兩類：

(1) 在中國境內設立機構場所從事生產經營的外國企業；

(2) 雖未在中國境內設立營業機構，但取得來源於中國境內投資性所得的外國企業（參閱本章2.4.2"中國來源所得"一節）。

《細則》第三條第二段和第四條對機構、場所的範圍有比較詳盡的列舉，這些列舉包括：

- 管理機構
- 營業機構
- 辦事機構
- 工廠、開採自然資源的場所
- 承包建築、安裝、裝配、勘探等工程作業的場所
- 提供勞務的場所
- 營業代理人

依據《細則》第四條的表述，上列營業代理人有可能是一個公司、企業或經濟組織，亦有可能是一自然人，其能夠判定為外國企業（委託人）的機構場所的，須具有如下代理業務內容：

(1) 經常代表委託人接洽採購業務，並簽訂購貨合同，代理採購商品；

(2) 與委託人簽訂代理協議或合同、經常儲存屬於委託人

的產品或者商品，並代表委託人向他人交付其產品或商品；

(3) 有權經常代表委託人簽訂銷貨合同，或接受訂貨。

對以上所引用的《細則》第四條關於代理業務內容的某些表述用語需做以下說明：

(1) 對用語"經常"及"有權經常"，尚未有具體的解釋。在依據此條款作出實際判定時，稅務機關通常會依循如下原則：

　　(a) 受託人被授與經常性的權利，而不是僅對某一次特定業務項目具有代理權；

　　(b) 上述第（1）和第（2）項代理業務，是經常實際存在或發生的業務。但若從事上述第（3）項代理業務的，則只要有經常代理此類業務的授權，即使實際發生的代理事項很少，也有可能被認定為委託人的營業機構；

　　(c) 對一家代理人是否構成委託人的營業機構做出判定時，並未將具有獨立地位的代理人排除在外。但對與中國簽有稅收協定的國家企業，就此事項做出判定，將會依據稅收協定限定的標準進行；

　　(d) 對代理業務的規模、方式等具體情形均會加以綜合的考慮。

(2) 《細則》第四條"簽訂購貨或銷貨合同"一語，與國際上通常所持的解釋一致，不僅限於簽署合同，也包括簽署合同前必要的談判過程。

2.4 税收管轄權實施範圍

《稅法》確定同時實施兩種稅收管轄權，一是對中國居民公司實施境內、境外來源所得全面徵稅的居民稅收管轄權；二是對非中國居民公司實施中國來源所得徵稅的所得來源地稅收管轄權。《稅法》第三條對此具體表述為：" 外商投資企業的總機構設在中國境內，就來源於中國境內、境外的所得繳納所得稅。外國企業就來源於中國境內的所得繳納所得稅 "。

2.4.1 中國居民公司

《稅法》第三條的規定表明，對一家公司是否作為中國居民公司實施全面的稅收管轄，取決於其在中國境內是否設立有總機構。對總機構的定義界線及實際判定，將會在很大程度上影響到一家企業的納稅狀況。茲將情況描述如下：

(一)總機構的定義

《細則》第五條對 " 總機構 " 定義為：" 依照中國法律組成企業法人的外商投資企業，在中國境內設立的負責該企業經營管理與控制的中心機構。"

上面這個定義表明，判定一家公司是否在中國境內設有總機構從而成為中國居民公司，所依據的是企業法人的註冊地及其社會住所（即：負責企業經營管理與控制的中心機構）均在中國境內這樣一個 " 雙重具備 " 的判定標準。

" 負責企業經營管理與控制的中心機構 " 這一公司社會住所的表述，並未特別指明是指公司的董事機構還是（總）經理機構。從其整體的表述看，傾向於是指公司決策的執行機構，即（總）經理機構的含義；但從 " 控制 " 一詞看，並不排除兼有公司決策機構，即董事機構的含義。現有的中外合資企業法、中外合作企業法、外資企業法和有關工商登記註冊管理的法規，均有企業經營管理機構和企業董事會機構的設置地點應與企業法人的登記註冊地一致的原則性規定。因而，《稅法》和《細則》中，有關上述表述實際指向的不確定性，目前並不會引起公司居民身分判定方面的過多困擾。

在實行"雙重具備"的居民判定標準的情形下，從理論上說，如果一家在中國依法註冊成立的法人企業，將其"負責經營管理與控制的中心機構"，即其社會住所設在中國境外，則將不會被認定為中國居民公司及實施全面稅收管轄。但在實際上，由於上述"企業法"和有關規定的約束，作出這種安排的可能性幾乎是不存在的。

(二)中國居民公司和非居民公司的實務判定

依據上述"總機構"的定義及有關的說明，我們可以對稅法所適用的各類納稅人（參閱上文 2.3 "適用稅法的納稅人"一節）是否為中國居民公司作出如下一般性的判定。之所以為一般性的判定，就是說還不能排除對某些可能發生的極為特殊的情形（例如發生稅收協定要求解決的雙重居民的情況）需要進行實際的個案判別：

(1) 中國居民公司包括在中國境內設立的：
- 中外合資經營企業
- 取得法人地位的中外合作經營企業
- 外資企業

這三類企業都是依中國法律組成的中國法人實體，並依照規定均應在中國境內設立負責企業經營管理與控制的中心機構，因而屬於中國居民公司，並負有全面納稅義務。

(2) 非中國居民公司

    (a) 在中國境內設立機構場所的外國企業，其法人註冊地及總經理機構均在中國境外，故為非中國居民，應僅就其來源於中國境內的所得繳納所得稅。

    (b) 不組成獨立法人的中外合作經營企業。

對未取得中國法人資格的中外合作經營企業做出恰當的居民身分判定稍顯複雜一些。依照中外合作經營企業法的規定，中外合作經營企業可以不組成一個獨立的法人實體。在這種情況下，即使經企業申請，對某些符合一定條件的非法人合作企業可以批准其統一計算繳納所得稅（參閱上文第 2.3.1 節(2)），合作各方仍然分別從屬於各自的法人實體。因而依據關於總機構的"雙重具備"的判定標準，對這種不組成獨立法人的中外合作經營企業將不會認定其在中國境內設有總機構，從而不能判定其為中國居民公司，因而僅應對其來源於中國境內的所得徵收所得稅，這與外國企業在中國境內設立的機構場所的稅務處理實際上是一致的。

2.4.2　中國來源所得

依前所述，對包括外國企業和不具有中國法人地位的中外合作經營企業在內的非中國居民公司，稅法規定應僅就其來源於中國境內的所得徵稅。因而，明確對所得來源地的判定標準，對於確定對非中國居民企業的稅收管轄權實施範圍有實際的稅收意義。由於稅法規定有對境外所得已納稅款給與稅額扣除，因此明確所得來源地的判定標準對於確定中國居民公司的境外所得已納稅款的扣除限額和實際扣除額亦有實際的意義。

《細則》第六條對來源於中國境內的各類所得的判定分別進行了表述，對此列舉並說明如下：

(一)來源於中國境內的生產經營所得

(1) 外商投資企業在中國境內從事生產、經營取得的所得；

(2) 外國企業通過其在中國境內設立的機構、場所，從事生產經營取得的所得以及發生在中國境外與上述機構場所有實際聯繫的利潤（股息）、利息、租金、特許權使用費和其他所得。

所謂"有實際聯繫"一語，在《稅法》及《細則》中沒有進一步做出定義性解釋。"實際是認同國際通常的原則性解釋，即：據以取得利潤（股息）、利息、租金、特許權使用費、轉讓財產收益等所得的股權、債權或財產等，為該營業機構、場所所擁有或經營管理或佔用、使用。

例2.1

一家外國銀行在中國境內設有一間分行，該分行以其在中國籌集的資金向中國境外一家借款人貸款從而取得貸款利息。

該筆利息收入雖然是由於境外借款人在中國境外使用該項貸款而支付的，但由於據以取得該筆利息債權屬於該中國境內的分行所擁有，故該筆利息所得會被判定為是與該分行有實際聯繫的所得，從而應繳納中國所得稅。

(二)來源於中國境內的投資所得

(1) 從中國境內企業取得的利潤（股息）為來源於中國的

所得。這裏"從中國境內企業取得"一語具有通常的
"由中國境內企業分配"的含義。

例2.2

中國境內一家外商投資企業，對稅後利潤進行分配，
向企業之外方投資者分配100萬元之股息。

該項100萬元的股息應被判定為來源自中國境內。

---

(2)　從中國境內取得的存款或者貸款利息、債券利息、墊
　　付款或延期付款利息等均為來源於中國的所得。這裏
　　"從中國境內取得的利息"一語，具有由中國境內債
　　務人使用該項信貸資金並由此支付利息的一般意義。

例2.3

中國境內一家公司向境外某銀行借款1,000萬美元，
共計向該外國銀行支付利息150萬美元。該中國企業以此
項借款用於為其在中國境內的工廠購置生產設備。

該外國銀行取得的此項150萬美元的利息會被判定為
來源自中國境內。

若該中國企業以此項借款用於在中國境外建立一間分
公司，並且該項借款的利息是由該企業在中國境外的分公
司負擔的，也就是說借款利息的支付人與借款的使用地並
非同在中國境內，在此等情形下，該項利息所得來源地的
判定問題，中國稅收法律尚有必要做出進一步的規定。

---

(3)　將財產租給中國境內租用者而取得的租金為來源於中
　　國的所得。這裏"將財產租給中國境內的租用者而取

得的＂一語具有＂由中國境內的承租人使用租賃財產
並由此支付租金＂的一般意義。

例2.4

中國境內一家企業向外國一家租賃公司承租一批集裝
箱，用於其在中國境內的運輸業務。為此共計支付租金10
萬元。

該外國租賃公司由此所取得的10萬元租金會被判定為
來源自中國境內的所得。

但如果發生租賃財產的使用地與租金的支付人或負擔
人不同在中國境內的情形時，例如：此例中的中國企業將
承租的集裝箱指定運往其在中國境外的一家分公司使用，
並由該家分公司負擔此項租金，對此等情形下的租金來源
地的判定，中國稅收法律尚需做出更為明確的規定。

---

(4)　提供在中國境內使用的專利權、專有技術、商標權、
　　股權、著作權等而取得的使用費為來源於中國境內的
　　所得。

例2.5

一家中國境內的公司與某外國公司簽訂一項化肥製造
技術合同。合同規定：該外國公司向中國公司提供化肥製
造技術的使用權。為此，該中國公司支付技術使用費90萬
美元。

該外國公司所取得的此項90萬美元技術使用費將被判
定為來源自中國境內。

(三)來源於中國境內的財產轉讓收益

凡係轉讓在中國境內的房屋、建築物及其附屬設施，土地使用權等財產而取得的收益均為來源於中國境內的所得。

例2.6

　　一家外國Ａ公司擁有中國境內一家外商投資企業的50萬元股權。該外國Ａ公司以80萬元將該項股權轉讓給另一家公司，扣除有關交易費用支出後，該Ａ公司獲得股權轉讓收益26萬元。

　　Ａ公司此項26萬元的股權轉讓收益會被判定為來源自中國境內的所得。

2.5　稅收協定的有關限定

　　稅收協定的一般規定對本章所涉及的稅法內容通常有如下限定：

　　（一）對締約國一方企業在中國設立的營業機構場所，只有在符合"常設機構"的標準時，中國才有權對該營業機構、場所的利潤徵稅。稅收協定中通常採用的關於"常設機構"的一般性定義"企業進行全部或部分營業的固定場所"，以及特別列舉出的機構、場所類型與《稅法》對負有繳納中國稅收義務的外國公司營業機構、場所的規定未有明顯的差異。但區別不同國家間的稅收協定仍有可能在以下方面有所限定：

　　(1)　對建築工地、建築、裝配或安裝工程，和企業通過僱員提供的勞務，包括諮詢勞務或監督管理活動，除特別規定的情況外，通常限定連續或累計達到一定期限（較多協定規定為六個月）的，方構成＂常設機構＂。中英稅收協定對監督管理和諮詢勞務等活動另有極為特殊的規定。

(2) 對如下從事準備性或輔助性業務的場所，通常規定其不構成常設機構：

    (a) 專為儲存、陳列本企業貨物或者商品的目的而使用的設施；

    (b) 專為儲存、陳列本企業貨物或者商品的庫存；

    (c) 專為另一企業加工的目的而保存本企業貨物或者商品的庫存；

    (d) 專為本企業採購貨物或者商品、或者搜集情報的目的所設的固定營業場所；

    (e) 專為本企業進行其他準備性或輔助性活動的目的所設的固定營業場所。

(3) 締約國一方企業僅通過按常規經營本身業務的經紀人，一般佣金代理人或者任何其他獨立代理人在中國進行營業，不應認為在中國設有＂常設機構＂。

（二）《稅法》中有關中國居民公司判定標準的規定與稅收協定中對居民公司通常的定義性解釋和判定標準，二者之間沒有矛盾。但若發生一家企業依據締約國雙方法律而成為締約國雙方居民的情形時，則應以稅收協定的有關規定或通過雙方主管當局協商確定該企業為締約國某一方的居民。

（三）有關投資所得來源地的判定原則，稅收協定通常對其中的利息、特許權使用費有如下特別規定：凡由國家政府或地方行政當局或該國居民支付的，應認為是發生在該國；如果支付人不是該國居民，但支付利息的債務或支付特許權使用費的義務與支付人設在該國的常設機構或固定基地有聯繫並由其負擔的，上述利息或特許權使用費應認為是來源於該常設機構或固定基地所在國。

（四）稅收協定通常對以船舶或飛機經營國際運輸的利潤來源地國家的徵稅權問題有特別的規定；對轉讓用於國際運輸的船舶、飛機等財產的收益徵稅權問題亦有特別的規定。

3

稅率及稅收優惠

第 3 章

税率及税收優惠

對外開放、吸收外國投資是中國對外將長期堅持的基本國策。因此，基於稅務政策應與國家總體政策一致並為之服務的宗旨，對鼓勵投資所制定的稅收優惠政策，在稅法及其實施細則中內容繁多。

因此，即使拋開確定稅基的各項細節問題不論，若要直觀地評價中國涉外企業所得稅稅收負擔的高低，也必須從稅率和優惠兩個方面加以綜合的討論。本章將在第一節中對法定的一般稅率以及在以後各節中對統稱為稅收優惠的各種類型分別加以說明。

在討論以下內容前，還要強調說明的是，不組成獨立法人的中外合作經營企業，除非符合有關條件，且經申請並獲准統一繳納所得稅〔參閱本書第二章 2.3.1 節（2）〕以外，均不享受適用於外商投資企業的稅收優惠待遇，而應僅適用於外國企業的有關優惠待遇。

3.1　一般稅率

法定的一般稅率視在華設有營業企業或營業機構場所和在華未設立營業機構、但取得源於中國所得這兩類情形而有所不同。

3.1.1　營業企業和營業機構適用稅率

外商投資企業取得營業利潤所得和股息、利息、租金、特許權使用費等各項所得和外國企業在中國境內設立的從事生產、經營的機構、場所取得的上述各項所得，應納企業所得稅稅率為應納稅所得額的30%；地方所得稅稅率為應納稅所得額的3%。計算地方所得稅的應納稅所得額與計算企業所得稅的應納稅所得額一致。因而，企業總體稅收負擔水平為33%。（參見稅法第五條）

例3.1

一家外資企業1992年度取得生產經營利潤100萬元，從境外取得股息20萬元、財產租賃收益20萬元。經審計確認該年度企業應納稅所得額為140萬元。

此家外資企業1992年應納所得稅為：

企業所得稅（140萬元×30%）	42萬元
地方所得稅（140萬元×3%）	4.2萬元
應納所得稅總額	46.2萬元

註：若是一家外國公司在中國所設之營業機構取得上述營業利潤所得和與該營業機構有實際聯繫的其他所得。其應納所得稅額的計算與本例的方法一致。

3.1.2 投資所得源泉扣繳稅率

外國企業在中國境內未設立營業機構、場所，但取得來源於中國的利潤（股息）、利息、租金、特許權使用費等各類所得，或者雖然設立有營業機構，但取得與所設機構沒有實際聯繫的上述所得，其應納所得稅稅率為20%，不再徵收地方所得所得稅。並應由支付上述所得的企業或個人代扣代繳應納稅款（見稅法第十九條）。

```
┌─────────────────────────────────────────────┐
│                   例3.2                      │
├─────────────────────────────────────────────┤
│                                               │
│     香港一家公司向中國電子技術進出口公司提供一項專     │
│  利技術使用權，取得特許權使用費50萬元。              │
│     該電子技術進出口公司在向香港這家公司支付專利技      │
│  術使用費時應扣繳所得稅為：                        │
│            50萬元×20％＝10萬元                 │
│     這家香港公司會收到40萬元現匯和一份已繳納中國所     │
│  得稅10萬元的完稅憑證。                          │
│     若取得此類所得之公司是一家與中國簽有雙邊稅收協      │
│  定國家的公司，則所扣繳的稅款將依協定限定的稅率計      │
│  算。                                         │
│                                               │
└─────────────────────────────────────────────┘
```

3.1.3　1991年7月1日以前設立的企業適用稅率的確定

現行稅法自1991年7月1日起開始施行，取代了原中外合資企業所得稅法和外國企業所得稅法，而現行稅法規定的稅率與原稅法有所改變。

原中外合資企業所得稅法規定的稅率為：企業所得稅稅率30％，地方所得稅稅率為應納企業所得稅額的10％，總體稅收負擔率為33％。這與現行稅法所規定的所得稅總體稅負是一致的。因而中外合資企業將不會因為稅法的變動，而增加稅收負擔。

現行稅法與原外國企業所得稅法在稅率的設置上有較大差異。因而稅負上亦有所差別。

原外國企業所得稅法規定適用超額累進稅率，稅率設置為：

- 全年所得額不超過 25 萬元的，稅率為 20%
- 全年所得額超過 25 萬元至 50 萬元的部分，稅率為 25%
- 全年所得額超過 50 萬元至 75 萬元的部分，稅率為 30%
- 全年所得額超過 75 萬元至 100 萬元的部分，稅率為 35%
- 全年所得額超過 100 萬元的部分，稅率為 40%
- 地方所得稅稅率為應納稅所得額的 10%。

按此稅率計算，適用原外國企業所得稅法繳納所得稅的中外合作經營企業、外資企業和外國企業的總體稅負在 30% 至接近 50%。與按現行稅法納稅、總體稅負 33% 相比，一些規模較大、年利潤額較高的企業的總體稅收負擔將會有所降低，而部分規模較小、年利潤額較低的企業之總體稅收負擔會略有提高。對此，視企業性質和情況的不同，《稅法》、《細則》和有關稅務文件規定有如下處理方式：

基於國家在修訂稅法時所確立的"對新稅法執行前設立的外商投資企業不因稅法內容的變動而增加稅收負擔"的原則，《稅法》第二十七條，《細則》第一百一十條和一百一十二條規定了這樣的處理辦法：對在稅法施行前已經辦理工商登記的外商投資企業、外資企業和中外合作企業在按照稅法規定的稅率繳納所得稅時，其稅收負擔高於稅法施行前的，可以在經政府有關部門批准並經工商登記的經營期內，按其原適用的稅率繳納所得稅；未約定經營期的，可以在五年內（ 1991 年度至 1995 年度 ），按照其原適用的稅率繳納所得稅。但在上述期間，發生某一納稅年度的稅收負擔高於現行稅法規定稅率計算的稅負的，應當自該納稅年度開始改按現行稅法規定的稅率繳納所得稅。

依據上述處理辦法，如何分別計算按現行稅法或按原稅法納稅的稅收負擔問題直接關係到稅率的適用。依據國家稅務局國稅發〔1991〕165號通知第一條規定的原則，在進行稅收負擔比較時，按現行稅法或按原稅法規定稅率計算的應納所得稅稅額，均應包括按地方所得稅稅率計算的應納地方所得稅額，並且應以稅法規定的適用稅率計算，即不應將減徵或者免徵企業所得稅或地方所得稅的因素計算在內。按照此原則，依稅法規定可以按原外國企業所得稅法規定稅率計算納稅的企業，每一納稅年度的應稅所得額是否超過535,714.28元（人民幣），是繼續適用原稅法稅率還是開始改按現行稅法稅率納稅的分界點。年所得不超過535,714.28元時，按原外國企業所得稅法規定的超額累進稅率計算，應納企業所得稅和地方所得稅總額將不超過176,785.71元，因而稅收負擔率在32.99%以下，沒有超過現行稅法的33%稅收負擔，所以可以繼續在規定期限內按原稅法稅率計算納稅；若當年度所得額達到535,714.28元或其以上時，按原外國企業所得稅法規定稅率計算，應納稅總額為176,785.72元及以上，稅收負擔率達到33%以上，所以應自該年度起改按現行稅法規定的稅率計算納稅。

外國企業在中國境內設立的營業機構場所不適用前述有關外商投資企業適用稅率問題的處理原則，而均應自1991年7月1日起，一律依照現行稅法規定的稅率計算納稅。

例3.3

　　中外合作經營企業美食有限公司1989年開業，經營期限為20年，自1990年開始獲利，至1992年各年度所得如下：

1990 年	150,000 元
1991 年	200,000 元
1992 年	250,000 元

　　該公司1992年仍將適用原外國企業所得稅法規定的稅率計算納稅。若該公司在20年經營期限內，年所得一直不超過535,714.28元，則至2009年其經營期結束，將始終按原外國企業所得稅法規定的稅率計算納稅。

　　註：若該公司沒有約定經營期限，則應自1991年起的五年內，即截止至1995年度，可按原外國企業所得稅法規定的稅率計算納稅。

例3.4

　　某中外合作經營企業，1990年開業，經營期限為15年。該企業1990年開業當年獲利，至1993年間各年度所得如下：

1990 年	200,000 元
1991 年	350,000 元
1992 年	500,000 元
1993 年	600,000 元

　　該企業在自1990年開始的15年經營期內，由於1993年所得額達到600,000元，超過了535,714.28元，若按原外國企業所得稅法規定稅率計算應納所得稅總額將為202,500元，稅收負擔達到33.75%，超過現行稅法33%的稅收負擔率，因此應自1993年度起改按現行稅法規定的稅率納稅，並且不論以各年度的所得是否還會有低於535,714.28元的情況，自1993年度起均不再適用原稅法稅率納稅。

3.2 企業稱號

　　各類稅收優惠待遇的實施，大多要視企業獲有的稱號類型不同而有差異。在以後各節的討論中，我們將會不斷提到各種類型的企業稱號。為此，在本節中我們需對不同的企業稱號類型的標準和審批認定機構加以必要的說明。這對有關人士在今後投資實務中亦會有所引導。本節的有關內容，部分可見於《稅法》或《細則》，亦有較多的內容出自政府其他部門的規定。

3.2.1 生產性企業

　　在下文將要討論的減低稅率的優惠待遇以及定期稅收減免優惠待遇適用的對象中，有些是限於生產性企業的。因而關於生產性企業的範圍問題，在細則第七十二條一款中，做出了如下行業性限定：

(1) 機械製造、電子行業；

(2) 能源工業（但不包括開採石油、天然氣的行業）；

(3) 冶金、化學、建材工業；

(4) 輕工、紡織、包裝工業；

(5) 醫療器械、製藥工業；

(6) 農業、林業、畜牧業、漁業和水利業；

(7) 建築業；

(8) 交通運輸業（但不包括客運業）；

(9) 直接為生產服務的科技開發、地質普查、產業信息諮詢和對生產性設備、精密儀器的維修服務業；

(10) 經財政部、國家稅務局確定的其他行業。

上述列舉行業的具體概念和包括範圍尚不夠精確，這還有待在執行中逐步加以明確限定。在第（9）項中，將某些第三產業亦歸併入適用有關稅收優惠的生產性企業中，這類企業如果同時又為居民生活服務，則在做出適用稅收優惠的實際判定時，是比較困難的。一般來說應以其主要的服務對象來判別。為此，國家稅務局1992年4月29日發布的國稅發〔1992〕109號通知，對細則第七十二條進行了某些解釋和限定，儘管這個通知中的規定內容對生產性企業認定方面今後可能遇到的問題尚不可能全部予以解決，但對細則而言，畢竟在一定程度上具體化了一些。通知中規定內容包括：

（一）專業從事下列業務的外商投資企業，可以認定為生產性外商投資企業：

(1) 從事建築、安裝、裝配工程設計和為工程項目提供勞務（包括諮詢勞務）；諮詢勞務包括對工程建設或企業現有生產技術的改革，生產經營管理的改進和技術選擇以及對企業現有生產設備或產品，在改進或提高性能、效率、質量等方面提供技術協助或技術指導；

(2) 從事飼養、養殖（包括水產品養殖）、種植業（包括種植花卉）、飼養禽畜、犬、貓等動物；

(3) 從事生產技術的科學研究和開發；

(4) 用自有的運輸工具和儲藏設施，直接為客戶提供倉儲、運輸服務。

（二）專業從事下列業務的外商投資企業，不得視為生產性外商投資企業：

(1) 從事室內外裝修、裝璜或室內設施的安裝調試；

(2) 從事廣告、名片、圖畫等製作業務和書刊發行；

(3) 從事食品加工製作，主要是用於自設餐飲廳或鋪面銷售；

(4) 從事家用電器維修和生活器具修理。

(三)實施細則第七十二條第一款第（九）項關於"生產設備、精密儀器維修服務業"，不包括車輛、電器、計算機監視系統和普通儀器、儀表的維修。

目前對"生產性外商投資企業"沒有責成專門的部門給予認定，在申請享受有關的稅收優惠時，通常由稅務機關依據上述規定內容，對是否為生產性企業做出一般性的判定。

3.2.2 產品出口企業和先進技術企業

在適用有關定期稅收減免、地方所得稅減免及再投資退稅等項稅收優惠待遇規定時，會由於企業是否為產品出口企業或先進技術企業而有所差別。有關對產品出口企業和先進技術企業的認定標準及審核確認機構的規定，見於對外經濟貿易部1987年1月26日公布的《關於確認和考核外商投資的產品出口企業和先進技術企業的實施辦法》，具體包括以下內容：

(1) **外商投資企業凡同時具備三項條件的，可以被確認為產品出口企業。**該三項條件為：

(a) 必須是生產出口產品的外商投資企業；

(b) 產品主要用於出口（包括企業自行出口、委託外貿公司代理出口及其他方式出口），年出口產品的產值達到當年企業全部產品的產值總額50%以上；

(c) 當年實現營業外匯收支平衡或有餘，按此推演出來的計算公式為：

$$\begin{matrix} \text{年末外匯} \\ \text{收支餘額} \end{matrix} = \begin{matrix} \text{上年結} \\ \text{轉餘額} \end{matrix} + \begin{matrix} \text{本年實現營} \\ \text{業外匯收入} \end{matrix} - \begin{matrix} \text{本年營業} \\ \text{外匯支出} \end{matrix}$$

(2) 外商投資企業符合下述條件的，可被確認為先進技術企業：

外商投資企業採用的技術、工藝和主要設備屬於國家公布的鼓勵投資的項目，具有先進性和適用性，是國內短缺的，或其產品是新開發的，或對國內同類產品能更新換代、增加出口或替代進口的。

(3) 審核確認機關

產品出口企業和先進技術企業的審核確認機關為該企業所在省、自治區、直轄市或計劃單列市的對外經濟貿易委員會或經濟特區的人民政府（管理委員會）。但由中央所屬各公司、企業、機構投資舉辦的產品出口企業和先進技術企業，統由國家對外經濟貿易部審核確認。

(4) 審核確定手續

凡經自行考核符合上述產品出口企業或先進技術企業條件，並希望獲得稱號的外商投資企業·可分別向有關審核確認機關提交有關文件，提請審核確認。有關文件包括：

　　(a)　產品出口企業確認申請書或先進技術企業確認申請書；

　　(b)　企業合同（章程）副本及批准文件：

　　(c)　企業項目可行性研究報告及批准文件。

3.2.3　高新技術企業

高新技術企業在適用有關減低稅率、定期稅收減免等稅收優惠方面，有專門的規定。國家〝科學技術委員會〞（以下簡稱科委）1991年3月經國務院批准頒布了《國家高新技術產業開發區高新技術企業認定條件和辦法》，其中第三、四、五、六條對高新技術企業（包括內資企業和外商投資企業）的認定範圍和條件及認定機構和程序規定有如下內容：

(一)高新技術的範圍

  (1) 微電子科學和電子信息技術。

  (2) 空間科學和航空航天技術。

  (3) 光電子科學和光機電一體化技術。

  (4) 生命科學和生物工程技術。

  (5) 材料科學和新材料技術。

  (6) 能源科學和新能源、高效節能技術。

  (7) 生態科學和環境保護技術。

  (8) 地球科學和海洋工程技術。

  (9) 基本物質科學和輻射技術。

  (10) 醫藥科學和生物醫學工程。

  (11) 其他在傳統產業基礎上應用的新工藝、新技術。

註：高新技術範圍根據國內、外高新技術的發展進行補充和修訂，由國家科委發布。

(二)高新技術企業的條件

高新技術企業是知識密集、技術密集的經濟實體。開發區內的高新技術企業應具備下述各項條件：

  (1) 從事國家科委發布的高新技術範圍內一種或多種

高新技術及其產品的研究、開發、生產和經營業務，單純的商業經營除外。

(2) 實行獨立核算、自主經營、自負盈虧。

(3) 企業的負責人是熟悉本企業產品研究、開發、生產和經營的科技人員並且是本企業的專職人員。

(4) 具有大學本科以上學歷的科技人員佔企業職工總數的30%以上；從事高新技術產品研究、開發的科技人員應佔企業職工總數的10%以上。
從事高新技術產品生產或服務的勞動密集型高新技術企業，具有大學專科以上學歷的科技人員佔企業職工總數的20%以上。

(5) 有10萬元以上資金，並有與其業務規模相適應的經營場所和設施。

(6) 用於高新技術及其產品研究、開發的經費應佔本企業每年總收入的3%以上。

(7) 高新技術企業的總收入，一般由技術性收入、高新技術產品產值，一般技術產品產值和技術性相關貿易組成。高新技術企業的技術性收入與高新技術產品產值的總和應佔本企業當年總收入的50%以上。
技術性收入是指由高新技術企業進行的技術諮詢、技術轉讓、技術入股、技術服務、技術培訓、技術工程設計和承包、技術出口、引進技術消化吸收以及中試產品的收入。

(8) 有明確的企業章程和嚴格的技術財務管理制度。

(9) 企業的經營期在10年以上。

(三)審核認定機構和程序

"高新技術產業開發區辦公室"在人民政府領導下和省、市科委指導監督下,具體辦理高新技術企業的審核認定事宜。

興辦高新技術企業,須向開發區辦公室提出申請,經開發區辦公室核定後,由省、市科委批准並發給高新技術企業證書。

北京市新技術產業開發試驗區內的"新技術企業"的標準及核定辦法亦應依照國家科委上述《國家高新技術產業開發區高新技術企業認定條件和辦法》的有關規定予以確定。

3.2.4 知識密集和技術密集型企業

知識密集和技術密集型企業將適用專門規定的減低稅率。

目前對"知識密集和技術密集"尚無更為具體的統一規定。國家科委《國家高新技術產業開發區高新技術企業認定條件和辦法》第五條規定(參閱上文 3.2.3 第(2)"高新技術企業的條件"一小節),"高新技術企業是知識密集、技術密集的經濟實體"。這樣規定,可以理解為凡符合高新技術企業條件的企業,均應是知識密集和技術密集型企業。有關對知識密集和技術密集型企業的認定通常應由各地區科委做出。

3.3 減低稅率

稅法限定不同地區和行業項目規定了適用的減低稅率。中國實行改革開放政策以來,受客觀條件與主觀意圖的諸多因素影響,外商投資規模形成由沿海向內地逐步擴展的階梯狀格局,稅收政策也不可避免的帶有此種傾斜。同時,在稅收政策的擺布上，近年來亦注意了體現對國家總體產業政策的支持。因而形成了目前稅收優惠政策地區性傾斜與產業傾斜相結合的政策布局。我們在此不想用許多繁褥的文字去詳細描述這種政策布局的形成過程，而重點在於對這種政策布局的實際情形及實施進行盡可能實用的說明。這種說明我們將以按地區分類的方式加以展開。

在分地區分類型加以說明之前，在此還要提出的是，依照細則第七十一條和財政部（85）財稅字第084號文件第六條規定的原則，適用以下不同地區減低稅率規定的企業，包括：（1）全部生產經營機構場所均設在該地區內的企業；（2）在該地區內設立的生產經營機構場所。若企業僅在這些地區設立管理機構，而實際生產經營機構、場所設在其他地區的，該生產經營機構場所應按該其他地區適用的規定稅率計算繳納稅款。

例3.5

　　國華公司是一家生產工藝品的中外合資經營企業。該公司在浙江省寧波市進行工商註冊登記，並將公司管理機構（包括總經理的辦公室和公司財務人員辦公室）設在寧波市。但該公司的所有生產工廠和銷售系統均設在浙江省杭州市。

　　該國華公司取得的所得將不能適用寧波市的有關稅收優惠待遇（參閱下文3.3.2"經濟技術開發區"一節），而應按杭州市適用的稅法規定稅率和優惠條款執行。

3.3.1 經濟特區

截止1992年底，經濟特區的範圍包括：**深圳、珠海、廈門、汕頭**四市轄區內所劃定的特區範圍和海南全島等五個經濟特區。

經濟特區內的外商投資企業和外國企業在特區內設立的營業機構、場所從事生產經營取得的所得適用15%的減低稅率。但對其中的外資銀行或中外合資銀行等金融機構，應以外國投資者投入資本或者由總行撥入營運資金超過1,000萬美元，經營期在10年以上的為限。

外國企業在中國境內沒有設立機構，而在特區內取得的利潤（股息）、利息、租金、特許權使用費等投資所得，除依法免徵所得稅的以外，均減按10%的稅率扣繳所得稅。

3.3.2 經濟技術開發區

截至1992年底，經濟技術開發區的範圍包括：

大連、秦皇島、天津、煙臺、青島、連雲港、南通、上海、寧波、溫州、廣州、湛江、北海等沿海城市轄區內所劃定的經濟技術開發區域。

經濟技術開發區內的生產性外商投資企業在開發區範圍內取得的生產經營所得減按15%稅率徵稅。

外商企業在中國境內沒有設立機構，而從開發區內取得的利潤（股息）、利息、租金、特許權使用費等投資所得除依法免稅的以外，均減按10%的稅率扣繳所得稅。

3.3.3 經濟特區和經濟技術開發區所在城市的老市區

在前述深圳、珠海、廈門、汕頭和計劃設有經濟技術開發
區域的14個沿海城市中，所劃定的特區範圍或開發區範圍以
外的市區統稱為＂經濟特區和經濟技術開發區所在城市的老市
區＂（但不包括所屬市轄縣和城鎮）。海南全島均為經濟特
區，深圳市區均在經濟特區範圍內，故上述老市區未包括這兩
個地區。在上述經濟特區和經濟技術開發區所在城市的老市區
內適用如下減低稅率：

(1) 對技術密集、知識密集型的生產性外商投資企業減按
15%稅率徵稅；

(2) 對外商投資在3,000萬美元以上，回收投資時間長的
外商投資企業減按15%稅率徵稅；

(3) 對屬於能源、交通、港口、碼頭建設項目的生產性外
商投資企業減按15%稅率徵稅；

(4) 對除上述（1）至（3）項以外的其他生產性外商投資
企業減按24%稅率徵稅；

(5) 外國企業在中國境內沒有設立機構，而從上述地區取
得的股息、利息、租金、特許權使用費等各項投資所
得，除依法免稅的以外，均減按10%的稅率扣繳所
得稅。

上述（1）至（3）項中所限定的外商投資企業，應當經由
企業所在地稅務機關逐級上報國家稅務局批准後，才能享受減
按15%稅率徵稅的待遇。

3.3.4　沿海經濟開放區

沿海經濟開放區是指**遼東半島、山東半島、長江、珠江三
角洲和福建南部、廈門、漳州、泉州三角地區**。上述地區內包

括的市、縣範圍可以從財政部《關於沿海經濟開放區鼓勵外商投資減徵免徵企業所得稅和工商統一稅的暫行規定》的附件一和附件二中查到。

　　沿海經濟開放區內的企業生產經營所得或源泉所得適用的減徵稅率與經濟特區和經濟技術開發區所在城市的老市區相同。可參閱上文 3.3.3 一節。

3.3.5　國務院規定的其他地區或行業

(1)　高新技術產業開發區

　　在國務院批准設立的高新技術產業開發區內的被認定為高新技術企業的外商投資企業減按 15% 稅率徵稅。

(2)　北京市新技術產業開發試驗區

　　北京市新技術產業開發試驗區 1988 年 5 月經國務院批准設立，地點位於北京市海淀區境內，面積約 100 平方公里。

　　對在此開發試驗區內設立的企業凡被評為 " 新技術企業 " 的，減按 15% 稅率徵收所得稅。企業出口產品的產值達到當年總產值 40% 以上的，經稅務部門核實，減按 10% 的稅率徵收所得稅。（註：本條優惠統一適用於外商投資企業和中資企業）。

(3)　上海浦東新區

　　對在上海浦東新區設立的生產性的，以及從事機場、港口、鐵路、公路、電站等能源、交通建設項目的外商投資企業減按 15% 的稅率徵稅。

(4)　其他地區或行業項目

　　除以上（1）（2）（3）項所述地區以外，國務院還特別對某些地區或某些屬於國家鼓勵的投資項目規定了優惠辦法。

其中主要包括：

(a) 對在北京市範圍內的外商投資企業，凡屬知識密集或技術密集型的企業，或外商投資額在 3,000 萬美元以上的，回收投資時間長的生產性企業，可以減按 15% 的稅率徵稅。

(b) 對從事港口碼頭建設的中外合資經營企業，減按 15% 的稅率徵稅。

(c) 1992 年 6 月，國務院決定對外開放烏魯木齊等 18 個邊境、沿海和內陸地區省會（首府）城市和重慶等五個長江沿岸城市，並批准自 1992 年起在這些城市實行與沿海開放城市的老市區相同的稅收優惠政策（參見 3.3.3 "經濟特區和經濟技術開發區所在城市的老市區"一節）。

(d) 1992 年 10 月，國務院批准建立大連金石灘等 11 個國家旅遊度假區，並批准自 1992 年度起，對設立在國家旅遊度假區內的外商投資企業減按 24% 的稅率徵收企業所得稅。

3.4 定期稅收減免

《稅法》區分企業所屬行業、所在地區規定了適用的定期免徵或減徵所得稅優惠。稅法中規定的此種稅收優惠較之在 1991 年 7 月 1 日以前執行的原稅法，更多地體現了行業性鼓勵的原則。在以下對這類稅收優惠內容的討論中，將對此類稅收優惠在實際實施中有關操作性的細節和某些概念性問題加以說明。

3.4.1 定期稅收減免分類

稅法第八條將定期稅收減免優惠區分為三類，並分別規定了實施對象、實施條件和免稅、減稅期限。

(一)對生產性外商投資企業，經營期在十年以上的，從開始獲利的年度起，第一年和第二年免徵企業所得稅，第三年至第五年減半徵收企業所得稅。但是屬於石油、天然氣、稀有金屬、貴重金屬等資源開發項目的，由國務院另行規定（註：目前對這些行業未有規定給予二年免稅、三年減半徵稅的或類似的優惠）。外商投資企業實際經營期不滿十年的，應當補繳已免徵、減徵的企業所得稅稅款。凡依照規定可以享受此項定期稅收減免優惠的外商投資企業，應當向當地稅務機關提交申請書，並將其從事的行業、主要產品名稱和確定的經營期等情況報當地稅務機關審核；未經審核同意的，尚不得享受此項優惠。

(二)在稅法施行（1991 年 7 月 1 日）以前國務院公布的規定中，對能源、交通、港口、碼頭，以及其他主要生產性項目給予的比上述**(一)**項更長期限的免徵、減徵企業所得稅的優惠待遇，或者對非生產性的重要項目給予的免徵、減徵企業所得稅的優惠待遇，在稅法實施後繼續執行。稅法細則第七十五條對此進行了詳盡的列舉，主要包括：

⑴ 從事港口碼頭建設的中外合資經營企業，經營期在15 年以上，經企業申請，所在地的省、自治區、直轄市稅務機關批准，從開始獲利的年度起，第一年至第五年免徵企業所得稅，第六年至第十年減半徵收企業所得稅。

中國大陸涉外稅法實務

⑵　在海南經濟特區設立的從事機場、港口、碼頭、鐵路、公路、電站、煤礦、水利等基礎設施項目的外商投資企業和從事商業開發經營的外商投資企業，經營期在15年以上的，經企業申請，海南省稅務機關批准，從開始獲利的年度起，第一年至第五年免徵企業所得稅，第六年至第十年減半徵收企業所得稅。

⑶　在上海浦東新區設立的從事機場、港口、鐵路、公

路、電站等能源、交通建設項目的外商投資企業，經營期在 15 年以上的，經企業申請，上海市稅務機關批准，從開始獲利的年度起，第一年至第五年免徵企業所得稅，第六年至第十年減半徵收企業所得稅。

(4) 在經濟特區設立的從事服務性行業的外商投資企業，外商投資超過 500 萬美元，經營期在 10 年以上的，經企業申請，經濟特區稅務機關批准，從開始獲利的年度起，第一年免徵企業所得稅，第二年和第三年減半徵收企業所得稅。

(5) 在經濟特區和國務院批准的其他地區設立的外資銀行、中外合資銀行等機構，外國投資者投入資本或者分行由總行投入營運資金超過 1,000 萬美元，經營期在 10 年以上的，經企業申請，當地稅務機關批准，從開始獲利的年度起，第一年免徵企業所得稅，第二年和第三年減半徵收企業所得稅。

(6) 在國務院確定的國家高新技術產業開發區設立的、被認定為高新技術企業的中外合資經營企業，經營期在 10 年以上的，經企業申請，當地稅務機關批准，從開始獲利的年度起，第一年和第二年免徵企業所得稅。設在經濟特區和經濟技術開發區的外商投資企業，依照經濟特區和經濟技術開發區的稅收優惠規定執行。設在北京市新技術產業開發試驗區的外商投資企業，依照北京市新技術產業開發試驗區的稅收優惠規定執行。

註①：在國務院確定的國家高新技術產業開發區設立的、被認定為高新技術企業的中外合資經營企業，經營期在十年

以上的，可以給予兩年免徵企業所得稅，但不再給予三年減半徵收所得稅的優惠。但依照《稅法》和《細則》的規定，在沿海經濟開放區開辦的生產性外商投資企業，凡屬技術密集、知識密集型項目，都可以減按15%的稅率繳納所得稅，並且可以依照稅法規定享受兩年免徵、三年減半徵稅的優惠。如果被認定為先進技術企業，還可以延長三年減半徵收。相比之下，要比被認定為高新技術企業所享受的稅收優惠得多。對此，國家稅務局國稅發〔1991〕165號通知規定為：

(i) 在沿海經濟開放區（包括經濟特區，經濟技術開發區所在城市老市區）內的被認定為高新技術企業的外商投資企業，如果同時也是技術密集、知識密集型的項目，或者是外商投資在3,000萬美元以上，回收投資時間長的項目，可報經國家稅務局批准後，仍按沿海經濟開放區的稅收優惠規定執行。

(ii) 被認定為高新技術企業的外商投資企業，同時也是產品出口企業的，可以依照稅法實施細則第七十五條第一款第七項的規定給予稅收優惠待遇。

註②：設在北京新技術產業開發實驗區內的被認定為新技術企業的外商投資企業，依照國務院批准的稅收優惠規定，可自企業開辦之日起三年免徵所得稅。第四年至第五年按規定的15%稅率減半徵收所得稅。

(7) 外商投資舉辦的產品出口企業，在依照稅法規定免徵、減徵企業所得稅期滿後，凡當年出口產品產值達到當年企業產品產值70%以上的，可以按照稅法規定的稅率減半徵收企業所得稅。但經濟特區和經濟技術開發區以及其他已經按15%的稅率繳納企業所得稅的產品出口企業，符合上述條件的，應按10%的稅率徵收企業所得稅。

(8) 外商投資舉辦的先進技術企業，依照稅法規定免徵、

減徵企業所得稅期滿後仍為先進技術企業的，可以按
照稅法規定的稅率延長3年減半徵收企業所得稅。

註③：根據財政部1987年1月23日發布的《貫徹國務院〈關
於鼓勵外商投資的規定〉中稅收優惠的實施辦法》第五
條的規定，（ i ）對同時被確認為既是先進技術型又是
產品出口型的企業，不得同時享受雙重的減半徵稅待
遇。但在按先進技術企業享受3年減半徵稅期滿後，如
果符合產品出口企業減半徵稅條件的，可繼續按產品出
口企業享受減稅優惠。（ ii ）對適用減低稅率徵稅的企
業，減半徵稅後的稅率低於10%的，應按10%的稅率
繳納企業所得稅。

⑼　在國務院已經發布或批准發布的其他規定中，有關免
徵、減徵企業所得稅的規定可以繼續執行。

外商投資企業依照上述第（6）項、第（7）項或第（8）
項規定申請免徵、減徵企業所得稅時，應當提交審核確認部門
出具的有關確認企業稱號的證明文件，由當地稅務機關審核批
准免稅或減稅。

(三)從事農業、林業、牧業的外商投資企業和設在經濟不
發達的邊遠地區的外商投資企業，在享受上述(一)類或(二)類
定期稅收減免待遇期滿後，經企業申請，國務院稅務主管部門
批准，在以後的10年內可以繼續按應納稅額減徵15%至30%
的企業所得稅。

3.4.2　不組成法人實體的中外合作經營企業定期 稅收減免優惠的適用

對不組成企業法人、並由合作各方分別計算繳納所得稅的
生產性中外合作經營企業，是否可以按照稅法第八條第一款的

規定給予定期的免徵，減徵企業所得稅的問題，依據國家稅務局國稅發［1991］165號通知第四條的規定內容，對此類中外合作經營企業的合作外方應視為外國公司企業和其他經濟組織在中國境內設立的機構、場所，不享受外商投資企業的稅收優惠待遇。但不組成法人的中外合作經營企業，如果訂有公司章程，共同經營管理，統一核算企業的盈虧，共同承擔投資風險，經企業申請並經當地稅務機關批准統一計算繳納所得稅的。可以享受外商投資企業的定期稅收減免優惠待遇。

3.4.3　1991年7月1日以前設立的企業定期減免稅的處理

由於1991年7月1日《稅法》開始施行，從而取代了原中外合資企業所得稅法和外國企業所得稅法。而新稅法和原稅法在定期減免稅規定方面存有差異之處，基於國家有關稅法修改後稅收優惠不減少的原則，對1991年7月1日以前設立的企業在適用定期減免稅規定方面，將面臨並需解決如下問題。

(一)企業依照原稅法享有的定期減免稅優於新稅法之情形的處理

依照《稅法》第二十七條，《細則》第一百一十一條和一百一十二條的規定，《稅法》施行（1991年7月1日）以前辦理工商登記的外商投資企業，凡是依照《稅法》施行前的法律或行政法規享有免徵、減徵企業所得稅優惠待遇的，可以繼續執行，直至免徵、減徵期滿為止。由於原有法律和規定的大部分稅收優惠在《稅法》中均有保留，故適用此項規定的企業主要有兩種典型：

(1)　非生產性的中外合資經營企業

原中外合資經營企業所得稅法規定，中外合資經營企業凡
經營期在10年以上的，均可申請獲准享有從獲利年度起免稅2
年，減半徵稅3年的待遇。而新稅法的此類優惠僅適用於生產
性外商投資企業。因此，對1991年7月1日以前設立的非生產
性中外合資經營企業，依照原稅法享有的待遇要優於新稅法，
故可以繼續依照原中外合資企業所得稅法享受定期減免稅。

**(2) 合同規定的合營期在10年以上、但企業實際經營期
不足10年的中外合資經營企業**

原中外合資經營企業所得稅法對享受定期減免稅規定的條
件之一為合營期在10年以上。此項"合營期"的計算依原規
定，是自工商登記之日起計算，即以企業在法律地位上存在的
期限計算。而現行稅法對此項條件規定為企業的"經營期"應
在10年以上，並對"經營期"的啟始日期規定為：自企業實
際開始生產經營之日三日起計算（參閱本章3.4.4"經營期的
審核確定"一節）。因此，1991年7月1日以前設立的那些
"合營期"在10年以上，而"經營期"不滿10年的中外合資
經營企業，是不符合現行稅法享受定期減免稅的條件規定的。
但按照"稅法施行前的企業從優享受優惠"的原則，仍然可以
按原中外合資企業所得稅法享受"免二減三"的定期稅收減免
優惠。

**(二)生產性的外資企業或中外合作經營企業自1991年7
月1日起開始享受稅法第八條第一款規定的稅收優惠
的處理**

外資企業或中外合作經營企業在適用原外國企業所得稅法
徵稅時，沒有類似現行《稅法》第八條第一款的定期稅收減免
的優惠，依照現行《稅法》，對其中至1991年7月1日以前尚

未獲利或者獲利未滿五年的生產性企業，應從1991年7月1日起給予相應期限的免徵、減徵企業所得稅待遇。對此，在國家稅務局國稅發〔1991〕165號通知中，對有關情形的具體處理做出了規定，概括起來有如下內容：

(1) 對在1991年7月1日以前的年度中尚未獲利的，可以依照稅法第八條第一款的規定，自獲利年度起，第一、第二年免徵企業所得稅，第三至第五年減半徵收企業所得稅。

例3.7

　　某生產電子產品的外資企業，1989年投入生產經營，至1991年度一直未獲利，1992年度開始獲利。

　　對該企業可自1992年度起至1993年度給予免徵企業所得稅，自1994年度至1996年度給予三年減半徵收企業所得稅。

---

(2) 對在1991年7月1日以前已經獲利滿五年的企業，不再給予《稅法》第八條第一款的免徵、減徵企業所得稅待遇。

例3.8

　　一家生產服裝的中外合作經營企業，會計年度為每年4月1日至次年3月31日，該企業自1986/87年度（1986年4月1日至1987年3月31日）獲利，至1990/91年度獲利已滿五年。

　　對該家企業不再給予《稅法》第八條第一款的定期免減所得稅待遇。

⑶　在1991年7月1日以前已經獲利但未滿五年的企業，以五年免減稅期減去在1991年7月1日以前已獲利的年數，就其剩餘年數，給予相應期間的免徵、減免企業所得稅。對其中已被確認為先進技術企業，並且在1991年正在享受給予先進技術企業的三年減半徵稅待遇的，可以按上述原則自1991年7月1日起享受稅法第八條第一款免徵、減徵企業所得稅待遇；並在該項免減稅期滿後，如果仍為先進技術企業的，可以再另行延長三年減半徵收企業所得稅。

註：依照國務院及財政部有關規定，外資企業及中外合作企業依據原稅法雖然沒有定期減免稅待遇，但若被確認為先進技術企業的，可自獲利年度起享受三年減半徵收企業所得稅待遇。

例3.9

　　某生產性外資企業1988年度獲利，至1990年度為獲利第三年。

　　對該企業可自1991年度至1992年度（企業第四和第五個獲利年度）給予《稅法》第八條第一款規定的免稅二年、減半徵稅三年期的剩餘兩個年度的減半徵收企業所得稅待遇。但對其1991年度的減半徵稅應適用於1991年7月1日以後相應期間的利潤所得（參閱下文第（4）小點）。

例3.10

某生產性外資企業1988年投入生產經營，並被確認為先進技術企業。該企業於1989年度開始獲利，因而自1989年度至1991年度享受三年減半徵稅待遇，在1991年當年正在享受減半徵收企業所得稅。

（1）對該企業可自1991年度（第三個獲利年度）至1993年度，給予《稅法》第八條第一款規定的五年免、減稅期的剩餘三個年度減半徵收企業所得稅待遇。

（2）該企業1991年度全年所得均可減半徵稅，其中1991年7月1日以前的所得是按先進技術企業減稅待遇處理，7月1日以後的所得按稅法第八條第一款的減稅待遇處理。

（3）該企業至1993年享受稅法第八條第一款規定的定期稅收減免待遇期滿後，如果仍被認定為先進技術企業的，可自1994年度起再給予三年減半徵收企業所得稅。

(4) 按上述第（1）項和第（3）項所述規定，應自1991年度開始享受稅法第八條第一款規定的免減企業所得稅待遇的，其1991年度的免稅或者減稅應僅適用於該年度7月1日以後期間的所得，但仍算作一個免稅或減稅年度。1991年度7月1日以後期間的所得的確定，須以該年度全年實際所得按7月1日以後的月份數佔全年月份數的比例算出。

　　某生產性外資企業1991年度獲利120萬元,依規定可就1991年度中7月1日以後期間的所得適用減半徵收企業所得稅。

　　計算該企業1991年度全年應實際繳納的企業所得稅額(不包括地方所得稅)如下:

　　(a)1991年度6月30日以前期間的所得適用原外國企業所得稅法規定的稅率計算應納稅額

全年所得額	1,200,000元
乘:適用稅率	40%
減:超額累進稅率速算扣除數	125,000元
全年應納稅額	355,000元
計算6月30日以前期間應納稅額(乘6/12)	177,500元

　　(b)1991年7月1日以後期間的所得按現行稅法稅率計算的減半徵稅的應納稅額

全年所得額	1,200,000元
按月份比例6/12計算7月1日以後期間	
的所得	600,000元
乘:適用稅率	30%
應納稅額	180,000元
減半徵稅的應納稅額	90,000元

　　(c)1991年度全年應納稅額計算

6月30日以前期間應納稅額	177,500元
加:7月1日以後期間應納稅額	90,000元
全年應納稅額	267,500元

3.4.4 經營期的審核確定

有關各項定期免稅減稅的規定，均將企業應具有一個相當長的經營期作為給予免稅減稅的條件。有些規定為經營期在10年以上，有些則要求在15年以上。因而，經營期起止日期的確定是須特別加以注意的。《細則》第七十四條將經營期明確為" 外商投資企業實際開始生產，經營（包括試生產，試營業）之日起至企業終止生產，經營之日止的期間。"此項定義顯示出，作為享受定期稅收減免的條件所要求的經營期是以事實上的企業生產、經營活動期間為基礎，而並非以企業法律上存在的時間（即工商營業執照的有效期）而論。由於絕大部分企業在形成法律上的存在（即批准工商登記註冊）以後，均將經過一個相應期間的籌備或建設階段，短則數日，多則數年，視企業所從事的行業規模，生產經營場所的構成方式而不同。但此籌備或建設期間有可能因各種客觀的原因延長或縮短。因此，一家企業若希望得到《稅法》規定的定期免稅、減免優惠，應對其合同約定的合營期限或工商登記註冊的期限（這些期限均包括籌建期）予以特別的注意。在研究確定這些期限時，應充分考慮籌建期的長短，留有適當的餘地，以確保實際經營期可以達到必要的長度，或者需要簽有類似" 若籌建期間由於各種原因而延長，將順延合同約定的合營期限和企業登記註冊期限，以保證其實際經營期在xx年以上"的合同條款。

為了便於對企業的經營期是否符合享受定期稅收減免條件進行一般性的審核，稅務機關一般是在企業開始實際生產、經營前一個月或實際開始生產、經營後開始受理企業享受定期免稅減稅優惠的申請。但若在實際開始生產、經營之後辦理此項申請，一般來説，需要不遲於企業實際開始生產經營後的第一個應預繳所得税的期限（查閱本書第十章10.2.1第（1）項"分季申報預繳所得税"一段）內辦理。税務機關在受理審核該項申請時，除對企業從事行業項目的審核外，還將對該企業的經營期是否足以符合税法規定的享受定期免税減税待遇所要求的期限進行審核。當然，這種審核也只是要求符合這樣一個簡單的推斷：企業工商登記註冊的期限減除自工商登記之日起

例3.12

　　一家中外合資經營企業或中外合作經營企業，其合同約定的合營期限為10年並依此期限進行工商登記註冊。

　　除非這家企業自工商批准登記註冊之日就開始實際生產、經營，否則將不可能得到税法第八條第一款規定的定期免税減税待遇。

例3.13

　　一家外商投資企業1990年1月1日領取工商營業執照，工商註冊登記有效期限為12年。該家企業經過為期二年半的籌建後於1992年7月1日實際開始生產、經營，並在此日期前向税務機關申請享受税法第八條第一款的優惠待遇。

　　除非此家企業決定延長經營期並向工商行政管理部門辦理延長註冊有效期限（至少半年以上）的手續，否則該家企業將不能獲准享受其申請的税收優惠待遇。

至實際生產經營之日止的籌建期間後，應不短於稅法規定的作為享受定期減免稅優惠條件的經營期限。

當然，即使有以上所述的對經營期的審核，這種審核也僅僅是推斷性的。實務中，亦有可能發生如下情況：

(1) 實際經營期提前結束

企業的實際經營期有可能因各種客觀的不可預測因素而提前結束，甚或僅僅由於投資者出於為獲取稅收優惠待遇的動機而虛假訂定一個足夠長的期限，而實際經營至中途不足10年時就提前終止經營。對此，《稅法》第八條規定，外商投資企業實際經營期不足10年的，應當補繳已免徵、減徵的企業所得稅稅款。稅務機關在實施此項規定時，亦會充分考慮提前終止經營的原因。原稅務總局（87）財稅外字第033號文件第八條規定，對因自然災害等不可抗力遭受嚴重損失，無法繼續經營而宣告解散的，經省、直轄市、自治區稅務局批准可免予補繳已減免的稅款。

(2) 企業在實際經營開始後延長經營期限

企業原訂定的經營期限以及工商登記註冊的期限不足10年，但在經營若干時期後，又訂定並經批准延長了期限達到經營期在10年以上。這種情況也偶有發生。對此，稅務機關將按其適用的免稅減稅期限減去其已獲利的年度的剩餘年限，給予相應期限的免稅或減免待遇。對以前所繳納的稅款不再退還。

例3.14

　　一家中外合資經營企業 G.M 工程有限公司，原工商登記註冊的合營期為8年（1985年6月至1993年6月），該公司1986年開業，當年獲利並繳納了所得稅，1987年2月經批准延長了合營期為10年（1985年6月至1995年6月）。該公司申請按原中外合資企業所得稅法享受免稅2年，減半徵稅3年的待遇並退還已繳的稅款。

　　經當地稅務局報原稅務總局，對此例批復有以下基本內容：凡中外合資經營企業原批准的合同規定合營期在10年以下，但在經營期間或屆滿時又經批准延長合營期至10年或10年以上的，如果在批准延長合營期的當年，按其以前的經營期內的獲利年度起計算的期限，若：

　　（1）未超過稅法規定的減免所得稅期限的，經當地稅務機關審核批准，可從批准延長合營期限的年度起，就剩餘年限部分給予享受減免所得稅優惠；以前年度已按稅法規定繳納的所得稅稅款，不予退還。

　　（2）超過稅法規定的減免所得稅期限的，一律不得追補享受減免所得稅優惠。（查閱原稅務總局（87）財稅外字第105號批復）。

　　註：此例雖是依據原中外合資企業所得稅法判定，並　　　　且是就合資經營企業的合營期與享受稅收定期減　　　　免關係問題的批復規定，但該規定所依據的原　　　　則，在處理現行稅法規定的定期稅收減免問題時　　　　仍是適用的。

3.4.5　開始獲利年度的確定

稅法有關定期減免所得稅的規定期限，一般均自企業開始獲利的年度起計算實施。為此，《細則》第七十六條對開始獲利年度做出這樣的解釋：〝開始獲利的年度，是指企業開始生產經營後，第一個獲得利潤的納稅年度。企業開辦初期有虧損的，可以依照稅法第十一條的規定逐年結轉彌補，以彌補後有利潤的納稅年度為開始獲利年度。〞此項規定表明，以企業獲利並彌補了以前年度虧損之後仍有利潤的納稅年度作為定期減免稅期的開始。但應注意的是，此時的虧損結轉彌補應按稅法第十一條規定辦理，即虧損的結轉彌補期不得超過五年。我們現以本書第四章4.5節所附的幾例為示。（參閱第四章4.5〝虧損結轉彌補〞一節）

3.4.6　定期減免稅期的計算

本章第3.4.1一節中所討論的各類定期減免稅期限，均從企業獲利年度起連續計算，不因中間發生有虧損的年度而間斷或者推延計算（參見《細則》第七十六條第二款）。

例3.15

　　一家企業1986年3月開始生產經營並於當年獲利，但在1987年發生虧損，1988年盈利彌補1987年虧損後仍有利潤，1989年以後均為獲利。

　　該企業按稅法第八章第一款規定享受定期所得稅減免的期限，應自1986年度起連續計算，即1986至1987年度為免稅年度（即使其1987年度為虧損）；1988年至1990年為減半徵稅年度；1991年開始應按適用稅率全額納稅。

3.4.7 年度中間開業的企業推延減免稅期

外商投資企業於年度中間開始生產經營並於當年獲利，若將此年度作為第一個免稅年度，由於其該年度實際經營期不足12個月，企業實際所享受的當年度免稅待遇有所折損。對此，《稅法》允許給予適當考慮和照顧，《細則》第七十七條規定："外商投資企業於年度中間開業，當年獲得利潤而實際生產經營期不足6個月的，可以選擇從下一年度起計算免徵、減徵企業所得稅的期限；但企業當年所獲得的利潤，應當依照稅法規定繳納所得稅。"

若企業依據《細則》第七十七條規定選擇推延一年享受免稅減稅，一般應書面報告當地稅務機關備案，並應在企業開始生產經營當年的第一個季度預繳所得稅的期限內（參見第十章10.2.1（1）項"分季申報預繳所得稅"一段）做出選擇並提交上述報告，同時在該期限內預繳該年度第一經營季度的所得稅。避免發生逾期申報預繳所得稅，而面臨被加收稅款滯納金的難堪處境。

在《細則》第七十七條規定的實施中，有可能發生這樣的情況，企業雖然在本年度不足六個月的經營期中獲得利潤，但在下一年度卻發生了虧損。若有發生此種情況，依據稅法、細則有關定期減免稅期應連續計算的規定原則，以及細則第七十六條"可以選擇從下一年度起計算免徵、減徵企業所得稅"的規定，不論下一個年度是否獲利，對該下一個年度均應作為第一個免稅年度。也就是說，細則的規定只是允許將本來應自本年度開始的定期免稅優惠，照顧性的寬限到下一個全年經營的年度開始計算。

例3.16

　　某生產性中外合資經營企業1992年4月1日經工商行政管理部門批准註冊登記。經五個月籌建階段後,於當年9月1日開始實際生產、經營。至12月31日,年度會計決算顯示企業當年獲利40萬元。

　　若企業不準備依《細則》第七十七條的規定選擇將免稅期推延至下一年度,則可對1992年9月1日至12月31日的四個月經營利潤作為1992年度的所得免稅,並連續計算免稅減稅期為:1993年免稅,1994年至1996年減半徵稅,實際共計免稅一年又四個月,減半徵稅三年。

　　若企業選擇推延一年享受免稅,則可將1992年度四個月經營期利潤40萬元按適用稅率全額繳納所得稅。然後從1993年度至1994年度享受免稅待遇,1995年度至1997年度享受減半徵稅待遇。

例3.17

　　某企業1992年8月投產經營,當年獲利20萬元。企業選擇自1993年開始起享受免稅待遇。該企業1993年發生虧損5萬元。對該企業的免減稅期應確定如下:

　　1993年度至1994年度為享受免稅年度,1995年至1997年為享受減半徵稅年度。

稅率和稅收優惠

3.5 境內長期投資利潤（股息）免稅

一家公司以本公司名義向另一家公司進行投資，儘管在接受投資的公司分配利潤（股息）以前已就公司營業利潤所得繳納了所得稅，但就目前而言，至少仍在相當數量的國家中，該投資公司取得的分配利潤（股息）還會面臨被徵收所得稅的待遇。這種對公司的營業利潤和股東取得的股息分別徵收所得稅的經濟性的重複徵稅，雖然並不能被歸納在各國稅收法律界均在着意解決的＂稅收管轄權性的重複徵稅＂的概念之中〔這種＂管轄權性的重複徵稅＂在經濟合作與發展組織（D.E.C.D）1963年《關於對所得稅避免雙重徵稅的範本》的報告中被描述為：＂兩個或兩個以上的國家在同一期間內，對同一納稅人的同一稅收客體徵收類似的稅收＂〕，但這種經濟性重複徵稅的結果是否在某種程度上形成對投資活動的消極影響，目前亦已引起投資者和稅務界專家的共同關注。以至有些國家的稅收法律正在試圖避免或者是緩解這種重複徵稅。

從中國《外商投資企業和外國企業所得稅法》的諸多條款來看，這個稅法並未試圖全面否定對投資股息所得的徵稅。例如：對中國境內的外商投資企業從境外取得的投資股息仍將被課徵所得稅（參閱第二章2.2＂適用稅法的納稅所得＂一節）；並且在境外稅額扣除時，只允許直接抵免境外對該項股息所徵收的所得稅，並未允許間接抵免對分配股息公司的利潤所徵收的所得稅（參閱第九章9.2＂允許扣除的境外已納稅額的限定＂一節）；對外國投資者從中國境內取得的股息所得雖然給予了免稅處理，但僅限於從外商投資企業取得的為限。通常外方投資額達到總投資額25%以上的企業才被認定為外商投資企業，因而對少量參股於中資企業所取得的股息並未規定免稅。但是，稅法確實作出了在某種程度上緩解"經濟性重複徵稅"的努力，作為對國家鼓勵和吸引外商投資的總體政策的呼應，在《細則》第十八條中作出了這樣的規定："外商投資企業在中國境內投資於其它企業，從接受投資的企業取得的利潤（股息），可以不計入本企業應納稅所得額"。

所說"其他企業"，沒有特別指明是限於外商投資企業。按照現行工商企業註冊登記有關法規，在中國境內的外商投資企業與國內中資企業合資建立的企業均不能被認定為中外合資經營企業，而仍視其為國內企業（參閱第二章2.3.2"外商投資企業與國內中資企業再合營"一節）。所以前述"其他企業"應是包括內資企業在內的一切企業。

例3.18

華夏投資公司是一家中外合資企業，專門從事投資業務，截至1992年底，該公司已分別在不同省市投資興建了五家合資經營企業，並分別都有投資利潤收回。

（1）華夏投資公司投資興建的五家公司均為獨立法人企業，分別就公司利潤繳納了所得稅。因而，華夏投資公司從該五家公司分回的投資收益依照《細則》第十八條的規定，均無須再繳納所得稅。

（2）華夏投資公司若有其他信貸業務，對貸款利息收入是需繳納所得稅的。若華夏投資公司除了投資收益以外，無任何信貸放款業務及其他生產經營業務，該公司實際將成為無須繳納任何所得稅的企業，但有關所得稅的申報事項是仍須辦理的（參閱第十章10.2.1"自行申報繳稅的期限與要求"一小節）。

若一家外商投資企業與一家國內中資企業組成一家〝聯營企業〞（一種不具有法人地位的聯營體），由於依照有關聯營企業的稅務處理規定，對聯營企業採取先分利後徵稅的方式，聯營各方從聯營企業分得的利潤收回後與本企業的利潤合併後按所適用的所得稅法繳納所得稅，在這種情況下，外商投資企業從聯營企業分得的利潤應視為經營所得，與本企業的利潤匯總繳納所得稅，而不能依照《細則》第十八條的規定作為投資利潤（股息）所得免徵所得稅。

例3.19

　　佳麗公司是在天津的一家生產羊毛衫的中外合資經營企業。該公司向深圳一家公司無償提供使用梳毛機設備；該深圳公司負責從中國境外進口羊毛，並以現有廠房和工人使用佳麗公司提供的梳毛機設備加工生產毛條銷售。雙方簽屬的合作項目協議規定，對生產銷售毛條產品的收入扣除原材料，人員工資薪金等各項直接成本後的毛利，雙方按各50%的比例分配。有關設備及廠房折舊等成本費用項目雙方各自承擔。

　　稅務機關將此合作項目認定為聯營方式，對該深圳公司銷售毛條的利潤採取在分配以後，與合作各方的利潤合併按適用的稅法徵收所得稅的處理方式。所以，佳麗公司從該項聯營項目中分得的產品銷售毛利亦應併入本公司的利潤，匯總計算繳納外商投資企業和外國企業所得稅。

中國大陸涉外稅法實務

3.6 再投資退稅

作為對外國投資者在中國投資的鼓勵政策，稅法規定了對在中國境內以分得利潤進行再投資，可就其再投資額已納的部分或全部企業所得稅稅款給予退還（不包括地方所得稅款）。這種極為優厚的稅收待遇在原中外合資企業所得稅法中亦有規定，但該稅法對諸如再投資方式的限定，再投資額的確定以及退稅手續等實際操作性程序缺乏明確清晰的規定。始於 1991 年 7 月 1 日開始施行的現行稅法及細則使這一狀況有了較大的改善，對諸多概念及有關的程序性的問題做出了較為清晰的描述。有關的規定可見於《稅法》第十條，《細則》第八十條至八十二條。

3.6.1 適用人

稅法規定對在中國境內再投資給予退稅待遇的投資者僅限於外商投資企業的外國投資者，中國投資者不適用此項優惠待遇。這樣規定與原稅法有較大的變化。為此，必須對以下問題進行必要的說明：

(1) 原中外合資企業所得稅法規定對中外合資企業的中外投資者進行再投資均可給予退稅待遇。而現行稅法則規定僅限於對外國投資者進行再投資給予退稅。對此，國家稅務局國稅發〔1991〕165 號通知第十二條明確，在 1991 年 6 月 30 日以前，中外合資經營企業的中國合營者將從企業分得的利潤用於再投資，可按原規定享受再投資退稅的待遇。自 1991 年 7 月 1 日起，中國合營者將從企業分得的利潤用於再投資，不論是 1990 年度及其以前年度的利潤，還是 1991 年度及其以後年度的利潤，均不再給予再投資退稅的待遇。

(2) 原外國企業所得稅法沒有規定再投資退稅的待遇。其後，1986年4月12日經全國人民代表大會第四次會議通過的外資企業法和原稅務總局（87）財稅外字第033號通知規定了對外資企業以1986年度及以後年度取得的利潤在中國境內再投資，可以給予退稅；1986年10月11日國務院發布的《關於鼓勵外商投資的規定》第十條及財政部《貫徹國務院〈關於鼓勵外商投資的規定〉中稅收優惠條款的實施辦法》規定了對包括中外合作經營企業在內的外商投資企業的外國投資者以1986年度及以後年度取得的利潤在中國境內投資於屬於產品出口或先進技術型。外商投資企業的，可以給予全部退還再投資額已納的所得稅稅款。因此，除上述《外資企業法》和《關於鼓勵外商投資的規定》規定的情形以外，對中外合作企業的外國投資者再投資於不具有產品出口或先進技術稱號的外商投資企業以及外國企業在華的營業機構均沒有給予再投資退稅的規定。而自1991年7月1日施行的現行稅法規定了包括中外合作經營企業在內的所有外商投資企業的外國投資者均可享受再投資退稅的待遇。這樣，對中外合作經營企業的外國投資者如何享受再投資退稅的有關問題需具體明確，對此，國家稅務局國稅發〔1991〕165號通知第十二條做出這樣的規定：中外合作經營和外資企業的外國投資者，自1991年7月1日起，將其從企業分得的利潤（含1990年度及其以前年度的利潤）直接用於再投資，均可依照《稅法》第十條和《細則》第八十條以及其他有關規定，給予再投資退稅的待遇。

3.6.2 適用條件

税法對給予退稅的再投資行為有如下限定條件：

(1) 外國投資者用以再投資的利潤應屬於從其原資本性投資的外商投資企業分得的利潤。因而，能夠享受退稅的再投資利潤顯然不能包括外國投資者從其在中國境內的分公司或其他形式的營業機構場所賺取的利潤。

例3.20

　　一家外國公司Ａ與國內某中資企業Ｂ共同投資建立了一家合資企業ＡＢ公司。ＡＢ公司註冊資本為2,000萬元，中、外方各佔50%，均以自有資金投入。

　　若Ａ公司以從ＡＢ公司分得的稅後利潤進行再投資於該ＡＢ公司或其他外商投資企業，是符合上述（１）項所說的條件的。

---

(2) 可以享受再投資退稅的投資額應屬於從實際繳納了企業所得稅後的利潤中分得的利潤（股息）。若用分得的享受免稅的利潤進行再投資則不能獲得退稅。

(3) 該再投資應是直接性的投資。所謂直接投資的含意是：外國投資者應對其從企業分得的利潤未曾提取而直接用於對該企業的再投資，或者是對分配的利潤提取後直接轉至新舉辦或擴建的其他外商投資企業作為投資。若外國投資者將從企業分得的利潤提取後轉入其在華設立的分支機構賬戶，則該項資金將被認定參與了此機構的資金運轉。爾後若再用其進行再投資新的企業，則不屬於直接性的再投資。

(4) 再投資額應進行資本註冊或增加原企業的註冊資本。這樣限定既排除了單純的購買企業股票等形式的投資，同時也

例3.21

　　ＡＢ公司是一家中外合資經營企業。該公司1991年度獲得利潤200萬元，此項利潤依照稅法第八條第一款的規定享受免徵企業所得稅待遇；1992年公司獲得利潤300萬元，依照稅法規定依30%的稅率減半徵收企業所得稅。該ＡＢ公司之外國投資者Ａ從ＡＢ公司1991年利潤中分得70萬元，從1992年度利潤中分得80萬元。外國投資者Ａ將上述分得的150萬元利潤全部再投資於該ＡＢ公司並增加公司的註冊資本。

　　對該項再投資額中的屬於1991年度的分配利潤70萬元不給予退稅，對屬於1992年度的分配利潤80萬元可以就已實際繳納的稅款按稅法規定計算退稅。

例3.22

　　一家中外合資企業ＣＥ公司的外國投資者Ｃ用從ＣＥ公司分得稅後利潤100萬元，單方再投資於該ＣＥ公司，其中80萬元作為新增註冊資本，並辦理了企業變更註冊資本的工商登記手續；由於單方增資而引起了ＣＥ公司中外方股權比例的改變，因此將另外20萬元作為單方增股的補償記入企業資本溢值賬戶，未作為企業註冊資本。

　　稅務機關認為：對增加ＣＥ公司註冊資本部分的再投資額80萬元可以給予規定的退稅；對記入資本溢值的20萬元部分的再投資額不應予以退稅。

否定了外國投資者用分得的利潤設立分公司或其他類型的分支機構而享受退稅的可能。

(5)　再投資舉辦或擴建的外商投資企業自投資以後開始的經營期應不少於5年。（**註**：有關經營期的定義請參閱本章3.4.4 " 經營期的審核確定 " 一節）

3.6.3　退稅比例及退稅額的計算

給予外國投資者再投資退稅的退稅比例視接受投資的企業類型而有不同：

(1)　通常情形下，再投資的退稅比例為再投資的利潤已繳納的企業所得稅稅款的40%。

(2)　若再投資於產品出口企業或者先進技術企業，退還再投資的利潤已繳納的企業所得稅稅款的100%。但根據財政部制定的《貫徹國務院〈關於鼓勵外商投資的規定〉中稅收優惠條款的實施辦法》第四條的規定，此類投資的利潤必須是1986年及其以後年度分得的利潤。用1986年以前年度的利潤再投資的按40%退稅。

(3)　外國投資者將其從海南經濟特區內的企業取得的利潤再投資於海南經濟特區的基礎設施建設項目和農業開發企業，退還再投資的利潤已繳納的企業所得稅稅款的100%。

> 註：給予再投資額的退稅，不包括地方所得稅。地方所得稅如
> 　　何給予稅收減免或其他優惠待遇，由省、自治區、直轄市
> 　　人民政府決定。

計算應退稅額時，應先將再投資利潤額除以（1—稅率）以推算為繳納企業所得稅前的利潤，再以該稅前利潤按原實際適用的稅率計算出原實際繳納的企業所得稅的稅額，以該實際繳納的企業所得稅稅額乘以適用的退稅比例，即為再投資應退稅額。若以公式表述，則如下：

退稅額＝再投資額÷（1－原實際適用的企業所得稅稅率
與地方所得稅稅率之和）×原實際適用的企業所
得稅稅率×適用退稅比例

例3.23

　　某外國投資者以其原投資的外商投資企業 1990 年度的利潤分配額 67 萬元，再投資於另一家外商投資企業，原投資企業該年度的利潤按 30% 的稅率全額徵收了企業所得稅，並按 3% 的稅率全額徵收了地方所得稅。計算該項再投資應獲退稅額為：

　　67 萬元÷［1－（30%＋3%）］×30%×40%

　　＝100 萬元×30%×40%

　　＝30 萬元×40%

　　＝12 萬元

例3.24

　　一家外資企業 1989 年度利潤為 100 萬元，當年按原外國企業所得稅法規定的超額累進稅率計算繳納的企業所得稅為 27.5 萬元，稅收負擔率為 27.5%；按 10% 的稅率繳納地方所得稅 10 萬元。稅後利潤為 62.5 萬元。該外資企業之投資者以該年度稅後利潤中的 31.25 萬元，於 1991 年再投資於一家外商投資企業。計算該項再投資應獲退稅額如下：

　　31.25 萬元÷［1－（27.5%＋10%）］×27.5%×40%

　　＝50 萬元×27.5%×40%

　　＝13.75 萬元×40%

　　＝5.5 萬元

中國大陸涉外稅法實務

例3.25

　　某外國投資者從原投資的企業分得利潤161萬元，再投資於一家先進技術型外商投資企業，其中88萬元為1988年度的利潤分配，73萬元為1989年度的利潤分配。原投資的企業1988年度的利潤按24%的稅率減半徵收企業所得稅，免徵地方所得稅；1989年度的利潤按24%的稅率全額徵收企業所得稅，按3%稅率徵收地方所得稅。計算該項再投資應獲退稅額：

　　1988年度分配的利潤再投資退稅額為：

88萬元÷（1－12%）×12%×100%

＝100萬元×12%×100%

＝12萬元

　　1989年度分配的利潤再投資退稅額為：

73萬元÷〔1－（24%＋3%）〕×24%×100%

＝100萬元×24%×100%

＝24萬元

　　再投資退稅總額為：

12萬元＋24萬元＝36萬元

註①：若再投資利潤額為企業減半徵收企業所得稅或地方所得稅年度中分配的利潤，則此公式中〝原實際適用的稅率〞均應為減半的稅率。

註②：若再投資利潤額為企業適用原外國企業所得稅法規定的超額累進稅率徵收企業所得稅的利潤分配，則此公式中〝原實際適用的企業所得稅率〞均應為實際繳納的企業所得稅額佔應納稅所得額的實際負擔率。

3.6.4 申請手續

《細則》第八十條中對辦理再投資退稅的申請手續有如下規定：

(1) 向原納稅地的稅務機關辦理申請退稅；

(2) 外國投資者辦理再投資退稅的申請手續，應當自再投資的資金實際投入企業之日起一年內辦理；

(3) 辦理退稅手續時，應持有以下證明：

　　(a) 由接受投資的企業提供的載明其投資金額、投資期限的增資或者出資證明。

　　(b) 原分配利潤的企業提供的能夠證明其用於再投資的利潤所屬年度的證明和分配利潤金額的證明。提供此項證明的主要目的是為確認原繳納稅款的實際情況，若再投資利潤屬於免稅年度的利潤分配，則不予退稅；若為減半徵稅年度的利潤分配則以實際減半繳納的所得稅按適用退稅比例計算退稅額。若再投資者不能提供有效的證明文件，證明投資者再投資利潤的所屬年度的，當地稅務機關將會採取以企業賬面尚未提取的最早年度的分配利潤額逐年推算的方法，推定再投資利潤的所屬年度。

　　(c) 註冊會計師對資金投入的驗資報告。

　　(d) 投資於產品出口企業或者先進技術企業的，應當提供審核確認部門（參閱本章3.2.2一節中第（3）點"審核確認機關"）出據的接受投資的企業為產品出口企業或先進技術企業的批准書或確認證明。

3.6.5　已退税款的繳回

若發生以下情形之一時，外國投資者對已獲得的再投資退税額應予全部或部分繳回：

(1)　按受投資的企業自外國投資者再投資的資金投入後開始的實際經營期少於五年的，或者不滿五年時撤出投資的，應當繳回已退的全部税款。

(2)　外國投資者再投資舉辦或者擴建產品出口或先進技術型的外商投資企業，凡已按再投資額退還已納全部企業所得税税款的，若接受投資的企業自再投資的資金投入後開始的生產經營期三年內沒有實際達到產品出口企業標準，或者在此期限內沒有被持續確認為先進技術企業或取消先進技術企業稱號的，應當繳回已退税款的60%。

3.7　地方所得税減免

對企業生產經營所得和其他所得按3%税率徵收的地方所得税，由於其在財政預算的安排上歸為地方性財政收入，故税法授權各省、自治區、直轄市人民政府，可以根據國家的產業政策和本地區鼓勵外商投資的行業重點項目，規定免徵或者減徵地方所得税的優惠。因此，各省、市、自治區對此所制定的政策規定不盡相同，在此不可能一一列舉。但其大致可分為幾種類型。

(1)　限定不同行業、項目或地區給予限期免徵或減徵地方所得税。採取此類規定的，大部分為外商投資企業數量較多及行業類別較多的地區，主要有北京、上海、廣東、天津及大部分沿海城市或地區。

(2) 不限定行業的普遍性免徵地方所得稅。採取此類規定的，大部分為具備一定的投資環境，但目前外商投資尚少，在各個行業方面均希望吸引投資的內地各省、區。主要有內蒙、新疆、陝西等地。

(3) 尚無明確的規定，採取個案審核決定免徵或減徵地方所得稅。此類地區多數為目前外商投資項目很少的較邊遠的內地省、區。

對地方所得稅的減徵或免徵優惠問題，在此還需說明的是，根據《稅法》和《細則》的規定，企業合併或匯總繳納所得稅，均包括企業所得稅和地方所得稅。但與企業各營業機構的企業所得稅可分別適用各營業機構所在地的企業所得稅適用稅率計算繳納的規定不同，國家稅務局國稅發〔1991〕165號通知第七條規定，地方所得稅的減徵或免徵，應依照企業總機構或負責合併申報納稅的營業機構所在地的省、自治區、直轄市人民政府的規定執行。

3.8 投資所得源泉扣繳所得稅的免稅減稅

對外國企業投資所得源泉扣繳所得稅亦規定有諸多免稅、減稅優惠待遇。

3.8.1 利潤（股息）的稅收減免

對外國投資者從外商投資企業取得的利潤予以免徵所得稅（見《稅法》第十九條第一項）。對該等從外商投資企業取得的利潤，其定義在細則第六十條做了這樣的表述："稅法第十九條所說的利潤，是指根據投資比例、股權、股份或者其他非債權關係分享利潤的權利取得的所得"。

由於規定免徵所得稅的利潤（股息）僅限於外商投資企業取得的利潤（股息），因而外國投資者由於擁有中國境內中資企業的股權、股票等權利而分享的股息，紅利收入仍應依照《稅法》第十九條第一款的規定，被扣繳20%的所得稅。

原中外合資企業所得稅法第四條規定，合營企業的外國合營者，從企業分得的利潤匯出國外時，按匯出額繳納10%的所得稅。現行稅法取消了此項徵稅規定。為此國家稅務局國稅發〔1991〕165號通知進一步明確規定：自1991年7月1日及其以後，合營企業的外國合營者匯出的利潤，不論是在稅法施行前從合營企業分得的，還是在稅法施行後從合營企業分得的屬於企業在稅法施行以前年度獲得的利潤，都可以依照《稅法》第十九條第三款第一項的規定，免徵所得稅。

3.8.2 利息的稅收減免

對信貸利息（包括融資性租賃利息）有以下免稅、減稅規定：

（一）對以下利息免徵所得稅

(1) 國際金融組織向中國政府和中國國家銀行貸款取得的利息所得，以及外國銀行按照優惠利率向中國國家銀行貸款取得的利息所得（見《稅法》第十九條第三款第二和第三項）。

依《細則》第六十四條規定，上述國際金融組織是指國際貨幣基金組織、世界銀行、亞洲開發銀行、國際開發協會、國際農業發展基金組織等國際金融組織。

依據《細則》第六十條規定，上述中國國家銀行，是指中國人民銀行、中國工商銀行、中國農業銀行、中國銀行、中國人民建設銀行、交通銀行、中國投資銀行和其他經國務院批准的對外經營外匯存款等信貸業務的金融機構（包括中國信託投資公司及各省市經外匯管理局批准經營外匯業務的信託投資公司或融資性租賃公司。

屬於優惠利率的限定標準，由國家稅務局確定下發，以便各執行稅務機關掌握核准免稅。確定優惠利率標準時，一般會參考國家外匯管理局定期確定的國內金融機構對外借貸的綜合成本限制標準。

(2) 外國銀行按不高於銀行同業拆放利率，貸給中國海洋石油總公司的貸款利息所得。

(3) 中國公司、企業及單位購進技術、設備和商品，由賣方接受銀行提供的賣方信貸，中國買方延期付款，按不高於賣方國家向中國提供買方信貸的利率所付給賣方轉收的利息（見財政部（83）財稅字第348號文件及（84）財稅字第61號文件）。

(4) 外國銀行和個人在中國國家銀行存款，存款利率低於存款銀行或存款人所在國存款利率的利息。

(5) 向中國公司、企業提供設備和技術，由中國買方全部以產品返銷或交付產品等方式償還，或者全部以來料加工、裝配工繳費抵付價款及延期付款利息的，對此種情形下，外國企業取得的利息，可暫免予徵稅。

(6) 外國租賃公司以融資性租賃方式向中國公司企業提供設備、物件，承租人以產品返銷或交付產品等供貨方式支付的租賃費（融資租賃利息）。

（二）對下列利息在1995年以前減按10%的稅率徵收所得稅

(1) 外國公司、企業和其他經濟組織在1983年至1995年底前，與中國公司企業簽訂信貸合同或貿易合同，提供貸款、墊付款或延期付款所得的利息，除符合前述免稅條件的以外，在合同有效期內，均可減按10%的稅率徵收所得稅。

(2) 外國租賃公司，在1983年至1995年底前，以融資租賃貿易方式向中國公司、企業提供設備、物件，所取得的扣除設備價款後的租賃費（融資租賃利息）。

以上對利息減徵、免徵所得稅的規定內容，除注明有關稅務規定文件的以外，均可見於財政部（82）財稅字第348號的規定。

（三）對利息減稅免稅的審核確認

對從中國取得的存款、貸款、墊付款以及購賣債券的利息，凡需依照規定免徵所得稅的，均應由吸收上述存款、接受貸款和墊付款、承擔延期付款、發行債券的中國公司、企業，提出有關協議、合同和利率資料，報送當地稅務機關核定。

3.8.3　租金的稅收減免

對提供財產使用權取得的租金所得（不包括融資性租賃業務的租賃利息所得，對此類所得的稅收優惠見於上文3.8.2"利息的稅收減免"一節），目前尚無普遍適用的稅收優惠規定，一般均應按稅法規定稅率徵收20%的所得稅，專門給予免稅處理的有以下兩項：

(1) 對外國公司、企業將船舶租給中國公司、企業用於國際運輸所收取的租金，暫免所得稅。但對外國公司、企業將船舶租給中國公司，用於中國沿海或內河運輸所收取的租金仍應徵收所得稅（見財政部（84）財稅字第32號通知）。

(2) 對世界銀行集團所屬國際金融公司在華財產（包括房產）和財產出租或轉讓收入免予徵收所得稅（見財政部（84）財稅字第35號文件）。

3.8.4 特許權使用費的稅收減免

對特許權使用費的稅收優惠，目前主要集中於對提供專利權和專有技術使用權收取的使用費規定了諸多方面的減稅或免稅待遇。

（一）為科學研究、開發能源、發展交通事業、發展農林牧業生產，以及開發重要技術領域提供專有技術使用權所取得的特許權使用費，經國家稅務局批准，可以減按10%的稅率徵收所得稅。其中技術先進或者條件優惠的，可以免徵所得稅（見於《稅法》第十九條第三款第四項）。對上述可以給予稅收優惠的技術轉讓項目範圍，《細則》第六十六條進行了具體的列舉，主要有如下內容：

    ⑴　在發展農、林、牧、漁業生產方面提供下列專有技術所收取的使用費：

        ⒜　改良土壤、草地、開發荒山，以及充分利用自然資源的技術；

        ⒝　培育動、植物新品種和生產高效低毒農藥的技術；

        ⒞　對農、林、牧、漁業進行科學生產管理，保持生態平衡，增加抗禦自然災害能力等方面的技術。

    ⑵　為科學院、高等院校以及其他科研機構進行或者合作

進行科學研究、科學實驗，提供專有技術所收取的使用費。

 (3) 在開發能源、發展交通運輸方面提供的專有技術所收取的使用費。

 (4) 在節約能源和防治環境污染方面提供的專有技術所收取的使用費。

 (5) 在開發重要科技領域方面提供下列專有技術所收取的使用費：

  (a) 重大的先進的機電設備生產技術；

  (b) 核能技術；

  (c) 大規模集成電路生產技術；

  (d) 光集成、微波半導體和微波集成電路生產技術及微波電子管製造技術；

  (e) 超高速電子計算機和微處理機製造技術；

  (f) 光導通訊技術；

  (g) 遠距離超高壓直流輸電技術；

  (h) 煤的液化、氣化及綜合利用技術。

（二）中外合資經營企業的外國投資者，以提供專有技術作價的款額作為股本投資，不另收取專有技術使用費的，可不徵收所得稅（見原稅務總局（84）財稅外字第12號通知）。

（三）採取補償貿易方式轉讓專有技術使用權，對提供的設備價款、利息和專有技術使用費免徵所得稅（見原稅務總局（87）財稅外字第132號批復）。按此項規定給予免徵所得稅的專有技術使用費的價款，應是全部以產品補償的。對部分用產品償還專有技術使用費價款的，目前尚無給予免稅或部分免稅的規定。

有關對前述範圍內的特許權使用費的減稅或免稅，均需由專利或技術使用權的受讓方向當地稅務機關辦理申請核定手續。當地稅務機關接到申請文件和所附資料後，當層報國家稅務局批准，方可確定對該項特許權使用費的減稅或免稅。

專利技術使用權受讓方向當地稅務機關辦理減稅或免稅申請手續時，通常需要提交下列文件和資料：

(1) 受讓方代轉讓方提請減免稅的申請書；

(2) 轉讓方的減免稅申請文件或委託受讓方代辦申請的委託書；

(3) 專利、技術使用權轉讓合同（協議）；

(4) 技術引進項目審批部門（通常為對外經濟貿易部或地方對外經濟貿易委員會）出具的合同批准文件；

(5) 技術引進項目審批部門對該項專利技術使用權轉讓是否符合減免稅項目範圍的意見函。

3.9　稅收協定的有關限定

稅收協定主要對投資所得扣繳稅規定有限制性稅率，對營業利潤無限制稅率規定。限制稅率視不同國家間簽訂的稅收協定而有不同，一般情況如下：

(1) 對股息限制稅率分別有不超過7%、10%、15%的限定；

(2) 對利息限制稅率分別有不超過7%、10%的限定；

(3) 對特許權使用費限制稅率分別有不超過10%、15%的限定；

(4) 對財產收益無限制稅率。

4

計算應納稅所得額的基本規則

第 4 章

計算應納稅所得額的基本規則

本章所討論的內容，是對外商投資企業和外國企業在中國境內設立的從事生產經營的機構、場所應納稅所得額進行計算的基本規則。有關在實務中對應納稅所得額各有關項目的具體稅務處理方法，將分別在第五章"營業收入、成本、費用及損失的稅務處理"，第六章"資產的稅務處理"，以及第七章"關聯企業業務往來"等各章中加以討論。

外國企業在中國境內未設立從事生產經營的機構、場所，但取得來源於中國的股息、利息、租金、特許權使用費用等各項投資所得，或雖然在中國境內設有生產經營機構場所，但不是通過該機構場所所取得上述投資所得，對此等投資所得的應納稅所得額的確定方法與本章及第五章和第六章所討論的應納稅所得額的確定方法不同。所以，對此問題我們亦將另闢一章，在第八章"外國企業投資所得應納稅所得額的計算"中加以詳細的討論。

4.1 應納稅所得額的稅法定義

《稅法》第四條對應納稅所得額的定義規定為："外商投資企業和外國企業在中國境內設立的從事生產、經營的機構場所每一納稅年度的收入總額，減除成本費用以及損失後的餘額，為應納稅的所得額。"對應納稅所得額規定的這一原則性定義體現了通常的所得稅應對淨所得課徵的原則，並明確了應納稅所得額應以一個納稅年度為計算期間。

4.2 計算應納稅所得額的基本原則

　　根據稅法對應納稅所得額的定義規定，《細則》第十條對應納稅所得額的計算，分行業做了如下的公式化表述：

(一)製造業

(1)　應納稅所得額＝產品銷售利潤＋其他業務利潤＋營業外收入－營業外支出

(2)　產品銷售利潤＝產品銷售淨額－產品銷售成本－產品銷售稅金－（銷售費用＋管理費用＋財務費用）

(3)　產品銷售淨額＝產品銷售總額－（銷貨退回＋銷貨折讓）

(4)　產品銷售成本＝本期產品成本＋期初產品盤存－期末產品盤存

(5)　本期產品成本＝本期生產成本＋期初半成品、在產品盤存－期末半成品、在產品盤存

(6)　本期生產成本＝本期生產耗用的直接材料＋直接工資＋製造費用

(二)商業

(1)　應納稅所得額＝銷貨利潤＋其他業務利潤＋營業外收入－營業外支出

(2)　銷貨利潤＝銷貨淨額－銷貨成本－銷貨稅金－（銷貨費用＋管理費用＋財務費用）

(3)　銷貨淨額＝銷貨總額－（銷貨退回＋銷貨折讓）

(4)　銷貨成本＝期初產品盤存＋〔本期進貨－（進貨退出＋進貨折讓）＋進貨費用〕－期末產品盤存

(三)服務業

⑴ 應納稅所得額＝業務收入淨額＋營業外收入－營業外支出

⑵ 業務收入淨額＝業務收入總額－（業務收入稅金＋業務支出＋管理費用＋財務費用）

(四)其他行業

參照以上公式計算。

以上公式表述了應納稅所得額構成的邏輯關係，《細則》第三、第四、第五章分別對應納稅所得額各有關項目的稅務處理做了具體規定。這些表述和規定是遵循了以下一些確定應納稅所得額的基本原則。

(1) 採用權責發生制。即凡是本期已經實現的收入和已經發生的費用，不論款項是否在本期收付，都應當作為本期的收入和費用入賬；凡是不屬於本期的收入和費用，即使款項已在本期收付，也不應作為本期的收入和費用處理。

(2) 嚴格劃分資本支出和營業支出，並區別處理。這個原則體現在《稅法》和《細則》對各個具體開支項目的稅務處理規定當中。對資本支出和營業支出的概念，《稅法》和《細則》並未做出明確的定義性解釋。而這類定義在財政部制定並於1992年7月1日開始執行，而《外商投資企業會計制度》中首次做出了如下的描述，這種描述與《稅法》和《細則》在對各個具體開支事項的稅務處理規定中所體現出的原則是一致的：

"支出的效益及於一個以上（不含一個）會計年度的，應當作為資本支出；支出的效益僅及於本會計年度的，應當作為收益支出。"

上述會計制度對資本支出和營業支出的描述與國際會計界通常理解的下述鑑別標準沒有明顯的矛盾，即：當一項支出是為形成或產生一項資產（包括無形資產）以及在營業活動中會發揮持續性效益的支出是為資本性支出，屬於一次性消耗或一次性效益的支出是營業性支出。

(3) 收入和費用的計算應相互配合。這一原則有兩方面的意義：一是同一計算期間所取得的收入和與其有關的成本、費用，應當在同一計算期間記入賬內；二是對某些免予徵稅或不予徵稅的收入項目，為取得該項收入有關的成本費用，亦不得在計算應納稅所得時予以扣除。

(4) 應納稅所得額的計算方法，前後應當一致，並保持相對穩定。如果需要變更計算方法的，一般應自新的納稅年度開始時予以改變。

(5) 企業的財務、會計核算方法與《稅法》和《細則》的規定有抵觸的，在計算應納稅所得額時，應以《稅法》和《細則》的規定為準。

4.3 稅務機關核定應納稅所得額

一家企業或營業機構、場所若不能提供完整、準確的成本、費用憑證，不能正確計算應納稅所得額，當地稅務機關有權參照同行業或類似行業的利潤水平核定利潤年，以此核定的利潤率計算該企業或營業機構的應納稅所得額；一家企業或營業機構若不能提供完整準確的營業收入憑證，不能正確申報營業收入額的，當地稅務機關亦有權採用成本（費用）加合理的利潤等方法對其營業收入進行合理的推算，進而再核定其應納所得稅的淨所得（《細則》第十六條）。

例4.1

　　某外國建築工程公司在中國承包建設一酒店工程。承包工程總收入為8,000萬元。但該外國公司未能做到在中國建立該項承包工程業務的會計賬簿，無法提供準確的工程成本、費用開支數額。

　　稅務機關依據上述情況，決定對該外國公司的此項工程業務採取核定利潤年計算應納稅所得額的方法，並根據國家稅務局的有關規定，參照同行業一般利潤水平，核定利潤率為10%。假如其工程毛收入8,000萬元，按10%利潤率核定，應納稅所得額為800萬元。

　　採取核定利潤率計算應納稅所得額的方法，並非否定了計算應納稅所得額的通常原則和方法，只是在企業不能準確計算其成本費用額、或不能提供完整準確的賬簿、憑證據以支持其應納稅所得額的計算時，作為按常規方法計算所得額的一種替代性方法。以此方法核定的所得額應基於相同或類似行業的一般利潤水平。對在正常情況下經營的外商投資企業或外國企業營業機構、場所，通常是要求建立完備的營業賬簿和憑證，並採取按實際營業收支核實計算應納稅所得額。現行稅務規定中，對外國企業在華承包工程作業、承包飯店管理，外國企業常駐代表機構，海洋石油資源開發，外國海運、空運企業從事國際運輸等業務，均有具體的核定應納稅所得額或營業收入額的規定內容，除《細則》第十七條對外國航空、海運企業從事國際運輸業務，規定按客貨收入總額以5%的比例核定應納稅

例4.2

一家公司賬目憑證混亂，1992年度營業收入憑證遺漏繁多，不能正確申報營業收入額。經稅務機關審核確認該家公司1992年度成本費用支出額共計 8,495 元。

稅務機關確認，該家公司營業收入應按5%的稅率繳納工商統一稅，並按應納工商統一稅額繳納1%的地方附加，總計負擔率為5.05%；稅務機關依據同行業利潤水平，確定該家公司應有10%的收入利潤率，因而，稅務機關對該家公司的營業收入按下述公式核定計算營業收入：

$$營業收入 = \frac{費用開支 8,495 元 + 營業收入 \times 工商統一稅率 5.05\%}{（1 - 利潤率 10\%）}$$

此公式經整理為：

$$營業收入 = \frac{費用開支 8,495 元}{（1 - 利潤率 10\% - 工商統一稅率 5.05\%）}$$

$$= \frac{8,495 元}{84.95\%} = 10,000 元$$

依此公式計算，營業收入為 10,000 元，其中費用開支 8,495 元，工商統一稅金及地方附加 505 元；利潤額 1,000 元。

所得額以外，對其他業務一般均核定為不低於10%的利潤率。

4.4 納稅年度

納稅年度是基於對應納稅所得額進行計算所需劃定的一定期間。《稅法》第四條所說＂每一納稅年度＂的應納稅所得額通常為滿12個月的年度所得。並且，依《細則》第八條的規定，企業的納稅年度除特別規定的以外，均須採用公曆年度為納稅年度，即從公曆1月1日起至12月31日止。但《細則》第八條和有關稅務規定仍列述了某些例外的情形。

(1) 外國企業由於採用非公曆年度為本企業會計年度等原因，致使其在中國境內設立的營業機構按照公曆年度計算應納稅所得額有困難的，可以依本企業滿12個月的會計年度作為納稅年度計算其應稅所得。企業若需做出此項變通處理，須提出書面申請，報企業（機構、場所）所在地的主管稅務機關批准。

依國家稅務局國稅發〔1991〕165號通知第十六條的規定，外商投資企業原則上應以公曆1月1日起至12月31日止的年度為納稅年度，如確因行業特點等原因，而使用公曆年度為納稅年度計算納稅存在困難的，可以經當地稅務機關批准，以企業滿12個月的會計年度為納稅年度。但根據國家稅務局的解釋，此項規定一般是適用於外商投資企業中的外資企業或不構成獨立法人實體的中外合作經營企業。考慮到此類企業通常需要與其母公司或總公司提出統一的會計報告或統一的稅務申報，所以為避免其由於決算期的不一致所引起的不便，上述稅務規定做出了變通處理。中外合資經營企業和具有法人地位的中外合作經營企業須依照中國外商投資企業會計制度的規定，以公曆年為會計年度，而且企業的中國投資者亦均是採用公曆會計年度，故通常情形下不會考慮允許其以非公曆年為納稅年度。

例4.3

　　一家外國公司在中國境內設有一間分公司。該外國公司所採用的會計年度為每年4月1日至次年3月31日。因而，該外國公司向中國稅務機關提出申請，希望允許其以上述總公司採用的會計年度作為在中國之分公司的納稅年度。

　　稅務機關根據《細則》第八條的規定，批准此間外國公司之分公司以4月1日至次年3月31日的期間作為納稅年度，並按此納稅年度分季申報預繳所得稅和申報匯算清繳全年度所得稅，即：在每年7月、10月、12月、4月的各月15日以前申報預繳上一季度的所得稅，每年7月31日以前報送截止3月31日結束的年度納稅申報表和會計決算報表。（參閱第十章10.2.1"自行申報繳稅的期限與要求"一節）。

---

(2)　企業在一個納稅年度的中間開業、合併或者關閉，致使企業在該納稅年度內的實際經營期不足12個月的，須以該實際經營期為一個納稅年度計算應納稅所得額。

例4.4

　　一家企業1982年5月1日開業，至1992年4月30日關閉。

　　該家企業應以1982年5月1日至該年12月31日期間作為1982納稅年度，計算該年度應納稅所得額；以1992年1月1日至當年4月30日的期間作為1992年納稅年度，計算當年度應納稅所得額。

計算應納稅所得額的基本規則

(3) 企業清算的期間，不論延續時間長短，均須作為一個納稅年度計算應納稅的清算所得。

4.5　虧損結轉彌補

一家外商投資企業或外國企業的營業機構、場所在一個納稅年度中，其各項經營收入不足以扣除與之有關的成本、費用、損失和資產的折舊或攤銷的，則形成該年度的經營虧損。《稅法》允許企業對每一納稅年度的虧損向以後年度進行結轉。在發生虧損的該納稅年度以後的五個納稅年度內，以各年度的所得逐年延續彌補。若一個納稅年度的虧損在以後的五個納稅年度的所得中仍未得以全部彌補的，則不得再繼續結轉彌

例4.5			
一家公司 1987 年度虧損 100 萬元，1988 年度和 1989 年度每年利潤所得為 70 萬元。計算其應納稅所得如下：			
年度	本年利潤所得（虧損）	可予彌補之前期虧損	彌補前期虧損後之本年度應納稅所得額（虧損）
1987	（100 萬元）	0	（100 萬元）
1988	70 萬元	（100 萬元）	（30 萬元）
1989	70 萬元	（30 萬元）	40 萬元
該家公司 1989 年度利潤所得彌補前期虧損後的餘額 40 萬元，為當年度應納稅所得額。			

補。換言之，每一個納稅年度的利潤所得，最長可以追溯彌補在此盈利年度以前的五個納稅年度內的虧損，若該盈利年度以前的五個納稅年度已沒有需要彌補的虧損額，則該盈利年度的利潤即應全額計算為應納稅所得額。（參見稅法第十一條）

	例4.6		

某家公司 1985 年度虧損 100 萬元，1986 年度利潤所得 10 萬元，1987 年度至 1991 年度各年利潤所得均為 20 萬元。對其計算應納稅所得額如下：

年度	本年利潤所得（虧損）	可予彌補之前期虧損	彌補前期虧損後之本年應納稅所得（虧損）
1985	（100 萬元）	0	（100 萬元）
1986	10 萬元	（100 萬元）	（90 萬元）
1987	20 萬元	（90 萬元）	（70 萬元）
1988	20 萬元	（70 萬元）	（50 萬元）
1989	20 萬元	（50 萬元）	（30 萬元）
1990	20 萬元	（30 萬元）	（10 萬元）
1991	20 萬元	0	20 萬元

該公司 1985 年度虧損 100 萬元，至 1990 年尚有未得以彌補的虧損額 10 萬元，該 10 萬元虧損不得再向以後年度結轉彌補，1991 年度利潤所得 20 萬元應全額計算為當年度應納稅所得額。

例4.7

某家公司1985年度虧損100萬元，1986年度虧損40萬元，1987年度至1990年度每年利潤所得20萬元，1991年度和1992年度每年利潤所得30萬元。計算其應納稅所得額如下：

年度	本年利潤所得（虧損）	可予彌補之前期虧損		彌補前期虧損後之本年應納稅所得額（虧損）
		1985年虧損	1986年虧損	
1985	（100萬元）	—	—	（100萬元）
1986	（40萬元）	（100萬元）	—	（140萬元）
1987	20萬元	（100萬元）	（40萬元）	（120萬元）
1988	20萬元	（80萬元）	（40萬元）	（100萬元）
1989	20萬元	（60萬元）	（40萬元）	（80萬元）
1990	20萬元	（40萬元）	（40萬元）	（60萬元）
1991	30萬元	0	（40萬元）	（10萬元）
1992	30萬元	0	0	30萬元

該公司1985年度虧損額100萬元，結轉彌補至1990年度尚有20萬元未得以彌補，該20萬元虧損不得再行結轉彌補，1991年度利潤所得只能彌補1986年度的虧損。1986年度40萬元虧損額結轉彌補至1991年度尚有未彌補額10萬元，亦不能再行結轉彌補。1992年度利潤所得30萬元，應全額計算為當年度應納稅所得額。

至於公司合併、分立、重組後的前期虧損處理問題，虧損公司的虧損是否可被允許沖抵盈利公司的利潤或在新的公司中結轉彌補，《稅法》和《細則》對此尚未做出專門的規定。

5

營業收入、成本、費用和損失
的稅務處理

《細則》第二章和有關稅務規定對營業收入和成本費用及損失的確定，均有具體的描述。在成本費用及損失的稅務處理方面，《細則》明確地列舉了一些開支項目不得作為營業費用在稅前扣除；除此之外，《細則》和有關稅務規定亦對一些允許作稅務扣除的開支項目，在開支範圍、扣除條件或標準、呈報文件資料等方面做出了某些限定性規定。這些規定體現了這樣一個原則：允許作為稅務扣除的費用開支，應是與企業當期生產經營有關的、並且是合理的。

5.1 營業收入的確定

企業對營業收入的會計處理，通常是依據財政部制定的《外商投資企業會計制度》所確定的營業收入核算的一般原則進行，由此計算營業收入的結果，通常都是可以被稅務規定認可的。《細則》和有關稅務規定對確定營業收入的一般原則僅有個別的限定性規定，但對某些具體特殊性的業務收入方式，列有專門的規定。

5.1.1 確定營業收入的一般原則

營業收入的確定，應採取權責發生制的會計原則。一般認為，產品或者商品已經發出，工程已經交付，服務或者勞務已經提供，不論價款是否收到，均應作為本期營業收入記賬。在委託銀行收款的情況下，向銀行辦妥託收手續時，為營業收入的實現，在委託代銷的情況下，收到代銷單位的代銷清單時，即為營業收入的實現。

依據《外商投資企業會計制度》的描述，銷貨退回應當從營業收入中扣除；銷售折扣或折讓應作為營業收入的減項單獨反映，營業收入減除銷貨折扣或折讓，等於銷售淨額。《細則》第七條中所列的應納稅所得額的計算公式，亦將銷售折讓作為銷售總額的減項。但是，依照原稅務總局（86）財稅外字第331號通知第四條的規定，允許沖減銷售總額的銷售折讓（包括折扣）應限於在銷貨發票中列明折讓或折扣金額，即優惠是給與購貨方的。單獨支付給購貨方以外的其他企業或個人的＂折扣＂或＂折讓＂，實質應為銷售佣金或回扣，應作為銷售費用處理，而銷售費用是不得沖減銷售收入的。上述稅務規定對銷貨退回、銷售折讓或折扣、銷售費用的區分問題亦做出了有關定義性的解釋：

(1) 銷貨退回是指企業銷售產品或商品以後，由於質量、品種、規格等原因而發生的退貨。

(2) 銷售折讓或折扣，是指企業由於產品質量、品種、規格等不符合要求，或者是為了擴大銷售，鼓勵顧客多購商品和及時結算貨款等原因，而對購買者在購貨價格上給予的優惠。

(3) 銷售費用，是指為銷售貨品而發生的運輸費、包裝費、儲存費、廣告費和有關人員工資以及支付給中介人或代理人的佣金、回扣、手續費等。

5.1.2　分期收款銷售業務

採取分期收款方式銷售貨品的，可以由企業選擇：按交付產品或商品並開出發貨票的日期確定銷售收入的實現；或者按合同約定的購買人應付價款的日期確定銷售收入的實現（見《細則》第十一條第一項）。但需要加以注意的是，依據收入與成本費用應相互配合的原則，採取按購買人應付價款的日

例5.1

BC公司1990年以分期收款方式銷售產品600萬元，該項銷售產品的成本為450萬元，當年按到期已收和應收的銷貨款400萬元記入銷售收入賬項。因此，此項銷貨的成本在當年應攤計為：

$$450\,萬元 \times \frac{400\,萬元}{600\,萬元} = 300\,萬元$$

例5.2

BS公司1990年8月簽訂一項訂貨合同，承接製造一套水力發電設備，合同價格為2,600萬元。合同雙方約定，1992年2月底交貨；合同簽署後，買方即按合同價格的10%預付一筆購貨訂金；工期開始時（第一次投料），買方另按合同價格的20%支付一筆備料款；其餘合同價款在設備完工交貨後結算。BS公司預計此項加工業務需投入5,000個工作人/日，並於1990年10月4日實際開工，至1990年12月31日已實際投入1,000個工作人/日；在此之前已收到買方支付的購貨定金和工程備料款總計780萬元。

若依據確定營業收入實現的一般原則，此項加工訂貨的業務收入2,600萬元可在1992年2月底交貨後一次記入收入賬項，而不考慮在此之前已經收到的各類合同款項和完工進度。但若BS公司希望能夠較為均衡的體現收入和所得狀況，也可以依照《細則》第十一條規定的方法，按完成的工作量確定每一期間的收入實現。若採取後者方法，對截至1990年12月31日止的收入賬項應計算為：

$$2,600\,萬元 \times \frac{1,000\,人/日}{5,000\,人/日} = 520\,萬元$$

當然，若在1990年12月31日止的會計賬項中記入此項520萬元業務收入，與之相應的成本、費用支出亦應轉入本期損益賬項中。

期，分期確定銷售收入實現的，對其成本費用亦應按確定銷售收入的比例而相應的分期攤計。

5.1.3　長期工程或長期加工

企業從事建築、安裝、裝配工程和提供勞務，或接受其他企業委託加工業務或接受訂貨，加工製造大型機械設備、船舶等，其單項業務持續時間超過一年的，可以按該項業務的完工進度或完成的工作量確定收入的實現（細則第十一條第（二）、第（三）項）。此項規定中用〝可以〞這樣的措詞，實際是允許企業可以在確定收入實現的一般原則或此項規定所指述的方式之間，選擇一種來確定本企業收入的實現。《外商投資企業會計制度》對此類業務的會計處理方法亦有極相近的描述。

5.1.4　產品分成

中外合作企業的分配，有可能採取產品分成的方式。《細則》第十二條對採用產品分成的方式時收入的確定和計算，規定有以下內容：

(1)　中外合作經營企業採取產品分成方式的，合作者分得產品時，即為取得收入。其收入額應當按照賣給第三方的銷售價格或者參照當時的市場價格計算。有關對〝當時的市場價格〞的確定，目前尚無具體的限定性規定。通常需要考慮生產或銷售形式的相似、以及交易時間、地點、批量、產品質量等各種市場因素的影響。

(2)　外國企業從事合作開採石油資源的，合作者在分得原油時，即為取得收入，其收入額應當按照國家有關部門確定的

> 明光公司是一家生產眼鏡的中外合作經營企業。合作中方提供生產用廠房、工人和部分流動資金;外方提供生產設備、技術和鏡片毛坯等主要原材料。對生產出的產品雙方按50%的比例分配後,自行組織銷售,並以各自的銷售收入各自負擔廠房的折舊、人員工資和設備折舊,原材料成本按產品分成比例由雙方分別負擔。
>
> 在此等情形下,對合作各方的收入實現的確定,應自其從合作企業分得產品時即為取得收入,收入額按其銷售給第三方的價格或按同類產品在中國境內的出廠銷售價確定。

(指導)價格計算。這個價格在《細則》中表述為"參照國際市場同類品質的原油進行定期調整的價格"。

5.1.5 收入為非貨幣資產或權益

企業取得的收入為非貨幣資產或權益的,其收入額應當參照當時的市場價格計算或者估定(細則第十三條)。"非貨幣資產或權益"應包括各種以貨幣形態存在的財產、物品、產品、商品、專利權或專有技術等特許權利,可轉讓的各類有期票據和證券等。

5.2 不得列為成本費用的開支

企業的成本費用,其範圍相當廣泛,項目亦是十分繁雜。所以,《稅法》和《細則》並未試圖對允許在計算所得稅前扣除的成本、費用項目做出正面的一一列舉，而是在《細則》第十九條和有關稅務規定中，特別指明了下述開支項目不得在計算所得稅前，列為成本、費用支出：

(1) 固定資產的購置、建造支出。這類支出（包括固定資產的更新、改造項目的支出）屬於資本性支出，應通過攤提折舊的方式作稅務扣除（參閱第六章6.1"固定資產的稅務處理"一節）。

(2) 無形資產的受讓、開發支出。這項支出屬於資本性開支，應通過分期攤銷的方式進行稅務扣除（參閱第六章6.2"無形資產稅務處理"一節）。

(3) 資本的利息。這通常是指，構成註冊資本的企業投資各方的出資額，不得計算和列支利息。

(4) 各項所得稅款。

(5) 違法經營的罰款和被罰沒財物的損失。對"違法經營"這一限定語，目前尚無進一步的定義性解釋。從有關稅務機關對此類案例的判定綜合起來看，界定標準一般是：由於生產經營活動違反有關國家法律或政府有關規定，而由政府部門進行的罰款或沒收的財物不得在稅前扣除，例如：公安機關、工商管理機關、國家環保機關等對企業違反本部門有關法律或規定的罰款或沒收的財物。非政府機關對企業生產經營中的業務往來進行帶有經濟補償性質的處罰一般不在此列。例如：銀行加收的遲付利息或對透支的罰金、水電供應部門（公司）對遲付費用的罰款等。

(6) 各項稅收的滯納金和罰款；

(7) 自然災害或者意外事故損失有賠償的部分；這種已被補償的損失自然不得再作為損失列入賬項。

(8) 用於中國公益，救濟性質以外的捐贈。對"中國公益、救濟性質的捐贈"目前尚無確定的定義範圍。綜合有關稅務機關就此類事項的處理情況，對此一般按這樣的原則判斷：捐贈給由政府認定的社會公益機構或政府號召的公益事業等項具有普遍的社會受益性的捐贈款，可以在稅前扣除，例如：捐贈給中國殘疾人基金會，捐贈給受重大自然災害的地區政府機構。而以某個確定的盈利性企業或人士為受益人的捐贈款則不准許在稅前扣除，例如捐贈給某一個受災地區的企業或某一個僱用一定比例殘疾人的企業的款、物。

(9) 支付給總機構的特許權使用費。這項限定是專門對企業分支機構而規定的。其理論推斷是，分支機構是整個公司實體的一部分，因而在分支機構與總機構之間不存在財產所有權或財產使用權的轉移，所以分支機構不應由於使用本企業的某種財產或權利而列支使用費。

(10) 其他與生產、經營業務無關的支出；

(11) 境內長期投資有關費用。對外商投資企業投資於中國境內其他企業所取得的利潤（股息）不再併入本企業應稅所得徵稅（參閱第三章 3.5 "境內長期投資利潤（股息）免稅"一節），依據收入和費用相互配合的原則，對外商投資企業在中國境內進行此類投資所發生的投資費用和損失，也不得在本企業的應納稅所得額中得到扣除。

對以上所說"境內長期投資有關的費用，《細則》和有關稅務規定尚未做出具體的範圍限定。依通常理解，"境內長期投資有關費用"包括：依照有關稅務規定可以作為新辦企業籌辦費的有關開支（參閱第六章 6.4 "企業籌辦費"一節）；投資者單獨進行的投資決策研究費用；為投資籌措借款而發生的利息支出；對投資項目的管理費用，包括有關文書、會計處理、律師等費用。因而，企業應對有關的投資費用進行專門的歸集和記載。但是，若企業未能做到對此等投資費用進行清晰明瞭的記錄，對此等投資費用與企業自身的生產經營費用進行準確的劃分將是十分困難的。如果採取某種比例的方法對企業賬目中屬於投資有關的費用進行劃分，則稅務法規尚需明確具體的劃分方法。

5.3 總機構管理費

依《細則》第二十條的規定，分支機構可以分攤總機構發生的管理費用。但《細則》該條款對此亦規定了以下限定條件：

(1) 總機構管理費必須是總機構發生的與管理分支機構有關的費用，不應包括總機構的生產、經營性費用。至於總機構向某個分支機構提供直接的技術指導，人員支持等具體的或專門的服務活動，該分支機構可以按合理的計價標準支付並列支此等服務費用。

(2) 總機構管理費的匯集範圍、總額的計算、分攤的依據和方法須是合理的。

為使上述規定得以實施，《細則》要求企業的分支機構凡攤列總機構管理費，均須向當地稅務機關提供總機構出具的管理費匯集範圍、總額、分攤的依據和方法的證明文件，並附送註冊會計師的查證報告，由當地稅務機關予以審核確認。

由於中國境內的外商投資企業有可能在中國境外或在中國境內適用不同稅率或稅收優惠的其他地區設立分支機構，在這益普公司是一家香港公司，在北京設有一個辦事處。該辦事處在1991年度稅前列有攤銷總機構管理費14萬港元。該辦事處向稅務局提供的有關總機構管理費開支內容和分攤方法的報告以及香港註冊會計師出具的審計報告表明：總機構發生管理費用總額為280萬港元，均屬與管理該公司設在不同國家或地區的8間分支機構有關的費用；該項總機構管理費是按照營業額的比例向各分支機構分攤的；1991年度公司營業額總計為15,000萬港元，其中北京辦事處營業額為750萬港元；因而，分攤給北京辦事處的總機構管理費是按下述公式計算的：

$$管理費總額 \$280\,萬 \times \frac{\$750\,萬}{\$15,000\,萬} = \$14\,萬$$

稅務機關對此例總機構管理費的分攤方法和分攤結果予以審核認可，同意益普公司北京辦事處在計算所得稅前扣除14萬港元的總機構管理費。

種情況下，該外商投資企業是否向其分支機構分攤與其生產經營有關的管理費或分攤是否合理，也將直接影響其總體的稅收結果。因此，《細則》第二十條還專門規定＂外商投資企業應當向其分支機構合理分攤與其生產經營有關的管理費＂。

5.4 借款利息

《細則》和有關稅務規定允許企業列支有關借款的利息，但同時加以必要的限制。目的是既承認企業利用金融資本進行投資的合理性，同時亦希望防止投資者利用增大金融資本佔總投資額的比例或以高於一般信貸利率水平進行貸款等方式將企業利潤轉化為借款利息，以規避公司所得稅。《細則》第二十一條對借款利息的稅務處理有如下規定：＂企業發生與生產、經營有關的合理的借款利息，應當提供借款付息的證明文件，經當地稅務機關審核後，准予列支。＂（《細則》）第二十一條第一款）。

規定中＂與生產、經營有關＂的用語是一項原則性條件。《細則》不可能採取列舉的方式對這一原則進行詳細的解釋。稅務處理實務中允許作為稅前扣除的利息既包括用於建造固定資產或擴建企業而增加借款所支付的利息，也包括為補充流動資金而借款所支付的利息。

所説＂合理的借款利息＂依據現行有關稅務規定，有兩方面的限定：

(1) 依照《細則》第二十一條第三款的解釋，借款利率應不高於一般商業貸款利率。

(2) 依照國家稅務局國稅函發〔1991〕326號文件的規定，外商投資企業的投資者在合同規定的期限內未繳足應認繳的出資額的，企業由此而增加的相當於到期應投而未投入的出資額部分的借款不能視為合理的借款，其相應的利息支出不得在稅前列支。《中外合作企業法實施細則》第二十一條規定，企業投資各方認繳的出資額之和為註冊資本，註冊資本與所需總投資額的差額可以借款解決。國家工商行政管理局1987年3月1日經國務院批准公布的《關於中外合資經營企業註冊資本與總投資額比例的暫行規定》對註冊資本佔總投資額的比例有如下限制：

- 投資總額不超過 300 萬美元的，其註冊資本應不少於投資總額的 70%；

- 投資總額在 300 萬美元以上不超過 1,000 萬美元的，其註冊資本應不少於投資總額的二分之一，並不少於 210 萬美元；

- 投資總額在 1,000 萬美元以上不超過 3,000 萬美元的，其註冊資本應不少於投資總額的五分之二，並且不少於 500 萬美元；

- 投資總額在 3,000 萬美元以上的，其註冊資本應不少於投資總額的三分之一，並且不少於 1,200 萬美元。

企業在開始經營後，由於註冊資本未投足，其總投資額中的借款部分勢必超出上述限定比例，因此在稅務處理上作出了對相當於應投未投入資本部分的借款所發生的利息不得在稅前列支的規定。在實際執行這一規定時，由於企業很少就應投未投的資本額簽訂相同數額的借款合同，而且一個企業很有可能同時簽有多項利率不同的借款協議，因而要想確切的計算此類"不合理借款"的利息數額是十分繁複的。所以稅務機關通常

例5.5

　　某中外合資企業總投資額為 900 萬美元，其中註冊資本為 450 萬美元，借款投資為 450 萬美元。按合同約定，至 1990 年 1 月 1 日，合資各方應繳足全部資本金。但至 1990 年 1 月 1 日該企業實際收到實繳資本僅為 300 萬美元，尚差 150 萬美元，因而借款總額達 600 萬美元。其後在 1990 年 3 月 31 日投資者補繳資本 100 萬美元，1990 年 7

月1日企業償還借款本金100萬美元，借款餘額為500萬美元。

　　該企業由於在規定期限內未繳足註冊資本而增加的借款所發生的利息，在稅前不得扣除。對此項不得扣除之借款利息按比例方式計算如下：

（1）1990年1月1日至3月31日的期間

- 未繳足註冊資本而增加的借款為150萬美元；
- 借款總額總計為600萬美元；
- 此期間內支付借款利息總額為12萬美元；
- 計算此期間不得列支的利息為：

$$12\,萬美元 \times \frac{150\,萬美元}{600\,萬美元} = 3\,萬美元$$

（2）1990年4月1日至6月30日的期間

- 未繳足註冊資本而增加的借款為50萬美元；
- 借款總額為600萬美元；
- 此期間支付利息總額為12萬美元；
- 計算此期間不得列支的利息為：

$$12\,萬美元 \times \frac{50\,萬美元}{600\,萬美元} = 1\,萬美元$$

（3）1990年7月1日到12月31日的期間

- 未繳足註冊資本而增加的借款為50萬美元；
- 借款總額為500萬美元；
- 此期間支付利息總額為18萬美元；
- 計算此期間不得列支的利息為：

$$18\,萬美元 \times \frac{50\,萬美元}{500\,萬美元} = 1.8\,萬美元$$

　　企業全年支付利息總額42萬美元，其中總計有5.8萬美元利息不得在稅前列支。

會以在一定期間內的＂不合理借款＂佔借款總額的比例來確定
此項不得列支的＂不合理借款＂的利息支出額。所說的＂一定
期間＂是指企業賬面實收資本額和賬面借款金額均保持不變的
一段時間。

對屬於合理的借款利息將區別以下情形而採取不同的稅務
處理方式：

(1) 用於固定資產的購置，建造或無形資產的受讓，開發
的借款，在企業籌建期所發生的利息或者在經營期內該項資產
投入使用前所發生的利息，應計入該項資產的價值參與資產的
折舊或攤銷；上述借款在企業經營期開始後或資產投入使用後
逐年支出的利息，可以按當年實際發生的數額列為本期費用開
支。

(2) 用於上述第（1）項所述以外的借款，在企業籌建期
發生的利息計入企業籌辦費，在企業開始經營後逐期攤銷（參
見第六章6.4＂企業籌辦費＂一節）；該項借款在企業經營期
內發生的利息可以列為各期費用開支。

5.5 交際應酬費

企業發生的與生產經營有關的交際應酬費，依據實際開支
的賃證單據和記錄，可以在限定的比例內在稅前列支。限制比
例視企業銷售業務和服務業務而有所不同：

(1) 全年銷貨淨額在1,500萬元以下的，列支交際應酬費
不得超過銷貨淨額的5‰；全年銷貨淨額超過1,500萬元的部
分，列支交際應酬費不得超過該部分銷貨淨額的3‰；

(2) 全年業務收入總額在500萬以下的，列支交際應酬費

不得超過業務收入總額的 10‰；全年業務收入總額超過 500 萬元的部分，列支的交際應酬費不得超過該部分業務收入的 5‰（見細則第二十二條）。

原稅務總局 1986 年 12 月 31 日發出的（86）財稅外字第 331 號通知第五條中，對按銷貨收入或業務收入計算交際應酬費限額的行業劃分、以及跨行業經營的企業的交際應酬費列支限額的計算問題明確有以下內容：

(a) 按銷售收入和銷貨淨額計算交際應酬費列支限額的行業有：工業製造業、種植業、營造業、商業等。

(b) 按業務收入計算交際應酬費列支限額的行業有：旅店業、飲食業、娛樂業、運輸業、建築安裝業、金融、保險業、租賃業、修理業、設計、諮詢業，以及其他服務性行業。

(c) 跨行業經營的企業，應分別按銷售收入和業務收入計算交際應酬費列支限額，如果兩類收入劃分不清的，可按主要的經營項目確定限額比例。

有關交際應酬費的處理問題，還需注意現行稅務規定中的以下兩方面內容：

(1) 以董事會名義支付的招待費、禮品費以及其他屬於交際應酬性質的支出，均需計入企業的交際應酬費核算（見原稅務總局（86）財稅外字 331 號通知第六條）。

(2) 以本企業生產或經營的產品、商品、餐食用於招待、贈送禮品等交際應酬的，須按實際銷售或營業的計價標準，計入銷售或業務收入及交際應酬費（見國家稅務局（89）國稅外字第 081 號批復）。

營業收入、成本、費用和損失的稅務處理

例5.6

　　一家企業於1991年的銷售收入總額2,000萬元，業務收入總額600萬元，當年實際開支交際應酬費總額16萬元。按稅法規定計算交際應酬費列支限額為：

銷售收入1,500萬元部分×5‰	7.5萬元
銷售收入超過1,500的500萬元部分×3‰	1.5萬元
業務收入500萬元×10‰	5萬元
業務收入超過500萬元的100萬元部分×5‰	0.5萬元
總計交際應酬費稅前列支限額	14.5萬元

　　因此，該企業將有1.5萬元交際應酬費開支不得在稅前列支。

5.6　1991年度交際應酬費列支限額的確定

　　現行《稅法》和《細則》自1991年7月1日起施行，《細則》規定的交際應酬費列支限額比例與原稅法相比有所提高。原《中外合資經營企業所得稅法施行細則》第九條第九項對交際應酬費列支限額比例規定為：

　　(一) 不超過銷售收入的3‰；

　　(二) 不超過業務收入的10‰。

　　原《外國企業所得稅法施行細則》第十三條規定為：

　　(一) 全年銷售淨額在1,500萬元以下的，其交際應酬費不得超過銷售淨額的3‰；全年銷貨淨額超過1,500萬元的，其超過部分的交際應酬費不得超過該部分銷貨淨額的1‰；

　　(二) 全年業務收入總額在500萬元以下的，其交際應酬費不得超過業務收入總額的10‰，全年業務收入總額超過500萬元的，其超過部分的交際應酬費不得超過該部分業務收入總額的3‰。

依國家稅務局國稅發〔1991〕165號通知第八條的規定，1991年6月30日以前成立的企業在1991年6月30日以前的交際應酬費的稅務處理，還應適用於原稅法的規定。因而，該項文件對企業1991年度交際應酬費列支限額的計算方法規定為：以1991年度全年銷售收入或業務收入分別按新稅法和原稅法適用的交際應酬費列支限額比例計算出兩個全年列支限額，再分別乘以企業在1991年6月30日以前以及7月1日以後的實際經營月份佔全年經營月份的比例，得出1991年6月30日以前及7月1日以後的經營期間的交際應酬費列支限額，兩個期間列支限額相加即為1991年度全年交際應酬列支限額。

例5.7

　　某中外合資經營企業採用公曆年度（1月1日至12月31日）為納稅年度。該企業1991年度實際銷售收入為2,000萬元。其1991年度交際應酬費列支限額的計算如下：

（1）1991年6月30日以前期間的列支限額計算為：

　　　$2,000$萬元$\times 3‰ \times 6/12 = 3$萬元

（2）1991年7月1日以後期間列支限額計算為：

　　　$(1,500$萬元$\times 5‰ + 500$萬元$\times 3‰) \times 6/12 = 4.5$萬元

（3）該企業1991年度全年交際應酬費列支限額為：

　　　3萬元$+ 4.5$萬元$= 7.5$萬元

例5.8

　　某外國企業在華營業機構經批准採用每年 4 月 1 日至次年 3 月 31 日的納稅年度。其 1991/92 年度（1991 年度 4 月 1 日至 1992 年 3 月 31 日）實際業務收入總額為 700 萬元，對其 1991/92 年度的交際應酬費列支限額計算如下：

（1）1991 年 6 月 30 日以前期間列支限額計算為：

$$（500\ 萬元×10‰＋200\ 萬元×3‰）×3/12＝1.4\ 萬元$$

（2）1991 年 7 月 1 日以後期間列支限額的計算為：

$$（500\ 萬元×10‰＋200\ 萬元×5‰）×9/12＝4.5\ 萬元$$

（3）該企業 1991/92 年度全年交際應酬費列支限額為：

$$1.5\ 萬元＋4.5\ 萬元＝6\ 萬元$$

例5.9

　　某外資企業於 1991 年 5 月 1 日開始投入經營。該企業採用公曆年度為納稅年度，1991 年銷售淨額為 1,000 萬元。其 1991 年度交際應酬費列支限額計算如下：

（1）1991 年 6 月 30 日以前期間列支限額計算為：

$$1,000\ 萬元×3‰×2/8＝0.75\ 萬元$$

（2）1991 年 7 月 1 日以後期間列支限額計算為：

$$1,000\ 萬元×5‰×6/8＝3.75\ 萬元$$

（3）該企業 1991 年度交際應酬費列支限額為：

$$0.75\ 萬元＋3.75\ 萬元＝4.5\ 萬元$$

5.7 工資、福利費

對企業給予其員工的工資薪金的標準及福利內容，稅法不可能也沒有必要規定具體詳盡的標準。但現行稅法與原稅法比較，專門增補了一條有關對工資、福利費的規定條款（細則第二十四條），這個條款規定有兩方面的內容：

(1) 企業支付給職工的工資和福利費，應當報送其支付標準和依據的文件及有關資料，經當地稅務機關審核同意後，准予列支。如此規定，並不意味着企業在發放每筆工資或福利費之前，均須報經稅務機關審核同意。這旨在表明，在工資、福利費的稅務扣除方面，稅務機關有進行審核的權利，以及企業有報送工資、福利費發放標準等有關文件資料的責任。

(2) 企業不得列支其在中國境內工作的職工的境外社會保險費。也就是說，企業為其在中國境內工作的職工依據中國境外有關法律規定支付的社會保險費不得在計算所得稅前扣除；企業職工的養老金、福利費或醫藥保健等費用，可以按中國的有關法律、規定的範圍和標準支付和列支。

5.8 預提費用和準備金

除現行稅法細則作出的允許企業計提壞賬準備金的規定以外，對企業提取的其他內容的預提費用或準備金，有關稅務規定是嚴格禁止在稅前扣除的。依據原稅務總局（84）財稅外字第10號通知的規定，企業在生產經營過程中所發生的各項費用，都應以實際發生數目計入成本費用中，不得把預提的費用或準備金直接列為成本，費用開支；對已經預提的費用或準備金，凡是有關業務已經發生並應由本期負擔的費用，准予按實際發生數計入本期成本、費用，如果是應由本期或以後各期分別負擔的，應作為待攤費用，分期攤入成本、費用；年終預提費用或準備金有餘額的，應併入當年損益計算繳納所得稅。

例5.10

　　益華公司是一家經營酒店的中外合資經營企業。該公司自1989年每年預提酒店大修準備金12萬元，預計用於1992年的酒店定期大修。該公司1989年至1991年均未實際發生大修理支出，1992年進行的酒店大修共計支出44萬元。

　　（1）益華公司1989年至1991年每年預提的大修準備金12萬元，在年度終結計算應納稅所得額時不能作為費用扣除，提取此項準備金時已減少的企業利潤，須如數調增應納稅所得額。

　　（2）益華公司1992年實際發生的大修理業務所花費的44萬元支出，可以在計算1992年所得稅前扣除或可以確定在1992年度及以後的數個年度中分期攤銷。

5.9　董事會費和董事費

　　對董事會費和董事費，允許其在計算所得稅前予以扣除的前提條件，必須是當期實際開支的費用。對此，原稅務局在（86）財稅外字第331號通知中規定，企業的董事會費是指董事會及成員為執行董事會的職能而支付的費用，如董事會開會期間董事的差旅費、食宿費及其他必要的開支。董事會費的開支標準，一般由董事會決定；董事費是指經董事會決定支付給董事會成員的合理的勞務報酬；董事會決定的開支，凡本期實際發生的均可作為當期的費用列支。

5.10　企業職工培訓費

原稅務局（86）財稅外字第331號文件對企業職工培訓費用的稅務處理有以下的規定：

(1) 企業開始生產經營前發生的職工培訓費，應列為籌辦費，依稅法規定在企業開始生產經營後分期攤銷；

(2) 企業開始生產經營後發生的職工培訓費原則上應作為當期費用列支。但個別數額較大的，當地主管稅務機關可根據實際情況確定為待攤費用分期攤銷；

(3) 為培訓職工而購建的固定資產，無形資產等項支出，無論是在企業開始生產經營前、後發生的，都應當按照稅法對固定資產、無形資產的有關規定處理。

5.11　外國企業營業機構的境外稅款

根據《細則》第六條的規定，外國企業在中國境內設立的營業機構場所從境外取得的與該機構、場所有實際聯繫的利潤（股息）、利息、租金、特許權使用費和其他所得應歸屬於該機構場所，並依據稅法繳納所得稅。但這類所得通常在產生該項所得的國家也將被課徵所得稅。對此，《細則》第二十八條規定，對該等在中國境外已繳納的所得稅額可以在計算該營業機構應納中國所得稅時，作為費用扣除。

由於《細則》對外國公司在華營業機構的境外所得稅採取作為費用扣除的處理方式，該外國公司營業機構的所得在發生國和營業機構所在國之間的雙重徵稅問題並未能得以消除，在某種意義上只是得到了緩解。即使如此，這樣規定也是對《細則》第十九條規定的"不得將所得稅稅款作為費用列支"這一原則的突破。一國政府不必對非居民承擔境外稅額扣除的責任，從這種立場看，《細則》的上述處理方式還是可以令人接受的。今後是否有可能對營業機構的境外已納稅額採取更為寬厚的稅務處理，比如給予稅額扣除的待遇，從細則的措詞看並未排除此種可能。今後，國家間的稅收協定亦有可能對此類問題提出更為優惠的解決方式。

5.12　匯兌損益

　　匯兌損益作為企業外幣（非記賬本位幣）賬戶的金額，由於國家外匯牌價的變動而發生不同期間折合記賬本位幣金額的差額，稅法並未試圖對其具體的計算規則作出規範，而僅僅在《細則》第二十三條中對匯兌損益的稅務扣除做了原則性的規定："企業在籌建和生產、經營中發生的匯兌損益，除國家另有規定外，應當合理列為各所屬期間的損益"。細則這樣規定，實際是認同會計制度對匯兌損益的計算規則和具體處理方法。1993 年 1 月 1 日將要開始執行的《外商投資企業會計制度》中，關於匯兌損益的計算規則和方法與原《中外合資經營企業會計制度》中的有關內容有很大的變動，需引起注意。

　　《外商投資企業會計制度》對匯兌損益的計算規則和方法，可概括性地表述為以下幾項內容：

(一)外幣賬戶匯兌損益

外幣賬戶匯兌損益的計算規則是：企業發生外幣業務時，所有與外幣業務有關的賬戶（不包括按外匯調劑價單獨記賬的外幣賬戶）均以業務發生時或業務發生的當月1日的國家外匯牌價折合為記賬本位幣金額記賬。月份終了時，各外幣賬戶的外幣月末餘額按照月末國家外匯牌價折合的記賬本位幣金額與賬面記賬本位幣金額之間的差額，計為匯兌損益。

外幣匯兌損益的處理，區別以下情形而有不同的方式。

(1) 籌建期間發生的匯兌損益，若是淨損失的，應自企業投入生產經營起，按照不少於五年的期限分期平均攤銷；若是淨收益的，可以由企業在三種方法中選定：

  (a) 自企業投入生產經營起按照五年期限分別平均轉銷；

  (b) 留待彌補企業生產經營期間發生的年度虧損；

  (c) 掛賬至企業清算時併入企業的清算收益。

(2) 在經營期發生的匯兌損益，計入當期損益。

(3) 與購建固定資產直接有關的匯兌損益，在所購建的資產尚未交付使用，或者雖已交付使用但尚未辦理峻工決算之前，應當計入有關資產的購建成本。

(二)外匯調劑買賣外幣的匯兌損益

通過外匯調劑買入的外幣按照實際調劑價單獨記賬，在支用時按照賬面調劑價折合記賬本位幣金額記賬，其中用於購建固定資產、無形資產、其他資產、原材料，或支付費用的，可直接按上述賬面調劑價折合的記賬本位幣金額記入有關賬項，不會發生匯兌損益；用於償付外幣債務的，對於按照賬面調劑價折合記賬本位幣的金額與所償付債務的賬面記賬本位幣金額的差額，列為當期匯兌損益。

　　賣出外幣的實際調劑價與該外幣賬戶的原記賬本位幣金額之間的差額，作為匯兌損益，在月末時記入當期損益。

　　(三)出讓外匯額度所得價款與其賬面成本之間的差額，作為匯兌損益處理。

5.13　壞賬準備和壞賬損失

　　現行稅法和細則，在中國所得稅法中首次規定准許在稅前計提壞賬準備，並明確了壞賬損失的認定條件。這些內容在《細則》第二十五條至二十六條的規定中有具體的限定。

5.13.1　壞賬準備的計提

　　對計提壞賬準備，《細則》有如下限定內容：

　　(1)　准許計提壞賬準備的企業，一般限於從事信貸和融資租賃業務的企業，且須報經當地稅務機關批准。目前對從事信貸、融資租賃業務以外的企業計提壞賬準備限制較嚴，但並不排除根據其實際情形，給予特案批准的可能，例如對某些採取分期收款方式銷售大型設備產品、且收款期限較長的企業，有可能允許計提壞賬準備。

　　(2)　壞賬準備的計提標準

　　金融信貸行業按年末放款餘額（但不包括銀行間的拆借款餘額），作為計提壞賬準備的基數，其他行業按年末應收賬款（不包括代銷其他企業商品的應收賬款）、應收票據等應收款項的餘額作為計提基數，但應收賬款有約定償還期限的，應以到期的為限。

計提比例為：每年不超過上述計提基數的3%。

(3) 企業按標準計提的壞賬準備，從本年度應納稅所得額
中扣除。每年年末應當計提的壞賬準備數額如果高於已計提的
壞賬準備的賬面餘額，可以按其差額補提足額；如果低於已計
提的壞賬準備的賬面餘額，應按其差額調減壞賬準備賬面餘
額，並相應調增本年度的應納稅所得額。

例5.11

　　某企業經批准按年末應收賬款餘額提取3%的壞賬準
備。該企業1991年末應收賬款餘額為50萬元；1992年實
際發生壞賬損失沖抵壞賬準備1萬元，年末壞賬準備賬面
餘額為0.5萬元，年末應收賬款餘額為40萬元；1993年發
生壞賬損失，年末壞賬準備賬面餘額為1.2萬元，年末應
收賬款餘額為30萬元。

　　該企業各年度提取壞賬準備如下：

1991年可計提壞賬準備為：

　　50萬元×3%＝1.5萬元

1992年可計提壞賬準備為：

　　40萬元×3%－0.5萬元＝0.7萬元

1993年可計提壞賬準備為：

　　30萬元×3%－1.2萬元＝（0.3萬元）

　　即：1993年應調減壞賬準備賬面餘額並相應調增當年
應納稅所得額0.3萬元。

5.13.2　壞賬損失扣除

壞賬損失可以在稅前得到扣除，這適用於從事各類行業的

企業。實際執行中有如下限定性規定：

(1) 對企業實際發生的壞賬損失，《細則》規定有兩方面的判定條件：

(a) 因債務人破產或死亡，以其破產財產或遺產償還後，仍不能收回的債權；

(b) 因債務人逾期未履行償債義務，已超過兩年不能收回的債權。

企業依照上述條件確定壞賬損失，須向當地稅務機關報送有關認定該項壞賬損失的證據或文件，由稅務機關審核，認可。上述證據、文件應足以顯示經過了切實的追收行為而未能收回有關債權的事實。

(2) 壞賬損失的稅務處理

經稅務機關審核認可的壞賬損失，凡經批准計提壞賬準備的企業，應在壞賬準備中沖抵，超過壞賬準備賬面餘額的部分，可作為當年度的損失在稅前扣除；沒有計提壞賬準備的，可直接作為當年度的損失在稅前扣除。

企業已列為壞賬損失處理的應收款項，在以後年度全部或部分收回時，應將收回的金額計入收回年度的應納稅所得額。

6
資產的稅務處理

第 6 章

資產的稅務處理

任何所得稅法律，為準確地計算當期的應納稅所得額，均需對資本性支出與營業性費用支出進行明確的劃分，並對其稅務處理分別規定合理的方式，承認並規範資本支出的合理回收和有關營業性費用的合理扣除。中國《外商投資企業和外國企業所得稅法》亦顯示出此等、基本的原則。

6.1　固定資產及其折舊

《細則》第三十條至第四十五條對固定資產的認定、計價和折舊進行了較為詳盡的規定。從而對固定資產這一大類的資本開支描述了獲得稅前回收的合理方式。《細則》和現行稅務法規對固定資產的稅務處理方式的規定與有關的財務會計處理規則是基本一致的。

6.1.1　固定資產的認定標準

關於固定資產的認定標準，在《細則》第三十條中表述為：" 企業的固定資產，是指使用年限在一年以上的房屋、建築物、機器、機械、運輸工具和其他與生產經營有關的設備、器具、工具等。不屬於生產經營主要設備的物品，單位價值在2,000元以下或者使用年限不超過兩年的，可以按實際使用數列為費用。"《細則》對固定資產所給出的這一標準，可能仍難以令人對固定資產勾畫出一個清晰的界線。尤其是何者為" 設備、器具、工具 "，何者為" 物品 "，在實踐中對其做出明確的劃分是十分困難的。即使材料物資管理學專家們，如果涉入到形態萬千的具體實物的分類實踐中，也很可能會有茫然無措之感。因此，我們大可不必拘於上述詞匯概念的辨析之中。實際上，依上述標準，固定資產包括了用於生產經營的一切使用年限在一年以上的實物資產，只不過對其中某些符合限定條件的實物資產可以不必按固定資產進行稅務處理。用一個形象的比喻說，對固定資產的認定，就像是下網捕魚，網到的魚有大有小，但小於網眼的魚會跑掉，實際撈起的只是大魚。

對可以不作為固定資產處理的物品，其首要的條件是不屬於生產經營的主要設備，同時還需具備價值在 2,000 元以下或者使用年限不超過二年的條件。對這類物品，顯然不可能以詳細的列舉去加以說明，但一些被經常提起的解釋性示例可以使這些條件稍顯形象些。例如：單價 800 元左右的縫紉機，若是在一家縫紉廠或製衣廠，由於縫紉機構成了生產經營主要設備，雖然其價值在 2,000 元以下，亦應被作為固定資產進行會計和稅務處理；再如，霓紅燈，某些大型廣告牌，一些易損壞的儀器儀表，有可能價值在 2,000 元以上，但其使用年限一般不會超過二年，因此，只要不是生產經營主要設備的，亦可以不作為固定資產處理。

通常，企業若遇有對某些物品難以判別是否為固定資產的情況時，比較穩妥的途徑是提交當地主管稅務機關做出判定，以免引起事後繁複的稅務調整、甚或連帶會計賬目的調整。

稅務機關亦會要求企業在開始生產經營業務前，向其報送一份固定資產目錄及有關資料，以備查驗。企業固定資產發生變動時，亦應於變動後一個月內向當地主管稅務機關報送變動情況說明書。

6.1.2 1991 年 7 月 1 日以前的固定資產認定

1991 年 7 月 1 日起，現行《稅法》及《細則》開始執行，在此以前的稅務法規對固定資產的認定標準不同於現行的稅法。原有稅務法規對固定資產的標準規定為：

(1) 企業的房屋、建築物、機器、機械、運輸工具和其他與生產經營有關設備等，其使用年限在一年以上，單位價值超過800元的為企業的固定資產。

(2) 對單位價值低於800元，但使用年限在一年以上的，又屬於企業生產、經營主要設備的，也應列為企業的固定資產。

(3) 對於單位價值超過800元，但屬於易損、易壞，更換頻繁的物品，不列為企業的固定資產。

（以上見於財政部（86）財稅字第318號通知）

對此，國家稅務局國稅發〔1991〕165號通知規定，企業在1991年6月30日以前購置的物品，凡已按原稅法有關認定固定資產的規定記入固定資產賬目的，在1991年7月1日以後可以不按新的標準進行調整

6.1.3　固定資產的計價

對固定資產的計價有兩方面的限定：一是對計價標準；二是對計算價值的範圍。

關於計價標準，《細則》第三十條規定，固定資產的計價，應當以原價為準。這樣規定實際是限定企業在其經營期內不得以重置價、可變現價等其他計價方法對固定資產的價值進行調整。

關於計算固定資產價值的範圍，從稅務案例及有關規定的內容中可以歸結出以下一般性的原則：

(1) 計入固定資產價值的開支應屬於可為營業產生持續性

效益的資本性開支，它不包括納稅人在計算其盈利中所准予扣除的任何營業性費用支出。

(2) 計入固定資產價值的開支必須是為產生該項固定資產所支付的開支。所謂＂產生該項固定資產＂是指一個全過程，它應包括：為形成該項固定資產而創造必要條件的過程，該項固定資產的形成過程，以及為使該項固定資產得以使用所必要的安裝、調試等輔助性過程。

(3) 計入固定資產價值的開支應是按照權責發生制原則計算的開支。即：它可能尚未支付，但是屬於基於商務行為責任而必須支付的開支。

《細則》第三十一條、四十二條、四十五條區別固定資產不同的產生方式，對固定資產的計價的範圍做出了具體規定：

(1) 購進的固定資產，以進價加運費、安裝費和使用前所發生的其他有關費用為原價。關於＂其他有關費用＂在《細則》中沒有規定具體的範圍，通常主要包括購置固定資產的借款在該項固定資產投入使用前所發生的利息、匯兌損益、有關保險費、諮詢費、手續費、律師費和由於購進固定資產繳納的稅金等。

(2) 自製、自建的固定資產，以製造、建造過程中所發生的實際支出為原價。關於對自製、自建固定資產的計價，在以往的稅收實務中有兩個方面的問題需加以注意：

① 有關稅務規定及實務處理對＂製造、建造過程＂賦予廣義的解釋。這一過程通常包括製造或建造固定資產的準備過程。而這一準備過程中的有關支出，亦應作

為固定資產製造或建造過程中的實際支出，記入固定資產的原價。例如：建房佔用農地的徵用費、青苗損失費、場地清理費用、拆遷費用等。

② 對固定資產改造（改製、改建）支出應與修理費支出區別處理。《細則》第四十二條規定，"固定資產在使用過程中，因擴充、更換、翻修和技術改造而增加價值所發生的支出，應當增加該固定資產原價"。然而，固定資產改造與對固定資產修理的區別歷來是稅收實務處理中的一個相當棘手的問題，利用資本性開支與營業性開支的一般判定原則很難對實際發生的情況做出對號入座式的判定。因此，對此問題的處理，較多情形下是對具體個案做出專門的判定。基於此類問題發生的頻繁程度，原稅務總局在1986年12月31日發出的（86）財稅外字第331號通知中，不得不努力地對此類問題做出了定義性的解釋。然而，該項文件也只是對固定資產技術改造和修理的劃分給出了一個概括性的指導原則，如下所述：

(a) 固定資產技術改造是指企業為了改造產品性能，提高產品質量，增加產品品種，降低能源和原材料消耗而對原有固定資產進行技術改造，使固定資產在原來基礎上增添新的功能，增加了價值，延長了使用年限。例如對原機器設備進行改裝，對房屋建築物進行擴建、改造、易地重建等等。上述支出均應作為資本支出，按固定資產的有關規定處理。

(b) 修理費用支出，一般是指為了恢復固定資產原狀或維持其原有效能而發生的費用支出。如對固定資產進行周期性的修理；對機器設備，運輸工具等進行全部拆卸，更換部分主要部件、配件；對窯、爐進行歲修或定期大修；對房屋、建築物進行檢修和局部翻修等支出，均可作為企業當期費用列支。

例6.1

某食品加工公司原有單層庫房一座，該公司擬將其改建為包括汽車庫房、職工食堂、職工俱樂部的三層建築。遂將原庫房拆除，在原地進行重建。

稅務機關對此例判定為固定資產改建。原汽車庫房不作為固定資產報廢，其減除已提折舊後的賬面淨值與新建成的房屋價值合併計算為新的固定資產價值。

例6.2

某毛紡企業洗毛車間，由於長年受碱液及蒸氣腐蝕、薰蒸、牆皮脫落、門窗朽壞。企業整修該車間時，重新噴塗牆壁並加進防腐材料，將原木質門窗更換為鋁合金材料門窗。

稅務機關對此例判定為固定資產修理。雖然企業在對原車間房屋進行修理時，使用了新的牆壁塗料和不同質的門窗，但是是基於原牆壁及門窗已確實受損不能再維持使用，且需要改進質地以增強耐腐蝕、耐蒸薰能力這樣的前提。並且，經過對該洗毛車間的上述處理後，並未改變原有功能或增添新的功能。故對有關整修洗毛車間的支出認定為修理費用，在當期稅前扣除。

(3) 作為投資的固定資產，應當按照該資產的新舊程度，以合同確定的合理價格或者參照有關的市場價格估定的價格加使用前發生的有關費用為原價。

作為投資的固定資產的計價是個很敏感的問題。作價的高低，將對企業的生產、經營利潤及稅務狀況產生影響。對投資的固定資產確定原價的稅務規定實際體現了兩個原則：

① 按新舊程度定價。所謂＂新＂的概念，應有兩種含義，一是某項固定資產是在投資前新購或新製造的，這種情況下的價格確定是比較容易的；二是未曾使用過的，但已閑置若干時間的固定資產，在這種情況下就有對該固定資產重新作價的必要。

② 以合同確定的合理價格或參照市場價格估定的價格定價。《細則》這樣規定表明，如果合同確定的價格不合理，例如沒有恰當地考慮固定資產的新舊程度及價格等因素，則可以按參照市場價格估定的價格計算。雖然《細則》對由誰進行此種合理與否的認定及定價方法的選擇並未具體指明，但這通常是由稅務機關進行的。

(4) 企業接受贈與的固定資產，《細則》第四十五條規定＂可以合理估價，計算折舊。＂但對如何進行合理估價，以及對由於受贈固定資產形成的資產增加如何進行相應的賬務或稅務處理，是否記入納稅所得，《細則》均未有明確的規定。1992 年 6 月財政部新頒布的《外商投資企業會計制度》對接受捐贈物品的作價和會計處理規定為這樣的方式：設置＂資本公積＂科目及其明細科目＂捐贈公積＂。＂捐贈公積＂記錄企業因接受現金或者實物捐贈而增加的投資人權益。受贈現金，按照受贈的金額入賬；受贈實物，對於附有發票賬單的，按照發票賬單所列金額入賬，無發票賬單的，參照同類實物的國內或者國際市場價格入賬。如受贈的為舊的固定資產，應當按照原價與估計累計折舊之間的差額入賬。鑑於《細則》對受贈的固定資產規定了"應合理估價"的處理原則，因而會計制度的上述處理方法是可以被稅務機關所接受的。以往的稅務規定為，受贈固定資產以一美元象徵性的作價入賬，並記入營業外收入。國內許多會計專著也持過類似的主張，在採取對受贈實物資產合理作價入賬的情形下，若依照原稅務規定，對受贈固定資產金額記入營業外收入，則會形成受贈資產在接受捐贈的當期先行繳納所得稅的結果，這顯然是不妥當的。

6.1.4　固定資產的折舊方法

通常情況下，允許計提折舊的固定資產價值不得超過固定資產總價值的90%。即：固定資產在計算折舊前，應當先以不低於固定資產原價10%的比例計留殘值，從固定資產原價中減除，就其餘值計提折舊。折舊額的計算，應採用直線法，即對扣除計留殘值後的固定資產價值依照細則規定的折舊年限逐期平均計算折舊（細則第三十三條、三十四條）。用公式表示即為：

$$年折舊額＝\frac{固定資產原價－計留殘值}{確定的固定資產使用年限}$$

固定資產折舊足額後，若仍可繼續使用的，不應再計算折舊。對其計留的殘值應在企業對該項固定資產做出最後的處置（變賣、報廢、企業清算）時再行處理。

《細則》對調整計留殘值或改用其他折舊的方法規定了必要的申請審批程序：

(1) 經企業報當地稅務機關批准，可以少留或者不留殘值。至於在何種情形下可以少留或不留殘值，並未有具體的規定。通常對經批准採用綜合折舊的或中外合作企業經批准在合作期內折舊完畢的固定資產，允許不留殘值（細則第三十三條）。

(2) 依《細則》第三十四條的規定，經企業提出申請，當地稅務機關審核並上報國家稅務局批准後，企業可以選用直線法以外的其他折舊方法。《細則》和現有稅務規定並未列舉可由企業選擇的具體方法，實際是認可財政部發布的《外商投資企業會計制度》中的有關規定。在該會計制度中，規定企業可以採用的折舊方法除直線法外還包括：工作量法、雙倍餘額遞減法和年數總和法。

6.1.5　固定資產的折舊年限

《細則》第三十五條區分固定資產的不同類別，而分別規定了最短折舊年限：

(1) 房屋、建築物為二十年；

(2) 火車、輪船、機器、機械和其他生產設備，為十年；

(3) 電子設備和火車、輪船以外的運輸工具以及與生產、經營業務有關的器具、工具、傢具等，為五年。

企業根據此條規定，確定本企業固定資產的折舊年限，所確定的折舊年限長於此條規定的最短年限是可以被稅務機關接受的。

《細則》對上述三類固定資產的範圍進行了較為詳盡的列舉：

(1) 房屋、建築物，是指供生產、經營使用和為職工生活、福利服務的房屋、建築物及其附屬設施，範圍如下：

房屋，包括廠房、營業用房、辦公用房、庫房、住宿用房、食堂及其他房屋等；

建築物，包括塔、池、槽、井、架、棚、（不包括臨時工棚、車棚等簡易設施）、場、路、橋、平台、碼頭、船塢、涵洞、加油站以及獨立於房屋和機器設備之外管道、烟囱、圍牆等；

房屋、建築物的附屬設施，是指同房屋、建築物不可分割的、不單獨計算價值的配套設施，包括房屋、建築物內的通氣、通水、通油管道、通訊、輸電線路、電梯、衛生設備等。

(2) 火車、輪船、機器、機械和其他生產設備，範圍如下：

火車，包括各種機車、客車、貨車以及不單獨計算價值的車上配套設施；

機器、機械和其他生產設備，包括各種機器、機械、機組、生產線及其配套設備，各種動力、輸送、傳導設備等。

(3) 電子設備和火車、輪船以外的運輸工具，範圍如下：

電子設備，是指由集成電路、晶體管、電子管等電子元器件組成，應用電子技術（包括軟件）發揮作用的設備，包括電子計算機以及由電子計算機控制的機器人、數控或者程控系統等：

火車、輪船以外的運輸工具，包括飛機、汽車、電車、拖拉機、摩托車（艇）、機帆船、帆船以及其他運輸工具。

在規定了固定資產的折舊年限後，仍有必要對固定資產計算折舊的起止時間以及在何等情形下須停提折舊作出較為明確的規定。《細則》第三十二條對固定資產計提折舊的起止時間給予了如下原則性的規定：企業的固定資產，應當從投入使用月份的次月起計算折舊；停止使用的固定資產，應當從停止使用月份的次月起，停止計算折舊。按照此項規定，固定資產折舊的計提或停提，是以該項資產是否在使用為前提，投入使用或停止使用是一個實務判斷性問題，在一般情況下，不會發生判斷上的困難。但難點似乎將會發生於在一個持續使用的過程中間有短暫的間斷使用的情況，對此，在何等條件下會允許不做停提折舊的處理。到目前為止，除財政部1981年［81］財稅字第70號通知中強調性規定："合資經營企業在用的固定資產因故停止使用，一律從停止使用月份的下月起，停止計算折舊"以外，沒有其他放寬的規定。從稅務機關通常情況下對此類事項的掌握尺度看，企業對固定資產進行短期維修、保養，或因臨時轉產等原因，停止使用不超過一個月的，可以不停止計提折舊。

6.1.6　固定資產折舊年限的調整

在某些特殊情形下，可以縮短折舊年限或者應延長折舊年限。

⑴　由於以下生產、經營中的特殊原因，可以縮短折舊年

限。但須由企業提出申請，經當地稅務機關審核後，逐級上報國家稅務局批准：

(a) 受酸、鹼等強烈腐蝕的機器設備和常年外於震撼、顫動狀態的廠房和建築物；

(b) 由於提高使用率，加強使用強度，而常年處於日夜運轉狀態的機器、設備；

(c) 如果中外合作經營企業合同約定的合作期短於《細則》第三十五條規定的固定資產折舊年限，並且約定在合作期滿後固定資產歸中方合作者所有的，通常會得到稅務機關批准，將固定資產的折舊年限縮短至合同約定的合作期限。

由於中國《中外合作經營企業法》規定，中外合作者在合作企業合同中可以約定，在合作期滿時，合作企業的全部固定資產歸中國合作者所有，因而稅法做出上述規定，以使合作企業的固定資產在合作期限內全部折舊，從而保證外國投資者用於固定資產的投資得以在經營期限內於計算所得稅前全部扣除及回收。但此項規定並不適用於中外合資經營企業和外資企業。原因是，依據《中外合資經營企業法》和《外資企業法》的規定，中外合資經營企業和外資企業在經營期結束時，均須進行企業清算和財產分配，並無類似於上述《中外合作經營企業法》的規定。

　　某家中外合作經營企業的全部生產設備機器所需投資均由外國投資者投入，計1,600萬元。企業合同約定的合作經營期限為8年，並約定在企業經營期滿後，企業全部固定資產不再重新作價而無償歸中國合作者所有。對該企業生產設備機器，《細則》規定的最短折舊年限為10年。所以該家企業向稅務局提出申請並獲准將該等固定資產的折舊年限縮短為8年，並不計留殘值。

　　如果該家企業並未申請此項稅務處理，則上述固定資產1,600萬元在合作經營期限內通過固定資產折舊在稅前得到的扣除僅為1,152萬元，尚有448萬元投資未得到稅前折舊扣除額。具體計算如下：

$$年折舊額 = \frac{1,600萬元（1-10\%殘值率）}{10（年）} = 144萬元$$

八年折舊額＝144萬元×8＝1,152萬元

未折舊額＝1,600萬元－1,152萬元＝448萬元

　　該家企業獲准將固定資產的折舊年限調整為8年時，在經營期滿前，1,600萬元固定資產投資將可以通過折舊在稅前全部得到扣除及回收。具體計算如下：

$$年折舊額 = \frac{1,600萬元}{8（年）} = 200萬元$$

8年折舊扣除額＝200萬元×8＝1,600萬元

(2)　企業取得已經使用過的固定資產，其尚可使用年限少於《細則》規定的最短折舊年限的，若能夠提出該等固定資產可使用年限的證明憑據，經企業當地稅務機關核准後，可以該其尚可使用年限計算折舊（《細

則》第四十一條）。《細則》對所說證明憑據應由具
有何等資格的機構或人士簽署提出並未有明確的限
定，稅務機關通常會要求企業提供下述文件資料：

(a) 該等固定資產已使用情況的詳細說明材料；

(b) 專業人員對該項固定資產尚可使用年限的驗定說
明。

(3) 固定資產因擴充、更換、翻修和技術改造增加了使用
年限的，應適當延長折舊年限，並相應調整計算折舊
（《細則》第四十二條）。對固定資產進行上述處理
後是否會增加其使用年限是個專業性的判斷問題，稅
務機關在最後做出此項判定前，通常會認真聽取企業
或有關部門的專業人士意見。

6.1.7 承租固定資產的稅務處理

企業採取融資租賃方式承租的固定資產，如何進行稅務處
理，是按資本性支出還是以營業性費用處理，是需明確的問
題。承租人簽訂一項固定資產的租賃協議後，將分期支付該項
資產的租賃費、利息和手續費，從而在租賃期內取得承租資產
的使用權。但在租賃期內，承租人並未取得該承租資產的所有
權，一般須至租賃期滿，該項資產的所有權才能轉移至承租
人。在這種情況下，稅務處理既要考慮承租固定資產具有的資
本性的開支性質，又要考慮該項固定資產所有權在租賃期內並
不屬於承租人這一法律事實。對此，原稅務總局1987年發布
的（87）財稅外字第033號通知對承租固定資產的稅務處理有
如下規定內容：

（一）承租方租入固定資產的租賃期長於該項固定資產法定

折舊年限的，其每期支付的不高於按稅法規定的折舊年限計算的折舊額的租賃費，可全額作為該企業本期的成本、費用處理。

（二）承租方租入固定資產的租賃期短於法定折舊年限的，對每期支付的租賃費高於按稅法規定的折舊年限計算的折舊額的，其超出部分不得作為本期成本、費用，這部分費用應列為待攤費用，在租賃期滿該項固定資產所有權轉移至承租方時，在不少於稅法規定的折舊年限減去已承租使用的期限後剩餘的期間內分期攤銷。對租賃期滿後將資產轉讓或變賣的，取得的收入與未攤銷費用之間的差額部分可作為本期損益處理。

（三）承租方對租入固定資產折舊額的計算：

(a) 租入固定資產的原價，包括應由承租方支付的購買該項固定資產的價款、有關運輸、保險、安裝調試費用以及按合同規定在租賃期滿後該項固定資產所有權轉讓給承租方時，由承租方支付的有關價款。

(b) 折舊年限和折舊方法原則上應按稅法的有關規定處理，但經過財政部或其授權部門批准允許改變折舊年限和折舊方法的，可按批准的折舊年限和折舊方法計算。

（四）承租方支付的利息，手續費等可在支付時列為當期費用。

6.1.8　固定資產的轉讓收益

企業固定資產轉讓收益做為一項資本性收益，依照稅法的規定，應與同期生產經營利潤合併計算應納稅所得額，適用同一稅率徵收所得稅。《細則》第四十四條規定：〝企業轉讓或者變價處理固定資產的收入，減除未折舊的淨額或者殘值及處理費用後的差額，列為當年度的損益。"

所説 " 未折舊的淨額或者殘值 " 應等於該項財產原價減去已計提的折舊。所説 " 轉讓費用 " 包括：為轉讓該項財產而發生的手續費、搬運費、拆遷清理費，以及其他與財產轉讓有關的費用。（ 參閱原税務總局（87）財税外字第033號通知 ）。

6.2 無形資產及其攤銷

企業通過資本性支出而形成的無形資產，税法允許對其採取分期攤銷的方法在税前得到扣除。

6.2.1 無形資產的範圍

《細則》並未對無形資產指示出一個清晰的定義，只是列舉了應作為無形資產處理的一些主要類項。這些類項包括：

- 專利權
- 專有技術
- 商標權
- 版權
- 場地使用權等無形資產

《細則》對以上無形資產的列舉並非是限定，也就是説具有通常無形資產一般性特徵的資產均應按税法細則有關無形資產的規定進行税務處理。

6.2.2 無形資產的計價

無形資產的計價，應當以原價為準（《細則》第四十六條）。我們對關於固定資產計價問題所歸結的一些一般原則也同樣適用於無形資產的計價。（參閱本章 6.1.3 "固定資產的計價"一節）。《細則》第四十六條對無形資產原價的構成有如下較為原則性的限定：

(1) "受讓的無形資產，以按照合理的價格所實際支付的金額為原價。"談判確定一項無形資產的轉讓價格是十分複雜的，需要綜合考慮諸如轉讓方的研究開發成本，受讓方由此而可能得到的獲益程度，受讓方自身開發類似項目的能力，其他類似項目的轉讓價格，以及是獨佔許可轉讓還是普通許可轉讓、合同期限長短等因素。因而對轉讓價格是否合理進行認定亦是困難的。應該說，若在交易雙方不存在某種特殊的利益上相關聯的關係時，是會依循公平合理的交易原則，兼顧各方的經濟利益，談判確定一個為雙方均能接受的轉讓價格。這種談判確定的價格通常應被認為是合理的。所以，稅務機關對此等情況下無形資產的轉讓價格提出否定或加以調整的情形很少發生。

(2) "自行開發的無形資產，以開發過程中發生的實際支出額為原價"。這要求企業對有關無形資產研究開發過程中的各項費用做出專項歸集記錄，以確定該項無形資產的原價。

(3) "作為投資的無形資產，以協議、合同規定的合理價格為原價"。由於在投資方與接受投資一方有極大可能會被判定為具有關聯關係，因而作為投資的無形資產若在價格的確定上有不合理因素的，稅務機關會依稅務規定予以否定和調整（參閱第七章"關聯企業業務往來"）。

6.2.3 無形資產的攤銷

《細則》第四十七條規定無形資產的攤銷方法應採用直線法，即應逐期平均攤銷。關於攤銷年限，視以下情況而定：

(1) 作為投資或者受讓的無形資產，在協議、合同中規定使用年限的，可以按照該使用年限分期攤銷；

(2) 協議合同沒有規定使用年限的，或者是自行開發的無形資產，攤銷期限不得少於 10 年。

對無形資產攤銷的啟始時間，《細則》沒有專門的規定。有關固定資產開始提取折舊所依據的" 在用 "原則亦應適用於無形資產的攤銷，這種原則在《外商投資企業會計制度》中表述為：無形資產應當自企業開始受益起攤銷。

6.2.4 無形資產轉讓收益

《細則》對有關無形資產轉讓收益的計算沒有專門的規定。依原稅務總局（87）財稅外字第033號通知的規定內容，無形資產轉讓收益的處理原則與固定資產轉讓的處理是基本一致的，即：轉讓無形資產的收入，減除該項無形資產未攤銷的淨額和有關轉讓費用後的差額，列為當年度的損益。

6.3　存貨計價

存貨是指企業所擁有的的實物形態的流動資產，它一般包括庫存的、委託加工中或委託代銷的、在途的各種商品、原材料、包裝物、低值消耗品、在產品、自製半成品、產成品等。

若要準確的反映企業的盈虧狀況，必須基於以合理的計價方法計算存貨的發出和盤存。對此，《細則》有如下規定要點：

(1) 企業的商品、產成品、在產品、半成品和原料、材料等存貨的計價，應當以成本價為準（見《細則》第五十條）。至於存貨實際成本價的構成範圍，稅法未做詳盡的規定。對此，《外商投資企業會計制度》的有關具體規定內容是可以被稅務處理原則所接受的。此外，《外商投資企業會計制度》規定，企業可按成本價與市場可變現價就低方法計算〝存貨變現損失準備〞，但若要求在計算所得稅前得到扣除此等〝存貨變現損失準備〞，是須報稅務機關特別批准。

(2) 各項存貨的發出或者領用，其實際成本價的計算方法，可以在先進先出、移動平均、加權平均和後進先出等方法中，由企業選用一種（《細則》第五十一條）。這些方法均為常用的會計處理方法，故在此不再贅述。《細則》這樣規定表明，企業對存貨的發出或者領用應以實際成本價計算，當然這並不排除企業按照通常的財務會計方法對存貨採取計劃成本價及定期對計劃成本與實際成本之差異進行調整的會計處理方法，稅務規定只是要求企業會計處理所最終體現的營業成本應是實際成本。《細則》的上述規定就實際成本價的計算方法向企業提供了較寬的選擇範圍。

(3) 計價方法一經選用，不得隨意改變；確實需要改變計價方法的，應當在下一納稅年度開始前，報當地稅務機關批准（《細則》第五十一條）。《細則》這樣規定表明，企業對其存貨的會計處理方法，應該保持相對的穩定性。

6.4 企業籌辦費

企業在籌辦期發生的費用，應當從開始生產經營月份的次月起，分期攤銷；攤銷期限不得少於5年（《細則》第四十九條第一段）。也就是説，企業的籌辦費在每12個月的攤銷額不得超過其總額的20%。

對經營期不滿5年的外商投資企業，其籌辦費經當地稅務機關審核批准，可以按實際批准的經營期限以直線平均法計算攤銷完畢（參見原稅務總局（86）財稅外字第102號文件規定）。

6.4.1 企業籌辦期

企業籌辦期的確定對於籌辦費用的歸集和認定有非常直觀的聯繫。《細則》第四十九條第二段的文字將企業籌辦期表述為：從企業被批准籌辦之日起至開始生產、經營（包括試生產、試營業）之日止的期間。

何為"企業被批准籌辦之日"，如若不加定義，將會有多種理解。對此，國家稅務局國稅發〔1991〕165號通知規定為：企業被批准籌辦之日，對中外合資經營企業和中外合作經營企業，是指中外雙方或幾方簽訂的合資、合作協議、合同被審批機關批准之日起；對外資企業是指投資者開辦企業的申請被審批機關批准之日起。凡是完成了上述審批程序，即可視為被批准籌辦。外國企業設立的機構場所亦可按前述對外資企業的處理原則確定開始籌辦之日。

在中國舉辦中外合資經營企業或中外合作經營企業（以下均簡稱合營企業）。在正式進行工商註冊登記前通常有以下幾個項目論證和文件準備的階段及相應的審批手續：

(a)　由合營企業中方合營者進行初步項目論證，擬定＂項目建議書＂，呈報其上級主管部門和地方政府計劃委員會審批；

(b)　中外合營各方共同進行投資可行性分析論證；擬定項目可行性研究報告，呈報國家或地方政府計劃委員會審批；

(c)　談判合營企業合同，簽訂合營合同並擬定企業章程，呈報國家對外經濟貿易部或地方政府對外經濟貿易委員會審批；

在中國舉辦外資企業須經以下審批程序：

(a)　向地方政府提交寫有設立企業的宗旨，經營範圍，規模等內容的報告。

(b)　上述設立企業的報告經批准後，擬定企業可行性分析報告、公司章程、外資企業申請書，向地方對外經濟貿易委員會呈報批准。

外國企業在中國設立機構場所，有如下審批程序：

(a)　向有貿易或業務往來的中國公司企業提出設立機構場所的意向；

(b)　由該中國公司、企業作為接待單位向國家對外經濟貿易部或有關的行業歸口主管部級單位提交推薦該外國公司在華設立機構的申請報告。由該主管部級單位批准設立。

依上述國稅發〔1991〕165號通知的規定內容，各種類型的企業分別完成上述最後一項審批程序後，即可被視為籌辦之日開始。實際上企業在完成上述程序後，還須經工商註冊登記，企業方可以以其自身的名義進行企業所需的建設或各項籌備工作。建設籌備期的長短通常要視企業所需的建設規模或籌備工作量而有不同。

至於如何確定企業＂開始生產、經營之日＂，這在許多情形下是一個事實判斷問題。目前，稅法對此尚無更為具體的規定，但通常是以企業首次生產性投料或首次投入人力開始從事營業活動的日期（包括試生產、試經營或部分生產、經營），作為開始生產、經營之日。若發生極為特殊的情況，稅務機關將有可能對其作出專門的個案裁定。

6.4.2　企業籌辦費的範圍

就籌辦費的一般意義說，舉辦中外合資經營企業或中外合作經營企業的，在合營合同被批准以後至企業開始生產經營之日止的籌辦期間所發生的有關費用可以作為企業籌辦費，在此之前合營各方投資者發生的費用不應作為企業籌辦費，而應由各方投資者作為投資費用分別承擔；舉辦外資企業或外國企業在華設立營業機構的，在設立企業或機構的申請被政府有關部門批准以後至開始生產、經營之日止的籌辦期間發生的費用可以作為企業籌辦費，在此之前發生的各類費用不應作為企業的籌辦費在該企業中攤銷。現行稅務規定對企業籌辦費歸集範圍有以下兩方面的具體限定內容：

(1)　企業籌辦費是指企業在籌建期間發生的與籌建有關的費用。其範圍包括：籌建人員工資、差旅費、培訓費、諮詢調查費、交際應酬費、文件印刷費、通訊費、開工典禮費、註冊登記費等。但不包括固定資產的購置建造支出，購進各項無形資產的支出；以及根據合同、協議、章程的規定由投資者自行負擔的費用（參見原稅務總局（86）財稅外字第102號文件）。

(2) 中外合資經營企業、中外合作經營企業在其所簽訂的合資、合作協議合同被批准之前，合資、合作各方為進行可行性研究而共同發生的費用，經當地稅務機關審核同意後，可准予作為企業的籌辦費用。（國家稅務局國稅發〔1991〕165號通知第十三條）。所謂共同發生的費用不包括投資各方單獨進行投資決策，項目預測的費用或單方花費的其他費用。

6.5　企業清算所得

《稅法》第十八條規定，企業的清算所得應繳納所得稅，同時對清算所得做出了這樣的定義："外商投資企業進行清算時，其資產淨額或剩餘財產減除企業未分配利潤、企業各項留存基金和清算費用後的餘額，超過實繳資本的部分為清算所得。"《細則》第二十九條對這一定義中的資產淨額或剩餘財產補充解釋為，"是指企業清算時的全部資產或者財產扣除各項負債及損失後的餘額"。

如果將《稅法》和《細則》對清算所得的表述歸納整理，即為以下算式：

　　　　　　清算時的資產淨額或剩餘財產

減：　　　　　　　　　　清算費用

減：　　　　　　　　　投資人權益

　　　　　　　　　　　　清算所得

依財務會計對清算損益的一般核算方法，通常需設置＂清算費用＂和＂清算損益＂兩個科目，分別歸集核算有關清算費用支出；財產的盤盈和盤虧、債權和債務的清理淨損益、財產的重估增（減）值、財產變現的增（減）值。因而，通過財務會計核算方法表示清算損益通常為以下方式：

財產盤盈盤虧淨額

加：清理債權債務淨損益

加：財產重估增（減）值

加：財產變現增（減）值

加：　清算期間經營損益

清算損益

減：　　　清算費用

清算淨損益

上述對清算所得的兩種表達方式在結果上是一致的。《稅法》和《細則》所說＂清算時的資產淨額或剩餘財產＂與清算開始前的資產淨額或者投資人權益之差額即是上述會計方法所表述的清算損益，再以其減除清算費用後，即為清算所得（淨損益）。這一點在通過對稅法所表述的清算所得加以下述說明後會更為清楚。

(1) ＂清算時的資產淨額或者剩餘財產＂應是經過以下調整處理後的數額：

(a) 經過財產全面清查，對盤盈盤虧的財產數額進行調整；

(b) 以清算時的全部資產或者財產扣除各項負債，並對無法償還的債務和無法收回的債權進行調整；

(c) 如果將非貨幣資產通過變賣轉化為貨幣資產的，應按變現價值調整資產淨額；對未變賣的非貨幣資產的價值如何計算，《稅法》則沒有專門的規定，通常的稅務處理是認可公司合同或章程的有關約定，可以按賬面價值，亦可以按重估價值計算。當然，若對清算資產進行重估，其增值或者減值會影響清算所得的增減以及納稅的增減。但從理論上說，既使採用賬面價進行清算，這種資產的增值或減值亦會在企業的投資人分得這些財產並再次投入使用或變賣時反映出來並影響納稅的增減。

(2) 投資人權益應包括實收資本，企業從稅後利潤留存的儲備基金、企業發展基金等公積性質的稅後留存儲備金，以及未分配利潤。若企業有未彌補虧損的，該虧損額應作為投資人權益的減項。企業依照有關規定從

例6.4

　　某企業清算時，經財產清查和債權債務清理後，賬面資產淨額確定為220萬元（其中財產盤盈與損失相抵淨盈20萬元），投資人權益為200萬元，其中賬面各項留存基金30萬元，未分配利潤20萬元，投資者實繳資本150萬元；清算費用10萬元；企業確定按賬面價值清算，計算其清算所得為：

資產淨額	220萬元
減：投資人權益	200萬元
減：清算費用	10萬元
清算所得	10萬元

稅後利潤中留存的職工獎勵及福利基金屬於企業對中方職工的債務，不在投資人權益之列。

(3) 清算企業若有前期未得以彌補之虧損的，可以將清算所得作為一個納稅年度的所得依照《稅法》第十一條的規定抵補前期虧損，以抵補後的淨所得計算繳納所得稅。（參閱第四章4.5"虧損結轉彌補"一節）。

例6.5

某企業清算時資產淨額確定為100萬元，投資人權益為100萬元，其中各項留存基金20萬元，未分配利潤科目為虧損10萬元（其中前5個年度虧損為8萬元，5年以前未得以彌補的虧損為2萬元），實繳資本為90萬元；清算費用1萬元。若按資產賬面價值清算，則清算所得計算為：

資產淨額	100萬元
減：投資人各項權益	100萬元
減：清算費用	1萬元
清算所得	（1萬元）

假設該企業是按資產重估價或變現價確定的資產淨額進行清算，企業資產重估或變現價值為130萬元。計算其清算所得為：

資產淨額	130萬元
減：投資人權益	100萬元
減：清算費用	1萬元
清算所得	29萬元
減：依稅法規定可結轉的以前年度虧損	8萬元
應納稅所得	21萬元

7
關聯企業業務往來

第 7 章

關聯企業業務往來

自 80 年代外國投資開始更多地進入中國以來，政府經濟界及稅務界人士亦逐步感到了關聯企業利用內部轉讓定價向中國境外轉移利潤問題的困擾。中國與三十餘個國家簽訂的避免雙重徵稅的協定中，均列入了聯屬企業商務和財務關係的稅務處理條款。儘管如此，在 1991 年發布並於當年 7 月 1 日起執行的《外商投資企業和外國企業所得稅法》及其實施細則中做出此方面的規定，還是第一次將關聯企業轉讓定價的稅務處理規定引入了國家的稅收法律。當然，《稅法》和《細則》中的有關規定還多是原則性、概要性的，尚需有更為詳盡的定義性解釋。同時，在這方面，稅務機關也還尚未做出較為典型的實務性處理。但是，既有此開端，《稅法》和《細則》中有關此方面的規定內容將會日趨嚴密和完善。這類規定內容集中表述在《稅法》第十三條和《細則》第四章中。

《稅法》第十三條規定："外商投資企業或者外國企業在中國境內設立的從事生產經營的機構場所與其關聯企業之間的業務往來，應當按照獨立企業之間的業務往來收取或者支付價款、費用。不按照獨立企業之間的業務往來收取或者支付價款、費用，而減少其應納稅的所得額的，稅務機關有權進行合理調整"。《細則》第四章（自第五十二條至五十八條）對實施《稅法》第十三條做出了補充性和解釋性規定。

7.1　關聯企業的認定

依《細則》第五十二條規定的標準，關聯企業是指與外商投資企業或外國企業在中國境內設立的營業機構場所有下列之一關係的公司、企業和其他經濟組織：

(1) 在資金、經營、購銷等方面，存在直接或者間接的擁有或者控制關係；

(2) 直接或者間接的同為第三者所擁有或者控制；

(3) 其他在利益上相關聯的關係。

《細則》關於關聯關係的認定標準並非僅局限於股份的控制或佔有，從《細則》的規定內容看，對關聯關係的認定同樣注重是否存在實際的經營方面的控制關係。對此，國家稅務局制定的《關於關聯企業間業務往來稅務管理實施辦法》（此辦法於1993年1月1日起執行），就關聯關係做出了如下具體限定和解釋：

(1) 相互間直接或間接持有其中一方的股份總和達到25%或以上的；

(2) 直接或間接同為第三者擁有或控制股份達到25%或以上的；

(3) 企業與另一企業之間借貸資金佔企業自有資金50%或以上，或企業借貸資金總額的10%是由另一企業擔保的；

(4) 企業的董事或經理等高級管理人員一半以上或有一名常務董事是由另一企業所委派的；

(5) 企業的生產經營活動必須由另一企業提供的特許權利（包括工業產權、專有技術等）才能正常進行的；

(6) 企業生產經營購進的原材料、零配件等（包括價格及交易條件等）是由另一企業所控制或供應的；

(7) 企業生產的產品或商品的銷售（包括價格及交易條件等）是由另一企業所控制的；

(8) 對企業生產經營、交易具有實際控制的其他利益上相關聯的關係。包括家屬、親屬關係等。

以上規定內容，還有待通過實際的操作特別是實務中的個案處理，使其逐步更趨於完備。

由於中國不同地區間適用的所得稅稅率有較大差異（參閱第二章 2.1 " 一般稅率 " 和 2.3 " 減低稅率 " 二節 ），因而在中國境內，關聯企業為減少納稅的目的而相互進行利潤轉移的傾向亦不能排除。所以，稅法對關聯企業稅務處理有關規定的實施範圍，沒有僅限定於適用國際間的關聯企業及其利潤轉移情形。

企業凡與關聯企業有業務往來的，均須就其與關聯企業業務往來的交易事項向稅務機關進行申報，填寫 " 與關聯企業業務往來情況年度申報表 "。此項申報須在每年終結後 4 個月內隨同年度所得稅申報表一併報送給企業所在地稅務機關。在上述 " 與關聯企業業務往來情況年度申報表 " 中須填報業務往來的類型，交易內容、日期、交易數量、規格型號、交易金額等內容。這些內容將由稅務機關加以分析鑑別，以確定有無進一步進行審查的必要。

《外商投資企業和外國企業與其關聯企業業務往來情況年度申報表》及其 " 填表須知 " 列示如下。

中 华 人 民 共 和 国 国 家 税 务 局

外商投资企业和外国企业与其关联企业业务往来情况年度申报表

纳税年度   *年*

填表日期：   年   月   日

申报企业名称：

申报企业编码：

    根据《中华人民共和国外商投资企业和外国企业所得税法》第二十条规定，特制定本表。你企业应在年度终了后四个月内如实填写本表，随年度所得税申报表一并报送当地税务机关。

金额单位：

关联企业简况	名称：						
	地址：						
	资本总额：						
	主营项目：						
	企业负责人：						
企业与关联企业业务往来情况	类型	内容	日期	数量	规格型号	单位计价标准	金额

企业负责人签字：   会计主管人签字：   填表人签字：

以下由税务机关填写：

审核记录	收到日期：		接收人：	审核日期：	主管税务机关盖章
					主管税务官员签字：

填表須知

一、本表是反映外商投資企業和外國企業（以下簡稱企業）與其關聯企業業務往來情況的年度申報表。

二、在本納稅年度內企業與其關聯企業發生業務往來的均應填報本表。

三、企業在本納稅年度內與兩家或兩家以上關聯企業發生業務往來的，應分別填寫申報表。

四、"企業與關聯企業業務往來情況"中應填寫的金額，均按實際收取或支付的貨幣金額單位填寫，並應注明貨幣種類及單位。

五、本表需用中文填寫，也可用中、外兩種文字填寫。

六、企業不能按規定期限報送本表時，應在規定的報送期限內提交申請，經當地稅務機關批准，可以適當延長期限。

七、未按規定期限向稅務機關報送本表的，比照稅法第23條的規定，予以處罰。

八、本表各欄的填寫如下：

1. 納稅年度：填寫公曆年度或經稅務機關批准採用的本企業滿十二個月的會計年度。

2. 申報企業名稱：填寫申報企業辦理工商登記名稱。

3. 申報企業編碼：填寫申報企業辦理稅務登記時由主管稅務機關所確定的稅務編碼。

4. 填表日期：填寫本表的實際填報日期。

5. 名稱：填寫關聯企業在所在國註冊登記的名稱。

6. 地址：填寫關聯企業所在地的具體地址。

7. 資本總額：填寫關聯企業註冊資本額。

8. 主營項目：一般應列舉關聯企業主要生產、經營一到三個項目。

9. 企業負責人：填寫關聯企業的董事長或總經理。

10. 類型：根據業務往來性質，分別按購銷業務：融通資金：提供勞務；轉讓財產及提供財產使用權等類型填寫。

　　11. 內容：填寫某種類型下具體的業務往來項目。如提供勞務類型項，具體內容如提供船舶維修勞務、設計、諮詢等。

　　12. 日期：填寫某項業務往來的具體起止日期。

　　13. 數量：購銷業務填寫實際購或銷商品（原料）數量；並按規格、型號不同區分，融通資金填寫實際的融資借貸金額；提供勞務填寫實際的勞務（月）日數/人；轉讓財產填寫實際的轉讓財產數量；提供財產使用權寫實際使用時間。

　　14. 單位計價標準：填寫企業與關聯企業間業務往來實際的單位價格或支付標準。

　　15. 金額：填寫企業與關聯企業間某項業務往來實際收取或支付的總計金額。

7.2　關聯企業間業務往來原則

　　稅法所體現的關聯企業間業務往來的原則，是要求關聯企業應按照獨立企業之間的業務往來收取或者支付價款和費用，即關聯企業之間應按照在沒有關聯關係情況下應遵循的公平成交價格（即非受控價格）和營業常規進行業務往來。因而，若一家企業接受關聯企業的設備投資，提供原材料或者向關聯企業銷售產品，其交易價格如果與獨立企業之間相同或類似業務的通常交易價格有明顯差異，將肯定會引起稅務機關的特別注意。當然，即使一家企業與其關聯企業間的購銷商品價格與無關聯企業間的同類交易價格有較為明顯的差異，也尚不能由此認定為轉移利潤或具有避稅的動機，從而簡單地予以稅務調整。對此仍需考慮有關營業常規中各種因素，如市場情況、交易時間、交易量等諸多原因的影響。但對此等因素對交易價格的影響，企業有必要向稅務機關加以詳細的、令人信服的說明。

《稅法》和《細則》對關聯企業之間業務往來的上述原則要求具有如下意義：

(1) 這一原則既是對關聯企業之間業務往來交易價格的約束，又是稅務機關對關聯企業交易價格合理與否的認定原則。

(2) 企業應對其與關聯企業之間的業務往來是否符合稅法的原則負有舉證責任。稅務機關有權要求企業提供有關業務往來中交易價格或費用標準的確定根據，及其與無關聯第三者的交易情況等詳細資料。當然，企業在實際經營中是否須向稅務機關提供這些細節資料，將視稅務機關的審查工作的需要而定。稅務機關認為有必要時，會向企業發出提供某些專門資料的書面通知書，在該通知書中將會列明需要企業提供資料的具體內容和時限要求。

7.3 稅務調整

企業與其關聯企業的業務往來，若違反稅法規定的交易原則，導致減少了應納稅所得額的，稅務機關將依照稅法規定的方法進行調整。調整方法將視企業的交易類型而有所不同。（見於《細則》第五十四條）

(一)對商品交易價格的稅務調整

企業與關聯企業之間的商品購銷業務，若被稅務機關認定未按照獨立企業之間的業務往來依公平成交價格定價，而減少了應納稅所得額的，稅務機關將會順序選擇以下方法予以調整。當然，稅務機關做出上述認定會是一個非常複雜的過程，需要對諸多影響交易價格的因素進行綜合性的分析，以確定需要調整的交易價格確是超過了營業常規所能解釋的範圍。

(1) 可比非受控價格比較法：按無關聯企業之間進行相同或類似業務的價格，將其作為公平成交價，比較關聯企業間的交易事項價格，對其差異所引起的應納稅所得額減少數額進行調整。

例7.1

　　某企業向設在中國境外的受同一母公司全資控股的另一子公司銷售一批電子產品，每件單價100元，共銷售1萬件，記入賬內銷售收入100萬元。該企業向境外另一家無關聯企業在極為相似的銷售條件下，銷售同樣的電子產品，每件單價120元。

　　稅務機關將上述向非關聯企業的銷售價格確定為可比的非受控價格，因而認定企業以每件100元銷售給境外另一子公司的1萬件電子產品的交易，每件定價低於公平成交價20元，減少了應納稅所得額共計20萬元，從而調增企業的應納稅所得額20萬元。

稅務機關在採用上述方法對企業的應稅所得進行審查調整時，將會充分考慮這樣一些因素：

(a) 交易過程的可比性，包括交貨條件、交貨手續、支付條件、交易批量，售後服務條件、交易時間、地點；

(b) 交易環節的可比性，一項交易是發生於諸如產品出廠、批發銷售、零售、或出口銷售等哪個交易環節；

(c) 交易貨品的可比性，包括貨品商標、規格、型號、性能、結構、外型、包裝等；

(d) 交易環境的可比性，包括民俗、民風、消費習慣、政局環境及稅收、外匯政策等經濟環境；

(e) 在符合營業常規限度內確定價格的其他因素，如開拓新市場，清銷庫存陳貨等。

(2) 再銷售利潤水平比較法：以企業在非關聯企業之間採購貨品並再銷售後所取得的毛利水平，來確定該企業從關聯企業採購同樣貨品應採用的公平成交價格。對企業從關聯企業採購貨品的價格高於公平成交價格，從而在再銷售該貨品時引起應稅所得額減少，須予以調整。此種方法通常適用於對商品未進行明顯的增值性加工的購銷業務，並且應是在無法取得非受控價格，以致不能採用第一種調整方法的情形下採用。

採用再銷售利潤水平比較法進行稅務調整時，稅務機關會對企業就商品的挑選、整理、分裝等工作量以及有無利用商標、商譽而影響商品增值等因素予以必要的考慮。並會合理地確定再銷售利潤水平。

(3) 成本加利法：對企業銷售給關聯企業的貨品，以其實際成本和費用數額加上合理水平的利潤額來確定該項銷售價格，並對低於此項確定的價格而減少的銷售收入額相應調增企業應納稅所得額。若採用此種方法對企業計稅所得進行調整，稅務機關會充分考慮國際或者國內相同的或類似業務的利潤水平，並對生產過程、成本狀況、銷售形式、市場環境等因素加以綜合的考察。

(4) 其他合理方法：《細則》列有按其他合理方法進行稅務調整的規定條款，這是授權稅務機關在《細則》規定的前述方法均不宜採用時，可以採用其他方法進行調整，但採用該等

例7.2

　　W公司向一家非關聯企業銷售100台電腦（稱為交易A），每台銷售價10萬元，該銷售價與其他企業在市場銷售同樣商品的價格一致。但W公司所銷售的100台電腦是從境外某關聯公司Y採購，每台採購價格為9.5萬元。經稅務機關調查瞭解，W公司從其他無關聯企業採購同樣商品的採購價、以及其他企業採購同樣商品的採購價均為8.5萬元一台（稱為交易B）。兩項交易對比如下：

	採購單 台價格	再銷售給無 關聯企業單 台價格	再銷售毛 利水平
交易A： **W公司從關聯企業** **採購電腦再銷售業務**	9.5萬元	10萬元	5%
交易B： **W公司或其他公司** **從無關聯企業採購** **電腦的再銷售業務**	8.5萬元	10萬元	15%

　　對以上情形，稅務機關將W公司在A項交易中每台售價10萬元，減去按無關聯企業之間進行的B項交易再銷售毛利水平計算應取得的毛利額1.5萬元，以其差額8.5萬元（10萬元－10萬元×15%）視為W公司從關聯公司Y採購電腦應採用的公平成交價格，遂認定W公司在A項交易中每台電腦多支付採購價1萬元，減少了計稅所得，並按再銷售量每銷一台應調增應納稅所得額1萬元，共計調增100萬元。

方法進行調整的結果應是合理的。目前，曾被稅務機關採用過的方法有限定最低利潤率及核定利潤率等方法。

(二)對融通資金利息的稅務調整

對關聯企業間各種具有債權、債務性質的融通資金所支付或者收取的利息，超過或者低於在沒有關聯關係情況下所能同意的數額，或者其利率超過或低於同類業務的正常利率的，稅務機關將參照正常利率進行調整。做出此類調整時，稅務機關將會對融資金額、期限、計息方式、擔保形式、融資各方的資訊、還款方式等方面的情況予以綜合的考慮。

(三)對勞務費的稅務調整

對關聯企業之間提供勞務，不按獨立企業之間業務往來定價原則收取或者支付勞務費的，稅務機關將參照無關聯企業之間類似勞務活動的正常收費標準做出調整。對勞務活動的正常收費標準的確定，稅務機關亦有可能採取按勞務總成本（包括直接成本和間接成本）加合理水平的利潤的方法確定。稅務機關在進行此類調整時，亦會對有關勞務活動的責任要求、規模、付款方式等情形加以綜合的考慮。

(四)對財產收益的稅務調整

對關聯企業之間轉讓財產或者提供財產使用權等業務活動，未按獨立企業之間業務往來原則作價或者收取、支付使用費的，稅務機關將參照沒有關聯關係情況下進行相同或類似業務所能同意的價格進行調整。確定所謂〝沒有關聯關係情況下所能同意的價格〞，視業務交易內容的不同，會有以下不同的方法可以採用：

⑴　有形財產的轉讓或提供使用

關聯企業之間轉讓有形財產，對其公平成交價格的確定，將會參照適用於商品購銷業務的有關方法做出。通常情形下會較多地採用非受控價格比較或成本加利等方法。

關聯企業之間提供使用有形財產，在確定其合理的成交價格時，稅務機關會充分考慮財產的性能、規格、結構、折舊情況，提供使用期限和場所，以及有關財產的投資支出和維修費用等方面情形的可比性。對轉租財產業務，亦會考慮以成本加利法確定其合理的使用費標準。

(2) 無形財產的轉讓或提供使用

有關無形財產的交易，較多情況下是提供無形財產的使用權。判定關聯企業之間無形財產使用權轉讓價格是否符合公平成交價格，以及確定其在＂沒有關聯關係情況下所能同意的價格＂，通常會是十分複雜的。其原因在於，無形財產種類紛繁，即使是同一類無形財產，例如專有技術，其技術水準亦會有很大的差異、開發費用的可比性也極小，交易價的計算又各有所別。因而，對無形財產交易價格的調整，工作過程可能會是極為繁複的。稅務機關在進行此類調整時，除了要尋求一項無關聯企業間類似無形財產交易價格以外，通常還會特別地考慮這樣一些因素：與交易有關的無形財產的研究開發費用支出情況，使用權轉讓的有關限定條件、使用期限、交易有關國家對無形財產提供保護的法律環境、以及使用該項無形財產可能的受益程度等。

稅務機關對關聯企業之間的業務往來，在確定了調整應納稅所得額數額及補稅額後，會向被調整的企業發出＂調整轉讓定價所得額通知＂，以書面形式通知企業有關調整補稅數額和期限。企業若對調整事項有異議，可以依《稅法》第二十六條第一款的規定申請復議及提出訴訟(參閱第九章＂復議及起訴＂)。

7.4　向關聯企業支付管理費的限定

依照《稅法》和《細則》規定的標準判定為具有關聯關係的企業，均為具有獨立法人地位的經濟實體，並不包括屬於公司實體內部總分公司關係的企業總機構與分支機構。基於獨立法人實體之間在法律意義上具有平等地位，因而不應存在從屬管理關係的推斷，稅法對控股公司向子公司分攤管理費持否定態度。在《細則》第五十八條中規定：企業不得列支向其關聯企業支付的管理費。但稅法並非否定關聯企業之間——例如母公司對子公司——有可能存在的事實上的控制與管理活動，對屬於公司實體間的專業性勞務活動，《稅法》主張按獨立企業之間業務往來原則收取或支付勞務費，而不應採用通常在總、分支機構之間採用的分攤管理費的辦法。

7.5　稅收協定的有關限定

《稅法》對關聯企業間業務往來的稅務調整規定的內容，未超出中國現已簽訂的稅收協定的有關條款規定的限定條件和調整原則。對有關交易事項由於關聯關係而減少的計稅所得在由一國稅務當局進行調整徵稅後，交易對方企業所在國稅務當局是否須做出相應調減計稅所得以避免對該項被調整的所得額形成重複徵稅，這一問題在中國目前所簽訂的多數稅收協定中未做規定。在個別協定中，規定有對應調整或者通過兩國政府稅務當局協商解決此類事項的內容，這會對中國稅務機關的實際稅務處理產生約束力。

8

外國企業投資所得應納稅所得額的計算

第8章

外國企業投資所得應納稅所得額的計算

外國企業沒有在華設立從事生產、經營機構場所，但取得來源於中國境內的利潤（股息）、利息、租金、特許權使用費、財產轉讓收益等投資所得的，或者雖然在華設立有生產、經營機構場所，但取得與所設機構場所沒有實際聯繫的上述投資所得的，均應依照20%的稅率繳納所得稅，並由支付人在每次支付的款額中扣繳。對此種徵稅方式，中國的習慣用語稱為"預提稅"。"支付的款額"一語包括現金支付、匯撥支付、轉賬支付的金額，以及用非貨幣資產或者權益折價支付的金額。對外國企業取得的上述投資所得採取不同於通常對營業利潤應稅所得的計算方式，而是就收入全額源泉扣繳所得稅，這符合國際通常的稅收作法，亦主要是出於以下原因：

(1) 這類投資所得一般具有所得的收取人比較分散，而支付人相對集中的特點。因而採取由支付人在支付上述所得時代扣代繳收取人應納的所得稅的方式。

(2) 由於所得收取人所在國家或地區不同，對計稅所得的確定也往往基於不盡相同的稅法規則或方式，因而對此類收益的計算及成本費用的歸集和分配均不便於要求按照一個統一的損益計算程序或方法進行，並且不同項目的投資所得的成本費用亦會有很大的差異。所以，《稅法》參照國際通常的做法，對此類投資所得規定按收入金額、適用一個較之企業營業利潤適用的所得稅稅率稍低的稅率扣繳所得稅。

雖然對外國企業取得的上述投資所得原則上應當按照收入全額計算為應納稅所得額，但有關稅務文件中亦有較為詳盡的具體規定內容。我們將分別就不同的所得項目加以具體的討論。

8.1 利潤（股息）

　　《稅法》和《細則》中所說的"利潤（股息）"是指，根據投資比例、股權、股份或者其他非債權關係分享利潤的權利，而從中國境內企業取得的所得（見於《細則》第六十條）。依《細則》和現行稅務規定，對股息、紅利所得徵稅，沒有任何費用扣除、均應依股息全額扣繳所得稅。

例8.1

　　某中國公司1992年度稅後利潤1,000,000元，扣除留存的儲備基金、職工福利及獎勵基金、企業發展基金後，準備用於分配的利潤800,000元，其中向擁有其10%股份的某外國公司支付股息80,000元，支付時應代扣代繳該外國公司應納所得稅為：

　　80,000×稅率20%＝16,000元

註 1. 該中國公司為股份有限公司，外商控股比例不超過25%，因此，不能認定為外商投資企業。

　　 2. 若取得股息的外國公司為某國家的居民公司，而該國與中國簽有對股息限制稅率內容的稅收協定，則對該項股息將按稅收協定的限制稅率徵收所得稅。目前中國與大多數國家簽訂的稅收協定對股息限制稅率為10%。

8.2 利息

　　現行稅務規定中對利息扣繳所得稅的應納稅所得額的計

算，視信貸利息和融資性租賃利息而有較大的差別。雖然對這種稅務處理方面的差別，有關人士認為尚有進一步探討研究的必要，但目前還沒有對這種規定加以修改的實際動向。

8.2.1　信貸利息

信貸利息包括從中國境內取得的存款或者貸款利息、債券利息、墊付款或者延期付款利息。對上述利息扣繳所得稅的計稅所得額亦應是收入全額，現行有關稅務文件中對此規定有兩個方面的內容：

(1)　計稅所得的範圍，包括各種由於債權關係而收取的諸

例8.2

中國境內某一借款人根據信貸協議向境外貸款人支付一筆利息 100,000 元，遲付款加息 15,000 元，一次性管理費 30,000 元，律師費 10,000 元，對貸款人支付上述款項時扣繳所得稅計算如下：

利息	100,000 元
加息	15,000 元
管理費	30,000 元
律師費	10,000 元
計稅所得額	155,000 元
乘稅率	10%
應扣繳所得稅	15,500 元

註：適用稅率 10% 為依照國家稅務局規定的在 1995 年以前適用的減稅稅率（參閱第三章 3.8.2 利息的稅收減免"，一節第（2）項）。

如利息、承諾費、承擔費、遲付加息、提前償還本金的利息補
償費等，還包括根據信貸合同或協議支付的手續費、律師費、
牽頭費、代理費、管理費等費用（見於原稅務總局（85）財稅
外字第264號文）。

儘管對上述根據信貸合同或協議支付的手續費、律師費、
牽頭費、管理費、代理費等費用，仍有不少意見認為應屬於勞
務性活動的收入或屬於勞務的補償，因而不應作為債權性質的
利息收入徵稅；而且，由於其勞務活動地點並非發生在中國境
內，因而亦不應確定其為中國來源的勞務所得徵收所得稅。但
目前此項稅務規定尚無改變。

(2) 計稅利息收入不得扣除任何成本費用，包括籌資成本
及該項信貸業務的直接性業務費用。

8.2.2 融資租賃利息

有關對融資性租賃收益應納稅所得額的計算問題，除《稅
法》和《細則》的有關規定以外，國家稅務局及原稅務總局曾
發出過多個稅務補充性規定，在此會予以綜合的討論。國家稅
務局及原稅務總局以往發布的此類有關規定，均將融資性租賃
業務中承租方支付的全部款項統稱為租賃費。但鑑於融資性租
賃業務實質是由租賃公司向設備購買方提供一種分期償還的信
貸資金，是具有資金融通性質的業務，在國際稅收協定中，以
及在現行《稅法》中都將此類業務所得歸於對利息的稅務處理
的有關條款內容當中。所以，我們亦將其放在本章的利息部分
中討論，並對上述租賃費金額中扣除租賃物品價款的部分稱為
融資租賃利息。

對融資租賃利息應納稅所得額的確定有如下限定內容：

(1) 融資租賃期滿後，租賃物品所有權轉為承租人所有的，在計算應稅所得時，可以將租賃設備或物品的價格從租賃費中扣除。

(2) 對租賃費中包含的出租方籌資利息，如果其利率不高於貸款人所在國家向中國提供買方信貸的利率水平，並能夠提供貸款合同和支付利息的單據憑證的，可以准許從租賃費中扣除該項利息，就扣除後的餘額計算繳納所得稅（見於財政部

例8.3

一家外國租賃公司與中國某公司簽訂了一項設備租賃合同，租賃期為五年，租賃合同總價款1,220,000元，其中：設備價款1,000,000元，租賃利息五年共計200,000元，一次性租賃手續費收取20,000元。該外國租賃公司提供了向其本國某銀行借貸1,000,000元的協議和實際支付利息的憑證，證明其籌資貸款利率確實低於其本國政府向中國提供買方信貸的利率水平，並且依該項貸款協議共計支付利息180,000元。對該外國租賃公司的融資租賃利息的應納所得稅計算如下：

租賃費	1,220,000元
減：設備價款	1,000,000元
租賃利息	220,000元
減：籌資利息支出	180,000元
應納稅所得額	40,000元
乘：稅率	10%
應扣繳所得稅額	4,000元

註：適用稅率為依據稅務規定在1995年以前適用的減稅稅率。

（82）財稅字第348號文件規定第三條和財政部（84）財稅字第61號通知）

依據上述現行稅務規定，對融資租賃利息可以扣除其中所包含的籌資利息支出後計徵所得稅。這樣實際形成對融資租賃業務可僅就其利差（利息收入與利息支出的差額）繳納所得稅。這與對一般信貸利息收入徵稅的稅務處理，顯然存在着較大的差別。而且，在實際執行此項稅務處理規定時，由於租賃公司很少會專門為一項租賃業務單獨簽訂一項同等金額的籌資貸款協議，並且對一個國家的對外出口信貸利率通常很難核實認定，因而若要核實一家外國租賃公司的一項租賃費收入中所含的籌資利息支出額，以及確定其利息率是否低於有關國家的出口信貸利率，均面臨着諸多的難題。所以目前某些人士認為，應將融資租賃利息作為一項利息整體考慮並做出稅務處理規定，如果租賃利率符合對一般信貸利息免稅的通常條件的，則應對其全額免稅，否則應全額徵稅，而不是僅對其利息收入差額進行徵稅。但是目前對此項稅務處理規定尚未有任何改變。

例8.4	
一家外國公司將船舶租給中國境內某運輸公司用於中國境內的內河運輸，租用期2年，1991年收取該船舶租金500,000元。對其計稅如下：	
1991年租金收入	500,000元
乘：稅率	20%
應扣繳所得稅	100,000元

8.3 租金

《稅法》所說的租金是指，進行經營性租賃（或稱營業租賃）取得的收入。外國公司將設備、設施等有形財產的使用權提供給中國用戶，由此取得的租金收入，在計算應納稅所得額時，不應扣除任何費用，須就租金收入全額納稅。

8.4 特許權使用費

《稅法》所說的特許權使用費，依據《細則》第六條第（二）款第4項的解釋，是指提供在中國境內使用的專利權、專有技術、商標權、著作權等而取得的使用費。有關對特許權使用費應納稅所得額的確定，除《細則》規定的應以收入全額計算的原則外，有關稅務規定對專利或專有技術使用費應納稅所得額的確定另有以下一些規定內容：

(一)關於計入專利或專有技術使用費所得的範圍

專利或專有技術使用費所得應包括：轉讓者以入門費或提成費等方式一次或分次收取的費用，以及為提供該項專利或專有技術的使用所收取的圖紙資料費，技術服務（包括技術指導和技術諮詢）費和人員培訓費（見於財政部（82）財稅字第109號通知和原稅務總局（82）財稅外字第143號通知）。

(二)關於技術貿易與設備貿易一體合同

對簽訂銷售設備與技術使用權轉讓的一體合同，其中專有技術使用費應納稅所得額的歸集範圍有以下規定內容：

(1)　轉讓方收取的專利使用費或專有技術使用費以及轉讓方為提供或傳授專有技術而派人員提供技術指導、諮詢或解釋技術資料等收取的技術服務費和人員培訓費以及提供有關圖紙資料的費用應計入應納稅所得額；

　　⑵　為合同工廠的建造或設備安裝、裝配而提供土建設計和工藝設計所收取的設計費可以不計入專有技術使用費；為上述目的提供的圖紙資料或人員服務所收取的圖紙資料費或技術服務費亦可以不計入專有技術使用費。但該等費用如果與專有技術的使用有關的圖紙資料費、技術服務費不能正確劃分清楚的，則應全部併入專有技術使用費收入內扣繳所得稅。

　　（以上規定內容見於財政部（82）財稅字第326號通知、原稅務總局（82）財稅外字第143號通知）

　　(三)關於計算機軟件使用費

　　簽訂計算機及計算機軟件貿易合同，凡計算機軟件部分未作為專利權或版權轉讓的，應視為計算機附屬的實體產品，對售讓該部分軟件所取得的價款，免於徵收所得稅。但對下列情況中的計算機軟件使用權的轉讓收入，則應予扣繳所得稅：

　　⑴　計算機軟件作為專利權或版權而提供使用許可的；

　　⑵　對計算機軟件的使用範圍等規定有限制性條款的；

　　⑶　屬於編制計算機應用程序的專用語言、訣竅、技術秘密、專有技術等內容的計算機軟件。

　　（以上規定內容見於原稅務總局（86）財稅外字第235號批復）

8.5　財產轉讓收益

　　財產轉讓收益依照《細則》第六十一條的解釋，是指外國企業轉讓在中國境內的房屋、建築物及其附屬設施、土地使用

權、股權等財產而取得的收益。對財產轉讓收益應納稅所得額
的確定應為財產轉讓價格減除該項財產原值的差額。

例8.5

　　某外國公司轉讓位於中國境內的一座房屋，轉讓價為
1,500,000元，其購買該房屋時的原價為1,000,000元。對
其轉讓該房屋的收益計算如下：

房屋轉讓價格	1,500,000元
減：房屋原價	1,000,000元
轉讓收益	500,000元

　　若外國企業不能提供所轉讓的財產原值的合法憑證，則由
當地稅務機關根據具體情況估定該項財產的原值（《細則》第
六十一條）。

　　若外國企業轉讓位於中國的一間從事生產經營的機構場所
的財產，則應適用《細則》第四十三條的規定，以財產轉讓價
格扣除該項財產的折餘淨值（財產原值減除已計提之折舊額）
作為應納稅所得額。

8.6　稅收協定的有關限定

　　中國與其他國家已簽訂的雙邊稅收協定，對投資所得應納
稅所得額的計算，有某些特殊的限定。主要為：對租賃工業、
商業或科學設備所支付的特許權使用費是按總支付金額的一定
比例計算應納稅所得額。

9

境外已納稅額的扣除

第 9 章

境
外
已
納
稅
額
的
扣
除

　　基於在可能的範圍和程度內，消除由於跨國投資而產生的對所得的國際重複徵稅，《稅法》第十二條規定：" 外商投資企業來源於中國境外的所得已在境外繳納的所得稅稅款，准予在匯總納稅時，從其應納稅額中扣除，但扣除額不得超過其境外所得依照本法規定計算的應納稅額。"《細則》第七章對境外稅額扣除的基本方法和要求進行了具體的限定。

9.1　適用人

　　對境外所得已納稅額給予扣除的企業僅限於中國居民公司，即總機構設在中國境內的外商投資企業。由於對外國企業在中國境內的生產經營機構場所以及不具備法人地位的中外合作經營企業，依據稅法規定，僅就其來源於中國境內的所得徵稅，對其來源於中國境外的所得不予徵稅，因此也不給予境外所得稅額扣除（參閱本書第二章第2.4.1" 中國居民公司 " 一節）。

9.2　允許扣除的境外已納稅額的限定

　　能夠在應納中國稅收中得到扣除的境外已納稅額有以下限定條件：

　　(1)　必須是在境外就所得繳納的稅收；

　　(2)　應是在境外繳納的所得稅，不包括外商投資企業在境外繳納的其他稅收，例如營業稅、銷售稅、增值稅等非所得稅性質的稅收；

　　(3)　必須是外商投資企業依照外國稅收法律應繳並實際繳

納的所得稅，也就是說不能包括：

(a) 可能發生的不符合所得來源國有關稅收法律而錯繳或被錯徵的稅款。

(b) 納稅後又得到補償或者由他人代為承擔的稅款，例如：在境外取得的貸款利息所繳納的所得稅款，由利息支付人予以補償的；或者在境外承包建築安裝工程，其應納的所得稅由工程發包人繳納並承擔的，這類稅款不能得到在中國的稅額扣除。

(c) 除非稅收協定另有規定，也不應包括由所得來源國給予減徵或免徵的稅款。

9.3　扣除限額

《稅法》第十二條規定，外商投資企業境外已納稅的扣除額＂不得超過其境外所得依照本法規定計算的應納稅額。＂這樣規定表明，中國對境外已納稅額的扣除，是採取限額扣除法，而非全額扣除法。境外所得已納的所得稅，超過扣除限額的部分不得在當年度應納的中國稅額中得到扣除。對扣除限額的計算，《細則》第八十四條以下述公式進行了表述：

$$\frac{\text{境外所得稅}}{\text{扣除限額}} = \text{境內、境外所得按稅法計算的應納稅總額} \times \frac{\text{來源於某外國的所得額}}{\text{境內、境外所得總額}}$$

依此公式，以及《細則》第八十四條的規定內容，對扣除限額的計算可以歸納如下限定條件：

(一) 用以計算扣除限額的境外所得應為淨所得。

上述扣除限額的計算公式中，＂來源於某外國的所得額＂，應是依照《稅法》和《細則》的有關規定扣除為取得該項所得應攤計的成本、費用以及損失後的數額。也就是說，用於計算扣除限額的境外所得額應是依照中國稅法有關規定進行計算或調整的淨所得額，而不是毛利或毛收入金額。由於境外所得類型眾多，既有境外營業利潤所得，又有諸如股息、利息、特許權使用費等投資所得，以及財產轉讓所得；特別是對投資性所得，所得來源國通常就其毛收入金額計算源泉扣繳所得稅，而對該等毛收入應攤計的成本、費用，企業往往並未進行詳細的財務或賬目上的分攤，因此，對各類境外所得在計算境外已納稅的扣除限額時，如何扣除應攤計的成本、費用和損失，是一個在實務性和技術性方面均較為複雜的問題。對此，除《稅法》和《細則》中有關對所得額的一般計算方法的規定以外，目前尚無更為具體的專門規定。但依據《稅法》和《細則》的一般性規定，對用以計算境外稅額扣除限額的境外淨所得的計算，亦可以歸納有這樣一些基本原則：

(1) 對境外投資所得：

對境外分得的股息，應相應扣除有關投資及管理等各項費用；

對境外取得的利息，應相應扣除籌資成本及與信貸業務有關的各項費用；

對境外取得的財產租賃收入，應相應扣除其財產折舊等消耗性成本以及有關經營管理的各項費用；

對特許權使用費，應相應扣除有關開發費用和轉讓交易等各項費用。

　　某外商投資金融公司，向境外提供貸款1,500,000美元，1992年度由此取得境外貸款利息收入100,000美元。在該項利息發生國按雙邊稅收協定限制稅率10%就該項利息收入金額100,000美元徵收所得稅（預提稅）10,000美元。該公司1992年境內、境外貸款利息收入總額為1,000,000美元，籌資成本及業務費用共計700,000美元，成本費用率為70%，境內，境外所得總額共計為300,000美元。對該公司境外已納稅額的扣除限額計算如下：

　　（a）境內、外所得總額依照稅法計算應納所得稅總額：

境內、外所得總額	300,000 美元
乘：稅率	30%＋3%
應納所得稅總額	99,000 美元

　　（b）計算境外利息淨所得：

境外利息收入金額	100,000 美元
減：按平均成本費用率70%計算應分攤	
的成本費用	70,000 美元
境外利息淨所得	30,000 美元

　　（c）計算境外稅款扣除限額為：

應納稅總額99,000 美元 × $\dfrac{境外利息淨所得30,000 美元}{境內、外所得總額300,000 美元}$

＝9,900 美元

例9.2

　　某外商投資企業向境外某公司轉讓一項專有技術使用權，1992年度取得專有技術使用費1,000,000元，在境外被扣繳所得稅200,000元。該公司計算應攤計到該項技術使用費收入的技術開發費用及商務業務費用共計200,000元。公司1992年度境內、境外總所得為4,000,000元。對其境外稅額的扣除限額計算如下：

　　（a）依稅法計算境內外所得總額的應納所得稅額：

境內、外所得總額	4,000,000元
乘：稅率	33%
應納所得稅總額	1,320,000元

　　（b）計算境外專有技術使用費收入的淨所得：

境外專有技術使用費收入金額	1,000,000元
減：應攤計的各項費用	200,000元
境外專有技術使用費淨所得	800,000元

　　（c）計算境外稅收扣除限額為：

應納稅總額1,320,000元 $\times \dfrac{\text{境外淨所得800,000元}}{\text{境內、外所得總額4,000,000元}}$

＝264,000元

(2) 對境外營業利潤所得應相應扣除依照中國稅法規定應予攤計的有關成本費用以及境外營業機構以前年度的虧損額。

例9.3

　　某外商投資企業在境外A國設有一家分公司。1992年該分公司獲利1,000,000元，在此之前，1991年度虧損100,000元，該分公司1992年在A國獲准扣除了1991年度結轉的虧損100,000元後，就900,000元按35%稅率被徵收所得稅315,000元。該外商投資企業1992年度境內、境外所得總額為4,000,000元。並且經審計，該企業當年用於分支機構的管理費共計300,000元，其中應分攤給該A國分公司的管理費應為100,000元。對該企業境外所得已納稅的扣除限額計算如下：

　　（a）對境內、外所得總額依照稅法、稅率計算應納所得稅總額：

境內、外所得總額	4,000,000 元
乘：稅率	33%
應納所得稅總額	1,320,000 元

　　（b）計算境外淨所得額

境外分公司1992年度利潤	1,000,000 元
減：1991年度虧損	100,000 元
減：分攤管理費	100,000 元
境外淨所得額	800,000 元

　　（c）計算境外所得稅扣除限額為：

$$所得稅總額 1,320,000 元 \times \frac{境外淨所得 800,000 元}{境內、外所得總額 4,000,000 元}$$

$$= 264,000 元$$

(3) 對財產轉讓收益應相應扣除有關財產的管理和轉讓交易費用。

例9.4

　　某外資企業 1992 年度轉讓位於中國境外的一棟房產，轉讓價格為 2,000 萬元，淨收益為 505 萬元，該房產所在國按 20% 稅率扣繳所得稅 101 萬元。該企業 1992 年度境內、境外所得總額為 15,000 萬元。企業 1992 年度應攤而未攤的用於管理該房產的費用及該房產的轉讓費用共計 5 萬元。對該企業境外所得已納稅收扣除限額計算如下：

　　（ａ）對境內、外所得總額依稅法計算應納所得稅總額：

境內、外所得總額	15,000 萬元
乘：稅率	33%
應納所得稅總額	4,950 萬元

　　（ｂ）計算境外所得淨額：

境外財產轉讓所得	505 萬元
減：管理及轉讓費用	5 萬元
境外淨所得額	500 萬元

　　（ｃ）計算境外所得稅扣除限額為：

$$應納所得稅總額 4,950 萬元 \times \frac{境外所得 500 萬元}{境內、外所得總額 15,000 萬元}$$

$$= 165 萬元$$

　　基於一般的理解，能夠用於計算扣除限額的境外所得應是依據該所得來源國的稅收法律予以徵稅的所得，取得的在境外不須繳納所得稅的所得，不應用於計算稅收扣除限額。例如，

一家外商投資企業在日本國進行為期3個月的承包建築工程，依照中日稅收協定中關於"建築安裝工程在任何12個月中連續或累計滿6個月者為常設機構"的限定，該項作業不應構成該外商投資企業在日本國設立的常設機構，因而也不應被徵收日本國所得稅。因此，該項工程業務所得，也不應被用於計算境外稅收扣除限額。但是，依照所得來源國稅收法律應予徵稅、而給予特准免稅待遇的所得，應允許作為計算扣除限額的境外所得。對此，中國稅法尚需做出更為明確的規定。

(二)扣除限額應當分國不分項計算。

《細則》第八十四條規定，扣除限額應當分國不分項計算，即：對來源於不同國家的所得應分別逐一計算扣除限額；對來自同一國家的各項所得應綜合計算扣除限額，不必按各項所得分別計算。採取分國不分項方法計算扣除限額及給予境外已納稅額的扣除，與不分國的綜合扣除方法相比較，有可能會發生這樣的情形：在高稅率國家所實際繳納的所得稅額往往不能獲得足額扣除，而在低稅率國家取得的所得所繳納的稅額在全額扣除後，扣除限額往往尚有餘額。但是，卻可以避免在採用不分國的綜合扣除法時有可能出現的，在一國發生虧損從而減少在其他國家已納稅款的扣除限額之情形；同時由於對來自同一國家的所得不再分項進行稅額扣除，可以使某些被高稅率徵稅的所得項目有可能得到綜合性的足額扣除。因而，採取分國不分項的稅額扣除限額計算方法在目前是可取的。

例9.5

　　某外商投資企業1992年度有如下所得：（1）在日本取得股息500萬元，日本稅務機構按10%的稅收協定限制稅率扣繳所得稅50萬元，經審計確定，企業應將100萬元的投資費用（包括與投資有關的貸款利息支出和管理費用等）攤入此項股息，以計算境外已納稅的扣除限額；（2）該企業在日本另取得貸款利息所得100萬元，被扣繳日本所得稅10萬元，企業應攤計到此項利息收入的籌資成本和有關費用為70萬元；（3）該企業在日本另設有一間分公司，1992年度取得營業利潤200萬元，繳納日本所得稅70萬元；企業繳納日本所得稅總額為130萬元。（4）該企業1992年度在美國設立的一間分公司取得營業利潤315萬元，繳納美國聯邦所得稅116.5萬元。該外商投資企業1992年度境內、境外所得總額為6,300萬元。對該公司按《稅法》規定計算境外已納稅額扣除限額如下：

　　（a）境內外所得總額應納中國所得稅總額為：

境內外所得總額	6,300萬元
乘：稅率	33%
應納所得稅總額	2,079萬元

　　（b）計算日本國稅額扣除限額：

來自日本國的淨所得額：

股息（已扣除投資費用100萬元）	400萬元
利息（已扣除籌資成本、費用70萬元）	30萬元
營業利潤	200萬元
淨所得總額	630萬元

已納日本國稅收扣除限額為：

$$應納中國所得稅總額 2,079 萬元 \times \frac{日本國所得 630 萬元}{境內、外所得總額 6,300 萬元}$$

$$= 207.9 萬元$$

（ｃ）計算美國稅收扣除限額為：

應納中國所得稅總額 2,079 萬元 × $\dfrac{\text{美國營業利潤所得 315 萬元}}{\text{境內、外所得總額 6,300 萬元}}$

＝ 103.95 萬元

(三)扣除限額計算公式中的＂境內、境外所得稅按稅法計算的應納稅總額＂，包括企業所得稅和地方所得稅。也就是說，境外已納稅額可以從包括企業所得稅和地方所得稅在內的應納所得稅總額中得到扣除。

9.4 境外已納稅額的實際扣除

9.4.1 扣除稅額的所屬年度

《細則》第八十六條規定：＂外商投資企業在依照稅法第十二條的規定扣除稅額時，應當提供境外稅務機關填發的同一年度納稅憑證原件，不得用複印件或者不同年度的納稅憑證作為扣除稅額的憑證。＂這樣規定旨在限定：企業一項境外所得已納的外國稅款僅應在該項所得所屬同一會計年度的所得總額應納的中國稅額中進行扣除。

在實務操作中通常可按以下原則確定稅款的所屬年度：

(1) 對境外投資所得已納的境外稅款，可以在企業收到上述所得，並記入賬目的當年度應納的中國稅額中扣除。例如，當某企業採用公曆年度為會計年度時，1991 年 4 月 1 日在境外分得的一筆股息已納的境外稅額,可以在該企業1991年度的所得應納的中國稅額中扣除;1991年7月1日取得一筆境外利息和一筆特許權使用費已納的境外稅款,亦可以在該企業1991年度的所得應納的中國稅額中扣除。

(2) 對境外分支機構的營業利潤繳納的境外稅款,若該分支機構使用的會計年度與企業總機構一致,執行上述規定則更為清楚易行。例如:境外分支機構在1991會計年度(1月1日——12月31日)取得的營業利潤已納的境外稅款,可以在該企業1991年度所得應納的中國稅額中扣除。但若境外分支機構與企業總機構會計年度不一致,則問題會趨於複雜化。對此,中國稅法尚需做出更為具體的規定。

9.4.2 實際扣除方法

實際扣除境外已納稅額時,將視兩種情況而有分別的處理方法:

(1) 外商投資企業就來源於境外的所得在境外實際繳納的所得稅稅款,低於按稅法規定計算的扣除限額的,可以從應納中國稅額中全額扣除其在境外實際繳納的所得稅款。

(2) 境外所得實際繳納的所得稅款超過扣除限額的扣除方法為:

〔i〕 按相等於扣除限額的數額,從當年度應納中國稅額中扣除;

〔ii〕 超過扣除限額的部分,不得從當年應納中國稅額中扣除,也不得列為費用支出;但可以在以後年度稅額扣除限額的餘額中補扣,補扣期限最長不得超過五年。

例9.6

例如本章"例9.2"所述情形：

（1）境外所得稅扣除限額為264,000元，實際繳納境外所得稅200,000元，可全額從應納中國稅額中得到扣除。

（2）扣除後，該企業應納中國所得稅計算為：

稅額扣除前的應納稅總額	1,320,000元
扣除境外實際繳納的所得稅額	200,000元
應納中國所得稅額	1,120,000元

註：扣除限額264,000元與實際繳納的境外稅款200,000元的差額，實際為境外所得需補繳的中國稅額。

例9.7

例如本章"例9.3"中所述情形

（1）此例中1992年度境外稅額扣除限額為264,000元，實際繳納境外所得稅315,000元，故在當年僅可扣除264,000元。

（2）稅額扣除後，企業應納所得稅計算為：

稅額扣除前應納稅總額	1,320,000元
扣除境外已納稅額	264,000元
1992年度應納所得稅額	1,056,000元

（3）1992年度境外已納稅款超過扣除限額的51,000元，可以用1993年度至1997年度的扣除限額餘額補扣。

例9.8

例如本章"例9.5"中所述情形：

（1）此例中已納日本所得稅扣除限額為207.9萬元，實際已納日本國所得稅130萬元均可在1992年度應納中國稅額中全額扣除。

（2）已納美國所得稅扣除限額為103.95萬元，實際繳納美國所得稅116.5萬元中，可以在1992年度應納中國稅額中扣除103.95萬元，餘額12.55萬元可以在1993年至1997年度的美國所得稅扣除限額的餘額中補扣。

（3）稅額扣除後，企業應納1992年度中國所得稅計算為：

扣除境外稅額前應納所得稅總額	2,079 萬元
扣除在日本已納稅額	130 萬元
扣除在美國已納稅額	103.95 萬元
應納 1992 年度所得稅額	1,845.05 萬元

9.5 稅收協定的有關限定

在中國與他國簽訂的稅收協定中，規定有某些不同於《稅法》規定內容的其他消除國家間重複徵稅的方法，主要有以下幾方面：

(1) 允許對分得股息的相應部分的子公司利潤已繳納的公司所得稅給予間接稅額扣除；

(2) 對某些境外所得採取免稅法；

(3) 對境外所得享受的減稅或免稅額視同已徵稅給予扣除；

(4)　採取其他方法計算境外已納稅扣除限額。當一項境外所得涉及中國與其他國家簽訂的稅收協定規定內容時，在實際進行境外稅額扣除時，可以適用稅收協定的有關規定內容。

10
申報與計稅

第 10 章

申報與計稅

10.1 報繳稅責任人

一家企業由於取得須繳納所得稅的收入而負有納稅義務。但由於企業的組織形式有所不同，因而，依據《稅法》和《細則》的規定，應履行報繳稅責任的人，亦是有所不同的。

10.1.1 自行報繳稅

在自行申報繳納應納稅額的情況下，負有報繳稅責任的人為下述機構：

(1) 外商投資企業的總機構。外商投資企業（不包括非法人中外合作經營企業）在中國境內和境外分支機構的生產經營所得和其他所得，均應由總機構負責匯總申報繳納所得稅（《細則》第五條）。

> 註：在《稅法》和《細則》中，對總機構與所屬各營業機構之間統一申報繳稅，稱為匯總申報繳稅；對外國公司在中國設立的各營業機構統一申報繳稅，稱為合併申報繳稅。

(2) 經申請獲准統一繳納所得稅的非法人中外合作經營企業應作為報繳稅責任人［參閱第二章 2.3.1 ＂外商投資企業＂一節（2）］。

(3) 非法人的中外合作經營企業的外國合作者。

未經申請獲准統一申報繳稅的非法人合作企業，其外國合作者各自成為報繳稅責任人［參閱第二章 2.3.1 ＂外商投資企業＂一節（2）］。

(4) 外國企業在中國境內設立的營業機構、場所。

在中國境內設立其機構場所的外國企業，應以該機構場所為報繳稅責任人。如果該機構場所是由一個營業代理人構成的，則該營業代理人成為其外國委託人（企業）的報繳稅責任人。

10.1.2 合併申報繳稅

依《細則》第八十九條和九十條的規定，外國企業在中國境內設立兩個或兩個以上營業機構的，經申請獲准可以由其選定其中的一個營業機構負責合併申報繳納各營業機構的所得稅，但該營業機構應當具備這樣的條件：

(a) 對其他各營業機構的經營業務負有監督管理責任；

(b) 設有完整的賬簿、憑證，能夠正確反映各營業機構的收入、成本、費用和盈虧情況。

外國企業營業機構合併申報繳稅，應由其選定的營業機構負責向當地稅務機關提出申請，當地稅務機關審核後，將區別不同情形採取下述報批程序：

(a) 合併申報繳稅所涉及的各營業機構設在同一省、自治區、直轄市的，由所在省、自治區、直轄市稅務機關批准；

(b) 合併申報繳稅所涉及的各營業機構設在兩個或者兩個以上省、自治區、直轄市的，逐級上報國家稅務局批准。

外國企業經批准合併申報繳稅後，遇有營業機構增設、合併、遷移、停業、關閉等情形時，應當在事前由負責合併報繳稅的營業機構向當地稅務機關報告。需要變更負責報繳稅營業機構的，須依規定的審批程序重新辦理。

10.1.3 代扣代繳稅

納稅人應納的稅款，在一些特定情形下，須由他人代扣代繳。在代扣代繳稅之情形下，報繳稅責任人有下述兩類：

(1) 任何向外國企業支付《稅法》第十九條規定的應徵稅利潤（股息）、利息、租金、特許權使用費和其他所得的企業或個人（包括國內中資企業和個人）

依據《稅法》第十九條第二款的規定，外國企業取得上述投資所得應繳納的所得稅，以實際受益人為納稅義務人，以支付人為扣繳義務人。稅款由支付人在每次支付的款額中扣繳。依《細則》第一百零四條的規定，扣繳義務人可以按照國家稅務局的規定標準，收到相當於扣繳稅額一定比例的扣繳手續費。

(2) 稅務機關指定的企業或個人。

依《細則》第六十七條規定，外國企業在中國境內從事建築、安裝、裝配、勘探等工程作業和提供諮詢、管理、培訓等勞務活動取得的所得，稅務機關可以指定工程價款或者勞務費的支付人為其應納所得稅的扣繳義務人。並須依《細則》第一百零八條規定支付扣繳手續費。

10.2 申報期限

對外商投資企業及外國企業在中國設立的營業機構申報繳納所得稅和代扣代繳義務人申報扣繳所得稅的期限，繳稅方式及有關要求，在《稅法》第十五條、十六條、《細則》第九十四條至九十七條、九十九條、一百零三條中做出了較為詳盡具

中國大陸涉外稅法實務

體的規定。

10.2.1　自行申報繳稅的期限與要求

企業申報繳納企業所得稅和地方所得稅，均按年計算，分季預繳，年度匯算清繳，多退少補。區別不同情形，具體規定有如下內容：

(1)　分季申報預繳所得稅。

企業應在每年4個季度的每季終了後15日以內，向當地稅務機關報送預繳所得稅申報表，並預繳所得稅。

分季預繳所得稅時，一般應以當季度的實際利潤作為計稅所得計算預繳稅額；如在規定期限內不能計算出實際利潤額或有其他困難的，也可以按上一年度應納稅所得額的四分之一計算本季應預繳的所得稅額，或者採用經當地稅務機關認可的其他方法，例如按年度計劃利潤的四分之一計算。

(2)　年度申報匯算清繳所得稅。

企業應於每個年度終了後4個月內，報送年度所得稅申報表和會計決算報表；除有關稅務機關另外做出規定或有指示外，還應當附送中國註冊會計師的查賬報告。該項查賬報告應包括在企業會計損益數額基礎上，依據稅務法規計算企業應納稅所得額所進行的必要調整，否則稅務機關極有可能拒絕接受。

企業按上述要求進行了年度申報後，經辦稅務機關在對報表及有關資料進行必要的一般性審核後，於一個月內，即：在年度終了5個月內向企業發出匯算清繳通知，依據全年應繳稅額，對4個季度已預繳的稅額多退少補。

(3)　企業終止、合併或分立的匯算清繳。

企業在年度中間終止時，或者企業由於合併、分立而停止生產、經營的，應當在停止生產、經營之日起60日內，向當地稅務機關辦理當年度截止至停止生產經營之日止的應納所得稅的匯算清繳手續。

(4) 清算所得的申報繳稅

　　外商投資企業進行清算時，對其清算所得，應當在向工商行政管理機關辦理企業註銷工商登記之前，向當地稅務機關申報繳稅。

(5) 其他要求：

(a) 企業遇有特殊原因，不能按照稅法規定期限報送所得稅申報表和會計決算報表，或不能按規定期限繳納稅款的，在報送報表的期限內提出申請，是有可能獲得當地稅務機關的批准，予以適當延長期限。但依據《稅收徵收管理法》第二十條的規定，稅務機關批准延期繳納稅款的期限，最長不得超過三個月。

(b) 企業在納稅年度內，無論盈利或虧損，均應當依照規定的期限。報送所得稅申報表和會計決算報表。

(c) 企業分支機構在向總機構報送，或者外國企業營業機構在向負責合併申報繳納所得稅的營業機構報送會計決算報表時，應當同時報送上述分支機構或營業機構所在地的稅務機關。

(d) 企業報送報表期限或繳納稅款期限的最後一天是星期日或者其他法定休假日的，以休假日的次日為期限的最後一日。

　　各種所得稅申報表均由國家稅務局統一印製。納稅企業通常在申報期限開始以前，向當地主管稅務機關領取需用的申報表。由於每年均會使用相同格式的所得稅申報表，所以企業亦可向稅務機關一次領取一定數量的申報表備用。企業自行申報所用季度所得稅申報表、年度所得稅申報表和清算所得稅申報表的式樣如下。

10.2.2 扣繳稅期限與要求

對扣繳義務人申報扣繳所得稅的期限與要求有如下規定內容：

(1) 按《稅法》第十九條規定的法定代扣代繳稅義務人，應在每次向外國企業支付各項應納稅的股息、利息、租金、特許權使用費等所得時，扣除應納稅額。每次所扣的稅額應於扣稅後 5 日內向當地主管稅務機關解繳，並向該稅務機關報送扣繳所得稅報告表。

(2) 由稅務機關指定的代扣代繳義務人，按稅務機關的指定通知書所規定的期限和要求辦理。

(3) 扣繳義務人報送報告表的期限或解繳已扣稅款的期限的最後一天是星期日或者其他法定休假日的，以休假日的次日為期限的最後一天。

扣繳稅義務人可預先向稅務機關領取一定數量的扣繳所得稅報告表備用。該報告表式樣如下。

中华人民共和国国家税务局
STATE TAX BUREAU, THE PEOPLE'S REPUBLIC OF CHINA
外商投资企业和外国企业季度所得税申报表
QUARTERLY INCOME TAX RETURN FOR ENTERPRISES WITH FOREIGN INVESTMENT AND FOREIGN ENTERPRISES

纳税季度：自　年　月　日至　年　月　日 第　季度
Taxable quarter: From ___ date ___ month ___ year
to ___ date ___ month ___ year

填表日期　年　月　日
Date of filling: ___ date ___ month ___ year
金额单位：人民币元
Monetary Unit: RMB Yuan

纳税人编码
Tax payer's file number

根据《中华人民共和国外商投资企业和外国企业所得税法》第十五条及其实施细则第九十四条的规定，特制定本表。你企业应当在季度终了后十五日内如实填写本表，报送当地税务机关。

This return is designed in accordance with the provisions of Article 15 of the Income Tax Law of the People's Repubic of China Enterprises with Foreign Investment and Foreign Enterprises and Article 94 of the Detailed Rules and Regulations for the Implementation the Income Tax Law of the People's Republic of China for Enterprises with Foreign Investment and Foreign Enterprises. You should fill it o based on the facts and file it with the local tax authorities within 15 days after the end of the quarter.

企业名称 Name of enterprise	地址 Address	邮政编码 Post code
业别 Kind of business	电话号码 Tel. number	银行帐号 A/C number

	项目 Items	帐栽金额 Amount per book	自行依法调整后金额 Self-adjusted amount according to the law	备注 Remarks
利润（亏损）额 Profit (loss)	1.本季销售（销货）或营业收入净额　Net sales or net revenue from operation of the quarter			
	2.本季利润（亏损）额　Profit (loss) of the quarter			
应纳税所得额的计算 Computation of taxable income	3.本季按实计算的应纳税所得额　Taxable income computed on actual basis　3＝2			
	4.上年度应纳税所得额的四分之一　1/4 of the taxable income of last year			
	5.经核定利润率计算的应纳税所得额　Taxable income computed on deemed profit rate basis			
	6.经税务机关认可的其它方法计算的应纳税所得额　Taxable income computed on the basis of other methods recognized by the tax authorities			
应纳企业所得税额的计算 Computation of enterprise income tax	7.税率 %　Tax rate			
	8.应纳企业所得税额　Enterprise income tax　3×7或4×7或5×7或6×7			
	9.减免企业所得税额　Enterprise income tax exempted or reduced			
	10.实际应缴企业所得税额　Enterprise income tax to be paid　8-9			
应纳地方所得税额的计算 Computation of local income tax	11.税率 %　Tax rate			
	12.应纳地方所得税额　Local income tax 3×11 或4×11 或5×11或6×11			
	13.减免地方所得税额　Local income tax exempted or reduced			
	14.实际应缴地方所得税额　Local income tax to be paid 12-13			
	15.本季前已缴企业所得税额　Enterprise income tax prepaid			
	16.本季前已缴地方所得税额　Local income tax prepaid			
授权代理人 Authorized agent	（如果你已委托代理申报人，请填写下列资料） 为代理一切税务事宜，现授权＿＿＿＿＿（地址）＿＿＿＿＿为本企业的代理申报人，任何与本申报表有关的来文件都可寄与此人。 （Fill out the following if you have appointed an agent） For purposes of handling tax affairs, I hereby authorize ＿＿＿＿＿ (address) ＿＿＿＿＿ to act on behalf of r company. All documents concerned with this return may be posted to the agent.	授权人签字：＿＿＿ signature ＿＿＿＿	

会计主管人签字：
Accountant General (Signature)

代理申报人签字：
Agent (Signature)

企业盖章
Enterprise (Seal)

以下由税务机关填写：(For official use)

审核记录	收到日期	接收人	审核日期	上管税务机关盖章 上管税务官员签字

中华人民共和国国家税务局
STATE TAX BUREAU, THE PEOPLE'S REPUBLIC OF CHINA
外商投资企业清算所得税申报表
LIQUIDATION INCOME TAX RETURN FOR ENTERPRISES WITH FOREIGN INVESTMENT

清算期间: 自　年　月　日至　年　月　日
Liquidation Period: From ___ date ___ month ___year
to ___ date ___ month ___ year

填表日期　　年　月　日
Date of filling: ___ date ___ month ___ year
金额单位: 人民币元
Monetary Unit: RMB Yuan

纳税人编码
Tax payer's file number

根据《中华人民共和国外商投资企业和外国企业所得税法》第十八条及其实施细则第八条第四款的规定, 特制定本表。你企业应当将清算所得(亏损), 如实填写本表, 报送当地税务机关, 并附送清算资产会计报表、中国注册会计师的查帐报告及有关的说明材料。

This form is designed in accordance with the provisions of Article 18 of the INCOME TAX LAW OF THE PEOPLE'S REPUBLIC OF CHINA FOR ENTERPRISES WITH FOREIGN INVESTMENT AND FOREIGN ENTERPRISES and Article 8 Paragraph 4 of THE DETAILED RULES AND REGULATIONS FOR THE IMPLEMENTATION OF THE INCOME TAX LAW OF THE PEOPLE'S REPUBLIC OF CHINA FOR ENTERPRISES WITH FOREIGN INVESTMENT AND FOREIGN ENTERPRISES. You should fill out this return truly and correctly and submit it to local tax authorities together with liquidation balance sheet, audit report signed by a C. P. A. registered in China and other supporting documents.

企业名称 Name of enterprise		地址 Address	邮政编码 Post code	电话号码 Tel. number
业别 Kind of business		终止生产经营日期 Date of termination of production or business operation	银行帐号 A/C number	

	项目 Items	帐载金额 Amount per book	自行依法调整后金额 Self-adjusted amount according to the law
应纳税所得额的计算 Computation of taxable income:	1.全部资产（或财产）Total assets or property		
	2.各项负债 Liabilities		
	3.各项损失 Losses		
	4.企业未分配利润 Enterprise's undistributed profits		
	5.各项基金 Funds		
	6.清算费用 Liquidation expenses		
	7.实缴资本 Paid-in capital		
	8.应纳税所得额 Taxable income (1-2-3-4-5-6-7)		
应纳企业所得税额的计算 Computation of enterprise income tax:	9.税率% Tax rate		
	10.应纳企业所得税额 Enterprise income tax 8×9		
应纳地方所得税额的计算 Computation of local income tax:	11.税率% Tax rate		
	12.应纳地方所得税额 Local income tax 8×11		

| 授权代理人
Authorized agent | （如果你已委托代理申报人，请填写下列资料）
为代理一切纳税事宜，现授权
（地址）　　　　　　　　　为本企业的代理申报人。任何与本申报表有关的来往文件都可寄与此人。
授权人签字: ____
(Fill out the following if you have appointed an agent)
For purposes of handling the tax affairs, I hereby authorize ____ (address) ____ to act on behalf of my company. All documents concerned with this return may be posted to the agent.
Signature ____ | 声明:
Declaration: | 我声明: 此纳税申报表是根据《中华人民共和国外商投资企业和外国企业所得税法》的规定填报的，我确信它是真实的、可靠的、完整的。
声明人签字: ____
I declare that this return has been completed according to THE INCOME TAX LAW OF THE PEOPLE'S REPUBLIC OF CHINA FOR ENTERPRISES WITH FOREIGN INVESTMENT AND FOREIGN ENTERPRISES. I believe that all statements contained in this return are true, correct and complete.
Signature ____ |

会计主管人签字:
Accountant General (Signature)

代理申报人签字:
Agent (Signature)

企业盖章
Enterprise (Seal)

收到日期		接收人		审核日期	
					主管税务机关盖章 主管税务官员签字

中华人民共和国国家税务局
STATE TAX BUREAU, THE PEOPLE'S REPUBLIC OF CHINA
外商投资企业和外国企业年度所得税申报表
ANNUAL INCOME TAX RETURN FOR ENTERPRISES WITH FOREIGN INVESTMENT AND FOREIGN ENTERPRISES

纳税年度: 自 __年__月__日至 __年__月__日
Taxable year: From __ date __ month __ year
to __ date __ month __ year

填表日期 __年__月__日
Date of filling: ___ date ___ month ___ year
金额单位: 人民币元
Monetary Unit: RMB Yuan

纳税人编码
Tax payer's file number

根据《中华人民共和国外商投资企业和外国企业所得税法》第十六条及其实施细则第九十五条第一款的规定，特制定本表。你企业应当在纳税年度终了后四个月内如实填写本表，报送当地税务机关，并附送财务会计报表、中国注册会计师查帐报告及有关的说明材料。

This return is designed in accordance with the provisions of Article 16 of the Income Tax Law of the People's Republic of China for Enterprises with Foreign Investment and Foreign Enterprises and Article 95 Paragraph 1 of the Detailed Rules and Regulations for the Implementation of the Income Tax Law of the People's Republic of China for Enterprises with Foreign Investment and Foreign Enterprises. You should fill it out based on the facts and file it with the local tax authorities within four months after the end of the taxable year, together with the financial statements, the audit report signed by CPA registered in China and other supporting documents.

企业名称 Name of enterprise	地址 Address	邮政编码 Post code	电话号码 Tel. number
业别 Kind of business	开始生产、经营日期 Date the production or operation starts	开始获利年度 First profit-making year	银行帐号 A/C number

	项目 Items	帐载金额 Amount per book	自行依法调整后金额 Amounts after self-adjustment according to law	备注 Remarks
收入净额 Net Sales	1.本年销售（销货）或营业收入净额 Net sales or net revenue from operation of the year			
	2.本年销售（销货）或营业成本 Cost of sales or operation of the year			
扣除额 Deductions:	3.本年销售（销货）或营业费用、财务费用及管理费用 Selling, financial and management expenses			
	4.本年销售（销货）或营业税金 Tax on sales or operation of the year			
	5.扣除额合计 Total deductions 2+3+4			
	其中：交际应酬费 Including: entertainment expense			
	工资、福利费 wages and employee benefits			
	租金支出 rental expense			
	特许权使用费 royalty expense			
	利息支出 interest			
	折旧费 depreciation			
应纳税所得额的计算 Computation of taxable income:	6.本年销售（销货）或营业利润（亏损）额 Profit (loss) from sales or operation of the year 1-5			
	7.本年其它业务利润（亏损）额 Profit (loss) from other operation of the year			
	8.本年营业外收支净额 Net profit from non-business operation of the year			
	9.按规定认可抵补的以前年度亏损额 Loss carry forward recognized according to relevant rules			
	10.应纳税所得额 Taxable income (6+7+8)－9			
核定应纳税所得额的计算 Computation of taxable income on deemed basis:	11.本年收入总额 Total revenue of the year			
	12.经税务机关核定的利润率 % Profit rate determined by tax authorities			
	13.应纳税所得额 Taxable income 11×12			
应纳企业所得税额的计算 Computation of enterprise income tax	14.税率 % Tax rate			
	15.应纳企业所得税额 Enterprise income tax 10×14			
	16.减免企业所得税额 Enterprise income tax exempted or reduced			
	17.实际应缴企业所得税额 Enterprise income tax to be paid 15-16			
应纳地方所得税额的计算 Computation of local income tax:	18.税率 % Tax rate			
	19.应纳地方所得税额 Local income tax 10×18			
	20.减免地方所得税额 Local income tax exempted or reduced			
	21.实际应缴地方所得税额 Local income tax to be paid 19-20			
应补（退）税额的计算 Computation of tax due or over payment:	22.实际应缴所得税额 Income tax payable 17+21			
	23.全年预缴税额 Quarterly instalments			
	24.外国税额扣除 Foreign tax credits			
	25.应补（退）所得税额 Amount of income tax due or over paid 22－23－24			

授权代理人 Authorized agent	（如果你已委托代理申报人，请填写下列资料） 为代理一切税务事宜，现授权 _____ （地址） _____ 为本企业代理申报人，任何与本申报表有关的来往文件都可寄与本人。本申报人签字。 (Fill out the following if you have appointed an agent) For purposes of handling tax affairs, I hereby authorize _____ (address) _____ to act on behalf of my company. All documents concerned with this return may be posted to the agent. Signature _____	声明 Declaration:	我声明，此份申报表是根据《中华人民共和国外商投资企业和外国企业所得税法》的规定填制的，我确信它是真实的、可靠的、完整的。 声明人签字。 I declare that this return has been completed according to THE INCOME TAX LAW OF THE PEOPLE'S REPUBLIC OF CHINA FOR ENTERPRISES WITH FOREIGN INVESTMENT AND FOREIGN ENTERPRISES. I believe that all statements contained in this return are true, correct and complete. Signature _____

会计主管签字 Accountant General (Signature)

代理申报人签字 Agent (Signature)

企业盖章 Enterprise (Seal)

以下由税务机关填写 (For official use)

收到日期	接收人	审核日期	主管税务机关盖章
审核记录			主管税务官员签字

中华人民共和国国家税务局
STATE TAX BUREAU, THE PEOPLE'S REPUBLIC OF CHINA
扣缴所得税报告表
INCOME TAX WITHHOLDING RETURN

填表日期　年　月　日
Date of filling: ＿＿＿ date ＿＿＿ month ＿＿＿ year

金额单位: 人民币元
Monetary Unit: RMB Yuan

扣缴义务人编码:
Withholding agent's file number

根据《中华人民共和国外商投资企业和外国企业所得税法》第十九条第二款及其实施细则第六十七条的规定，特制定本表。扣缴义务人应将扣缴的税款在规定的期限内缴入国库，并向当地税务机关报送本表。

This return is designed in accordance with the provisions of Article 19, Paragraph 2 of THE INCOME TAX LAW OF THE PEOPLE'S REPUBLIC OF CHINA FOR ENTERPRISES WITH FOREIGN INVESTMENT AND FOREIGN ENTERPRISES and Artcle 67 of THE DETAILED RULES AND REGULATIONS FOR THE IMPLEMENTATION OF THE INCOME TAX LAW OF THE PEOPLE'S REPUBLIC OF CHINA FOR ENTERPRISES WITH FOREIGN INVESTMENT AND FOREIGN ENTERPRISES. Withholding agent should turn the tax withheld over to the State Treasury within the prescribed time limit and file this return with the local tax authorities.

扣缴义务人名称 Name of withholding agent	地址 Address	电话号码 Tel. number	邮政编码: Post code

纳税人名称 Name of tax payer	纳税人编码 Tax payer's file number	所得项目 Categories of income	合同号 File number of contract	合同名称 Name of the contract	取得所得的日期 Date the income derived	收入额 Amount of income 人民币 RMB	外币 Foreign currency 名称 Name	金额 Amount	汇率 Exchange rate	人民币 RMB	减: 扣除额 Less: deductions	应纳税所得额 Amount of taxable income	税率 Tax rate	扣缴所得税额 Amount of withholding tax	完税证字号 Tax certificate number	纳税日期 Date of payment
合计 Total	—				—					—	—	—		—	—	

如果由扣缴义务人填写完税证，应在报送此表时附完税证副联＿＿＿份。
In case the tax certificate is filled out by withholding agent, this return should be submitted together with ＿＿ copies of the tax certificate.

扣缴义务人 声 明 Declaration by withholding agent	我声明，此扣缴所得税报告表是根据《中华人民共和国外商投资企业和外国企业所得税法》的规定填报的，我确信它是真实的、可靠的、完整的。 声明人签字: I declare that the return is filled out in accordance with THE INCOME TAX LAW OF THE PEOPLE'S REPUBLIC OF CHINA FOR THE ENTERPRISES WITH FOREIGN INVESTMENT AND FOREIGN ENTERPRISES, and I believe that the statements contained in this return are true, correct and complete. (Signature) ＿＿＿

会计主管签字:
Accountant General (Signature)

负责人签字:
Responsible officer (Signature)

扣缴单位(或个人)盖章:
Withholding agent (Seal)

以下由税务机关填写: (For official use)

审核记录	收到日期	接收人	审核日期	
				主管税务机关盖章 主管税务官员签字

10.3　計算稅款

10.3.1　一般情形

計算企業應繳所得稅額或代扣代繳的所得稅額，在一般情形下是簡單明瞭的，即：

某期間應納所得稅額＝該期間應納稅所得額×適用稅率

若為企業匯算清繳全年所得稅，則：

匯算清繳所得稅額＝全年應納所得稅額一境外稅額扣除額一第一至第四季度已預繳的所得稅額

《稅法》和《細則》亦對某些特殊情形下的稅款計算問題，作有具體的規定。

10.3.2　所得為外國貨幣的稅款計算

依據《稅法》第二十一條的規定，所得稅以人民幣為計算單位。若所得為外國貨幣的，應當按照國家外匯管理機關公布的外匯牌價折合成人民幣計算繳納稅款。對此，應有如下說明：

(1)　所謂＂所得為外國貨幣＂是指企業採用某種外國貨幣作為記賬本位幣，而以該外幣計算並顯示的所得額；

(2)　所說＂外匯牌價＂是指國家外匯管理局公布的外匯買入價；

(3)　所說＂折合成人民幣繳納稅款＂，依《細則》第十五條的規定，是指在計算應納稅款時，將外幣所得折合成人民幣所得數額並據以計算應納稅款。在實際繳納稅款時，依現行稅務規定，企業實際營業收入均為外國貨幣的，應以外幣通過中國銀行兌換成人民幣繳納稅款；實際營業收入既有外幣，又有人民幣的，可以用其人民幣收入代替外幣收入繳納稅款（查見財政部（86）財稅字第226號通知）。

(4) 對所得為外國貨幣的，在計算應納稅或應補、應退稅的所得額時，應使用何時的外匯牌價。對此，《細則》第十五條及第九十八條有如下規定：

(a) 企業分季預繳所得稅時，應按季度最後一日的外匯牌價折合成人民幣計算應納稅所得額；

例10.1

　　某企業以美元作為記賬本位幣，一季度（1月1日—3月31日）實際利潤為150美元，3月31日美元牌價為1美元＝5.2元（人民幣），計算其預繳一季度所得稅的應納稅所得額為：

一季度外幣所得	150 美元
乘：3 月 31 日外匯牌價	@ 5.2
一季度應納稅所得額	780 元（人民幣）

(b) 年度匯算清繳所得稅時，對已按季預繳稅款的外國貨幣所得部分，不再重新折合人民幣計稅，只就全年未納稅的外幣所得部分，按照納稅年度最後一日的外匯牌價，折合成人民幣計算全年應納稅所得額。

(c) 源泉扣繳外國企業投資所得的應納所得稅，或者企業發生少繳稅款需補稅時（不包括年度匯算清繳補稅），均按照填開繳稅或補稅憑證當日的外匯牌價，將外幣所得折合成人民幣應納稅所得額計算稅款。

例10.2

　　某企業以美元作為記賬本位幣，全年應納稅所得為1,000美元，該企業已分季預繳所得稅的外幣所得以及按季度末最後一日的外匯牌價折合成人民幣的所得額分別為：

　　一季度外幣所得150美元，按3月31日牌價（1美元＝5.2元（人民幣）折合人民幣所得為780元；

　　二季度外幣所得200美元，按6月30日牌價（1美元＝5.3元（人民幣）折合人民幣所得為1,060元；

　　三季度外幣所得250美元，按9月30日牌價（1美元＝5.4元（人民幣）折合人民幣所得為1,350元；

　　四季度外幣所得300美元，按12月31日牌價（1美元＝5.5元（人民幣）折合人民幣所得1,650元。

　　計算年終匯算清繳應補稅的所得額如下：

全年外幣所得	1,000美元
減：已按季預繳所得稅的外幣所得	900美元
應補稅的外幣所得	100美元
乘：年末12月31日外匯牌價	@5.5
應補稅的人民幣所得額	550元

　　該企業全年應納稅所得額的人民幣數額為：

一季度	780元
二季度	1,060元
三季度	1,350元
四季度	1,650元
匯算清繳	550元
總計	5,390元

例10.3

　　某企業向境外某公司支付一筆專有技術使用費100萬美元，應扣繳10%的所得稅。9月5日通過銀行辦理結算手續，向該轉讓技術的公司支付90萬美元，並扣留10萬美元用於繳稅。9月7日銀行通知該企業對所付款項辦理了劃轉。企業應自9月7日接到銀行已劃轉款項和留存應繳稅款的通知起的5日內，對應扣繳的所得稅款開出代扣代繳所得稅完稅證。該企業實際於9月11日開出代扣代繳所得稅完稅證，9月11日外匯牌價為1美元＝5.25元（人民幣）。計算應扣繳稅款為：

外幣所得	100萬美元
乘：開票當日外匯牌價	@5.25
人民幣所得	525萬元
乘：稅率	10%
應扣繳稅款（人民幣）	52.5萬元

例10.4

　　某中外合資企業，1989年度應納稅所得額為80萬美元。但在該年度，企業未曾辦理申報分季預繳及匯算清繳所得稅手續。直至1992年6月1日，經稅務檢查發現此項漏繳稅。稅務機關於1992年6月2日對該企業開出補繳稅完稅證。並以1992年6月2日的外匯牌價（1美元＝5.2元（人民幣）計算應補繳稅款為：

1989年度外幣所得	80萬美元
乘：開出繳稅憑證日的外匯牌價	@5.2
應納稅所得額（人民幣）	416萬元
乘：稅率	33%
應補繳稅額（人民幣）	137.28萬元

(d) 若企業取得為外國貨幣的所得，已按外匯牌價折合成人民幣計算稅款，並以外幣兌換成人民幣繳納了稅款，在發生多繳稅款需退稅時（包括對分季預繳的所得稅在年終匯算清繳應退稅），須將應退的人民幣稅款，按照原計算納稅時適用的外匯牌價折合為外國貨幣數額，再以該數額按照填開退稅憑證當日的外匯牌價折合成人民幣應退稅額。

例10.5

　　某企業1990年8月8日向境外某銀行支付一筆貸款利息60萬美元，應按10%的稅率代扣代繳所得稅。8月13日填據扣繳所得稅完稅憑證，按當日外匯牌價（1美元＝4.7元（人民幣）），將所扣6萬美元折合為人民幣。代繳稅款28.2萬元。1992年2月發現上述稅款為經辦人員失誤而重複繳納的，故向稅務機關申請退稅。稅務機關經復核同意給予退稅，並於2月6日開據退稅憑證。2月6日外匯牌價為1美元＝5.2元人民幣。計算退稅額分步如下：

　　（1）將應退稅款額按原納稅時外匯牌價折合外幣數額：

28.2萬元人民幣÷@4.7＝6萬美元

　　（2）將上述折合的外幣數額按填開退稅憑證當日的外匯牌價折合為人民幣應退稅款額：

6萬美元×@5.2＝31.2萬元人民幣

　　說明：稅務機關原收入稅款28.6萬元，退稅時退出31.2萬元，多於原徵稅款2.6萬元。但保證了納稅人原用於兌換人民幣繳稅的6萬美元，在獲得退稅時，以所退的人民幣數額按退稅時外匯牌價仍可以如數兌回6萬美元。

採用上述計算方式計算退稅額，可以使納稅人原用於兌換人民幣繳納稅款的外幣數額在獲得退稅時，不至因外匯牌價的變動而發生損失或溢漲。

　　若對企業年度所得稅匯算清繳辦理退稅時，可直接將已分季預繳所得稅的外幣所得總額超過全年應納稅外幣所得額的數額，按適用的稅率計算出相當於應退稅額的外國貨幣數額，再以該外幣數額按照填開退稅憑證當日的外匯牌價折合成人民幣應退稅額。

例10.6

　　某外國企業營業機構以美元作為記賬本位幣。由於企業營業收入全部為外幣收入，因此實際繳稅時，按規定是以美元兌換人民幣繳納稅款。該營業機構1992年四個季度預繳所得稅如下：

　　計稅所得額×外匯牌價×適用稅率＝預繳稅額

一季度

　　100萬美元×@4.8×（30%＋3%）＝158.4萬元人民幣

二季度

　　100萬美元×@4.9×（30%＋3%）＝161.7萬元人民幣

三季度

　　150萬美元×@5.0×（30%＋3%）＝247.5萬元人民幣

四季度

　　50萬美元×@5.2×（30%＋3%）＝85.8萬元人民幣

合計400萬美元　　　　　　　　653.4萬元人民幣

　　全年已預繳所得稅的外幣計稅所得額總額為400萬美元，已預繳所得稅稅款653.4萬元人民幣。

　　該企業年度終了匯算清繳所得稅時，經調整確認，該年度實際應納稅所得額為300萬美元，少於已預繳所得稅的外幣所得總額100萬美元，因而應予退稅。1992年5月30日稅務機關開出退稅憑證，當日外匯牌價為1美元＝5.4元（人民幣）。計算應退稅人民幣數額分步如下：

（1）計算相當於應退人民幣稅額的外國貨幣數額：

100萬美元×（30%＋3%）＝33萬美元

（2）將上述外幣數額按填開退稅憑證當日的外匯牌價折合為人民幣應退稅稅額：

33萬美元×@5.4＝178.2萬元人民幣

若該營業機構雖然以美元作為本位幣記賬，但也有正常的人民幣業務收入，並在實際繳稅時，是以人民幣直接繳納稅款的，則退稅額的計算不應適用上述計算方法，而應按徵多少則退還多少的正常退稅方法計算退稅。具體方法是，以全年應退稅部分的外幣所得按年末最後一日的外匯牌價折合人民幣計算退稅額。對此例計算應退人民幣稅額即為：

100萬美元×年末匯率@5.2×（30%＋3%）＝171.6萬元人民幣

10.3.3 適用不同稅率的營業機構匯總或合併繳稅的計算

企業如果在適用不同稅率的地區設有營業機構，對不同地區的營業機構所屬的所得應依照所在地區的適用稅率計算應繳稅款（參閱第三章3.3＂減低稅率＂一節）。因而要求企業應合理地分別計算適用不同稅率的有關營業機構的應納稅所得額。

在由企業總機構對各營業機構匯總繳稅或外國企業各營業

機構合併計算繳稅的情況下，由於各營業機構的盈虧狀況不同而可能面臨一些較為複雜的情形。在某些情況下，甚至會引起稅務機關對營業機構所得進行某些調整。

(一)各營業機構均為盈利或均為虧損之情形

如若適用不同稅率計稅的各營業機構均為盈利，則匯總或合併計算應納稅額會較為簡便，只需將屬於適用不同稅率計稅的有關營業機構的應稅所得分別乘以各自的適用稅率，取其總和即為企業應繳稅總額。

例10.7

某間總機構設在北京的中外合資經營企業，其設在各地區的營業機構取得應稅所得為：北京營業機構100萬元，上海營業機構50萬元，深圳A機構80萬元，深圳B機構70萬元。計算該企業在北京匯總應納的企業所得稅稅額為：

(i)	北京營業機構所得	100萬元
乘：	適用稅率	30%
	應納企業所得稅額	30萬元
(ii)	上海營業機構所得	50萬元
乘：	適用稅率	24%
	應納企業所得稅額	12萬元
(iii)	深圳A、B營業機構所得合計	150萬元
乘：	適用稅率	15%
	應納企業所得稅額	22.5萬元
(iv)	企業應納企業所得稅總額	64.5萬元

(二)各營業機構有盈有虧之情形

中國大陸涉外稅法實務

例10.8

某企業分別在適用30%稅率、24%稅率、15%稅率的地區設有營業機構A、B、C，該企業各年盈虧情況及應納企業所得稅如下：

	A營業機構	B營業機構	C營業機構	企業匯總數額
1991年				
本年利潤(虧損)	100萬	(200萬)	50萬	(50萬)
	減：補B虧損100萬	加：由A抵補額100萬 加：由B抵補額50萬	減：補B虧損50萬	
應稅所得額	0	(50萬)	0	(50萬)
1992年				
本年利潤(虧損)	200萬	250萬	100萬	550萬
	加：原抵補B虧損額100萬	減：重新抵補上年虧損200萬	加：原抵補B虧損額50萬	
應稅所得額	300萬	50萬	150萬	500萬
乘：適用稅率	30%	24%	15%	
應納企業所得稅	90萬	12萬	22.5萬	124.5萬

1993 年

	(1)	(2)	(3)	合計
本年利潤(虧損)	(100萬)	150萬	150萬	200萬
加：由B抵補額100萬	100萬			
減：補A虧損100萬		100萬		
應稅所得額	0	50萬	150萬	200萬
乘：適用稅率		24%	15%	
應納企業所得稅		12萬	22.5萬	34.5萬

1994 年

	(1)	(2)	(3)	合計
本年利潤(虧損)	150萬	150萬	100萬	400萬
加：原抵補A虧損額100萬				
減：重新抵補上年虧損100萬				
應稅所得額	50萬	200萬	150萬	400萬
乘：適用稅率	30%	24%	15%	
應納企業所得稅	15萬	48萬	22.5萬	85.5萬

1991—1994 年累計

	(1)	(2)	(3)	合計
應稅所得額	350萬	300萬	450萬	1,100萬
應納企業所得稅	105萬	72萬	67.5萬	244.5萬

註： 港有兩個或兩個以上營業機構盈利，抵補其他營業機構虧損時，允許企業選擇高稅率地區營業機構的利潤抵補，例如本例中1992年和1993年的抵補情形。

若各營業機構有盈有虧時，稅務規定允許企業盈虧相抵，即：以盈利機構的利潤與虧損機構的虧損相抵。這樣就有可能發生高稅率地區的利潤抵補了低稅率地區的虧損，從而導致減少納稅或者反之增加納稅的情形。因此《細則》選擇了如下的處理辦法：

(1) 盈虧相抵後，企業為年度淨虧損的，可以按《稅法》規定的年限結轉下年彌補，當年各營業機構均無須繳納所得稅；

(2) 盈虧相抵後，企業為盈利的，按有盈利的營業機構所適用的稅率計算應納稅額；

(3) 虧損的營業機構在以後年度有盈利時，應以其盈利重新抵補本營業機構以前年度的虧損。原用於抵補該營業機構虧損的其他營業機構的利潤，應重新按該其他營業機構適用的稅率計算納稅。

(三)分配所得總額

當稅務機關認為企業申報的各營業機構的盈虧數額未能正確地反映企業各營業機構的實際應稅所得時，稅法《細則》賦與企業所在地稅務機關對企業所得總額按合理方法在各營業機構之間進行分配的權力。如何判別企業對各營業機構的盈虧計算正確與否，是個實務性很強的問題。稅務機關做出此項判定時，一般需對各營業機構之間的收入、成本費用等營業相關的因素和利潤數額及其相互間的比例進行充分的考察。同時亦會考慮不同地區的經營環境有可能形成的對上述因素的影響。所謂合理的方法是採取比例分配的方式。一般是按各營業機構與企業總體的有關項目比例，對企業所得總額進行分配，可以選用的比例如下：

　　某總機構設在北京的中外合資經營企業，在北京、上海、深圳三地分別設有三個生產電子儀器的分廠（北京、上海、深圳三地的企業所得稅分別適用30%、24%和15%的稅率）。三個分廠產品銷售收入分別為1,000萬元、500萬元、800萬元，企業總銷售額為2,300萬元。該企業向北京市稅務局匯總申報的應稅所得總額為230萬元，其中各分廠的應稅所得額為北京盈利50萬元、上海虧損70萬元、深圳盈利250萬元。盈虧相抵後，計算應納稅額為34.5萬元（230萬元×15%稅率）。

　　稅務機關經過審核，發現三個分廠的生產環境、條件、銷售方式及各項與成本、費用有關的客觀條件均沒有十分明顯的差別，因而認為該企業申報的各分廠的所得未能正確地反映實際應有的利潤水平。隨採取按營業收入比例的方法對企業應稅所得總額分配如下：

$$北京分廠所得額為：230 萬元 \times \frac{1000 萬元}{2300 萬元} = 100 萬元$$

$$上海分廠所得額為：230 萬元 \times \frac{500 萬元}{2300 萬元} = 50 萬元$$

$$深圳分廠所得額為：230 萬元 \times \frac{800 萬元}{2300 萬元} = 80 萬元$$

　　北京市稅務局按上述分配的所得額計算該企業應匯總納稅總額為：

北京分廠應稅所得額	100 萬元
乘：稅率	30%
應納企業所得稅額	30 萬元
上海分廠應稅所得額	50 萬元
乘：稅率	24%
應納企業所得稅額	12 萬元
深圳分廠應稅所得額	80 萬元
乘：稅率	15%
應納企業所得稅	12 萬元
應納企業所得稅總額	54 萬元

- 營業收入比例；
- 成本和費用開支比例；
- 資產比例；
- 職工人數或者工資數額比例

採取此種按比例分配企業應稅所得總額的方法，即可以對企業各營業機構利潤進行合理分配，又避免了在適用不同稅率徵稅的營業機構之間在有盈有虧情形下計算應納所得稅額的極為繁褥複雜的程序。這種情形我們在上文例10.8中已初步領略過了。而且，若在該例中再有虧損的結轉彌補期限，境外稅款扣除，定期稅收減免等因素需一併處理，計算程序之繁雜會更令人生畏。因而，鑑於按一定比例分配企業應納稅所得額方法的合理性與簡便易行。稅務機關並不限制企業主動採用此種方法匯總申報和計算繳納所得稅。

10.3.4　1991年度匯算清繳所得稅的計算

《稅法》自1991年7月1日起施行，《稅法》公布施行前已設立的外資企業和中外合作經營企業，凡按《稅法》規定稅率計算的應繳稅額不高於其按原適用的《外國企業所得稅法》規定的稅率計算的應繳稅額的，以及所有外國企業在華的營業機構，均應自1991年7月1日起，改按稅法規定的稅率計算納稅。（參閱第三章3.1.3" 1991年7月1日以前設立的企業適用稅率的確定 "一節）。因而，這些企業在1991年6月30日以前及7月1日以後的所得將分別適用兩種稅率計算應納稅額。即：原《外國企業所得稅法》按年度所得額設計的超額累進稅率和現行《稅法》的比例稅率。為此，國家稅務局國稅發〔1991〕65號通知第一條中規定了有關的計算方法：

例10.10

某外資企業1991年全年所得為200萬元。計算1991
年度應納稅額為：

（a）按原外國企業所得稅法計算應納所得稅額：

全年應納稅所得額	200萬元
乘：適用的超額累進稅率	40%
減：超額累進稅率速算扣除數	12.5萬元
應納企業所得稅額	67.5萬元
全年應納稅所得額	200萬元
乘：原稅法地方所得稅稅率	10%
應納地方所得稅額	20萬元

（b）按現行稅法計算應納稅額為

全年應納稅所得額	200萬元
乘：企業所得稅稅率	30%
應納企業所得稅	60萬元
全年應納稅所得額	200萬元
乘：地方所得稅稅率	3%
應納地方所得稅	6萬元

（c）計算企業1991年度應納稅額

按原稅法計算的應納	
企業所得稅額	67.5萬元
加：按現行稅法計算的應納企業所得稅額	60.0萬元
	127.5萬元
計算應納企業所得稅額（除以2）	63.75萬元
按原稅法計算的地方所得稅額	20.0萬元
加：按現行稅法計算的地方所得稅額	6.0萬元
	26.0萬元
計算應納地方所得稅額（除以2）	13.0萬元
應納所得稅總額	76.75萬元

(1)　對採取公曆年為納稅年度、並且在1991年經營滿十二個月的企業，以1991年度全年所得額分別按原適用的稅率和《稅法》規定的稅率計算出兩個全年應納稅額，再將兩個應納稅額相加後除以2,即為該企業1991年度應納稅額。

(2)　對採用非公曆會計年度為納稅年度的企業，或在1991年上半年中間開業的企業，亦應將1991年（或1991/1992年度）全年所得分別按原適用稅率和稅法稅率計算出兩個年度應納稅額，再分別乘以該年度6月30日以前及7月1日以後各期間佔全年度的月份比例，兩個乘積相加之和即為該企業1991年度（或1991/1992年度）的應納稅額。

例10.11

某外國企業營業機構經批准以每年4月1日至次年3月31日為納稅年度。該企業1991/92年度（1991年4月1日—1992年3月31日）應納稅所得額為200萬元，計算其1991/92年度應納稅額為：

按原外國企業所得稅法適用稅率和現行稅法稅率計算的全年應納企業所得稅稅額分別為67.5萬元和60萬元，應納地方所得稅稅額分別為20萬元和6萬元。

（a）應納企業所得稅額為：

$$67.5\,萬元 \times \frac{3}{12} + 60\,萬元 \times \frac{9}{12} = 61.875\,萬元$$

（b）應納地方所得稅額為：

$$20\,萬元 \times \frac{3}{12} + 6\,萬元 \times \frac{9}{12} = 9.5\,萬元$$

（c）應納所得稅額合計為：

$$61.875\,萬元 + 9.5\,萬元 = 71.375\,萬元$$

第三部分

流轉稅與財產稅

11
工商統一稅

第 11 章

工商統一稅

11.1 條例與規定

　　工商統一稅依據《中華人民共和國工商統一稅條例（草案）》（以下均簡稱＂條例＂）徵收。該條例於 1958 年 9 月 11 日由第一屆全國人民代表大會常務委員會第一零一次會議通過，同年 9 月 13 日由國務院發布實施。《工商統一稅條例施行細則（草案）》（以下簡稱＂細則＂）同時由財政部公布實施。在 1973 年的稅制改革中，以工商統一稅為主，合併進其他一些稅項，改革為工商稅。1984 年的稅制改革，又再次將＂工商稅＂改革為現行對國內中資企業及個人適用的產品稅、增值稅、營業稅。但是這些改革後的稅項均未經過全國人民代表大會或其常務委員會的正式立法程序，而是由國務院頒布條例（草案）對國內中資企業試行。因而對外商投資企業、外國企業在中國境內設立的營業機構、場所、外國個人的生產經營活動所實現的流轉額，國務院規定仍按《工商統一稅條例（草案）》徵收工商統一稅。

　　自 1958 年以來，特別是近年來，財政部和國家稅務局對工商統一稅的處理發布有大量的規定。本章的以下內容，將以條例和細則為基礎並結合有現行效力的稅務規定，對工商統一稅實務中會涉及的各方面事項，加以盡可能詳盡的討論。

11.2 徵稅範圍

　　條例第二條規定：一切從事工業品生產、農產品採購、外貨進口、商業零售、交通運輸和服務性業務的單位或者個人，都是工商統一稅的納稅人，應當按照本條例的規定繳納工商統一稅。目前，工商統一稅的納稅人包括從事上述經營業務的外商投資企業、外國企業營業機構場所和外國個人。

上述納稅人須就其在中國境內的生產經營活動所實現的流轉額繳納工商統一稅，所說流轉額包括：

(1)　從事工業品生產所實現的產品銷售收入金額；

(2)　從事農、林、牧、水產品採購所支付的金額；

(3)　從事外貨進口所支付的金額；

(4)　從事商業零售所實現的商品銷售收入金額；

(5)　從事交通運輸和服務性業務所實現的業務收入金額。

關於徵稅範圍，需注意以下幾個問題：

(一)納稅人在中國境內和境外分別設有總分支機構，只就在中國境內的機構所經營的業務繳納工商統一稅（見細則第2條）。對總機構設在中國境內的外商投資企業來說，若在中國境外依所在國家或地區法律設立有分支機構，則該分支機構在中國境外從事的經營業務無須繳納工商統一稅。這一點是與所得稅所實行的對中國居民公司須就其境內外所得匯總繳納所得稅的管轄原則有所不同的。對總機構不在中國境內的外國公司來說，則只就其在中國境內所設機構場所從事的經營業務繳納工商統一稅。只要是中國境內的公司企業或機構在中國境內所從事的經營業務，即使交易對象為境外人士，如商品出口、貸款給境外借款人等，均應繳納工商統一稅，當然，該等業務或會依照有關規定，通過申請核批程序，享受免稅待遇（參閱本章第11.8"免稅減稅"一節。）

例11.1

　　華普電腦系統有限公司是一家專門提供計算機軟件服務的中外合資經營企業。該公司在日本設有一間分公司，亦從事此項業務。該公司1991年取得業務收入 4,800 萬元，其中 1,500 萬元是由在日本的分公司營業取得。

　　華普公司日本分公司所取得的 1,500 萬元業務收入無須繳納工商統一稅。該公司只就在中國境內的營業機構所得業務收入 3,300 萬元繳納工商統一稅。

例11.2

　　某外國銀行在中國設有一間分行。該分行的利息收入中，包括貸款給境外借款人所收取的利息。

　　該外國銀行中國分行取得的上述境外貸款利息收入應繳納工商統一稅，除非獲准給予個案定期免稅（參閱下文 11.8 " 減稅免稅 " ）。

　　(二)對採購農產品或進口農產品業務，只就 " 條例稅目稅率表 " （見下文 11.3 " 稅目稅率 " 一節）中列舉的農產品採購或進口所支付的金額繳納工商統一稅。" 條例稅目稅率表 " 中未經列舉的農產品，在採購或者進口時無須繳納工商統一稅。但銷售商在通過商業零售銷售該等農產品時，仍須就其銷售收入依規定的商業零售稅率繳納工商統一稅。

> **例11.3**
>
> 　　一家商業食品公司，直接從淡水魚飼養者和海產品捕撈者處採購淡水魚和海產魚，經挑選整理後銷售。該公司自己亦設有零售商店。
>
> 　　由於淡水魚在"稅目稅率表"中為列舉徵稅的產品，所以該食品公司須就淡水魚採購金額繳納5%的工商統一稅。若其零售商店銷售該等淡水魚時，還須就零售部分的銷售金額按3%的稅率繳納工商統一稅；海產魚沒有在"稅目稅率表"中列舉，因而無須就採購額繳納工商統一稅，僅就商業零售的收入金額按3%的稅率繳納工商統一稅。

　　(三)銷售對象為非直接消費者的商業性批發銷售，除特別規定的項目外，此項銷售收入目前不繳納工商統一稅。儘管國內中資企業所適用的營業稅法規已明確對商業批發銷售收入，須就其批發銷售的價差，依10%的稅率繳納營業稅，因而呼籲對外商投資企業商業銷售亦應不分批發零售，均應就銷售收入繳納工商統一稅的意見很多。但到目前為止，尚無全面的對商業性批發銷售收入徵稅的明確規定。

11.3　稅目稅率

11.3.1　一般情形

　　工商統一稅按產品或行業劃分為具體徵稅項目。屬於工業品生產，農、林、牧、水產品採購，外貨進口的，是按產品分別設置稅目；屬於商業零售，交通運輸或服務性業務的，是按行業分別設置稅目。

　　工商統一稅的稅率，採取依不同產品或行業稅目分別設置的比例稅率。一般情形下，不同產品或行業所應適用的稅率，均可直接依照＂稅目稅率表＂確定。工業產品按列舉的產品稅目，分別適用該稅目規定的稅率，最低稅率是適用棉坯布稅目的稅率，為1.5％；最高稅率是適用甲級卷烟和進口烟稅目的稅率，為66％；＂稅目稅率表＂中未列舉的工業產品應按＂其他工業產品＂稅目，適用5％的稅率。農、林、牧、水產品，按＂稅目稅率表＂列舉的產品稅目，分別適用相應稅率，最低稅率為5％，最高稅率為40％，未列舉的農、林、牧、水產品不繳納工商統一稅。商業零售，交通運輸，金融保險和服務業務，按＂稅目稅率表＂列舉的項目，分別適用相應稅率，稅率從3％到7％不等；未列舉的項目除具特殊性的新行業需另確定稅率外，一般應按＂其他服務性業務＂項目適用3％的稅率。

　　納稅人另須按應納工商統一稅稅額的1％繳納工商統一稅地方附加額。

　　由於工商統一稅條例頒布至今，已有近35年的歷史，隨着經濟技術的發展、生產和生活需求的變化，以及政府對國內中資企業適用稅制改革，工商統一稅原制訂的稅目稅率產生了一些問題，主要有，對許多新產品概括不全；部分稅目的稅率與國內中資企業適用的產品稅、增值稅、營業稅等就流轉額徵收的稅項相比，稅負偏高。對此，稅務局通常會依以下方式解決。

　　(一)對原有＂稅目稅率表＂中沒有列舉的新產品，參考同大類產品的工商統一稅稅率或者參考國內中資企業適用的產品稅或增值稅中規定的同類產品稅率，由國家稅務局規定相應的稅率；若新產品無從歸為原有"稅目稅率表"中某一大類產品，或者產品稅和增值稅亦未將此產品單列稅目設置稅率的，則會確定對其按"其他工業產品"稅目，適用5%稅率徵稅。

(二)對部分稅目稅率高於產品稅或增值稅稅負的情況，依據外商投資企業的稅收負擔不高於國內中資企業稅收負擔，以保證平等競爭的原則，國家稅務局正在對此進行測算，擬議全面調整原稅目稅率。在做出全面調整以前亦會接受對個別稅負相差懸殊的產品減低稅率或暫行減徵工商統一稅的個案申請。此項申請通常需由納稅人向所在地主管稅務機關提交，並由該稅務機關提出意見，逐級上報國家稅務局批准。

自1958年《工商統一稅條例（草案）》公布以後，特別是近年來，國務院、財政部、原稅務總局、國家稅務局依據上述原則和方式先後發文增、減、調整了一些稅目稅率。國家稅務局1990年12月對經過調整的稅目稅率匯集整理為如下的工商統一稅稅目稅率一覽表。

工商統一稅稅目稅率一覽表

(一)工業產品部分

序號	稅目	徵收範圍	稅率%	說明
1	卷烟： 甲級卷烟 乙級卷烟 丙級卷烟 丁級卷烟 戊級卷烟		 66 66 63 60 40	稅務總局(64)稅政一字第41號通知規定：甲級卷烟由69%的稅率減按66%徵稅。對進口的卷烟，一律按照甲級卷烟66%的稅率徵稅。
2	雪茄烟		55	
3	烟絲		40	
4	糧食釀酒： 白酒、黃酒 啤酒 土甜酒		 60 40 40	企業把自己製造的白酒，用於本企業生產的，應當按照規定的稅率納稅。稅務總局(60)稅政一字第97號通知規定：對進口的各種酒，一律按照糧食釀製的白酒、黃酒稅率徵稅。
5	代用品釀酒		20	

序號	稅目	徵收範圍	稅率 %	說明
6	果木酒		15	稅務總局1964年通知規定：葡萄酒、果木酒的稅率暫減按15%稅率徵稅。
7	復製酒		25	國務院(62)國財齊字312號規定：復製酒由30%的稅率減按25%徵稅。
8	酒精： 　糧食酒精 　代用品酒精		 5 5	國務院(59)國五周字第177號通知：酒精稅率一律減按5%徵稅。稅務總局(59)稅政字第275號規定：對進口酒精仍按30%的稅率徵稅。
9	糖： 　機製糖 　土製糖 　糖精 　飴糖		 44 39 44 27	財政部(61)財稅字第41號規定：企業把自己製造的糖、飴糖用於本企業生產的，應當按照規定的稅率徵稅。
10	糧食		4	
11	麥粉		10	

序號	稅目	徵收範圍	稅率 %	說明
12	各種植物油		8	財政部(61)財稅字第5號通知規定:各種植物油由12.5%的稅率減按8%徵稅。
13	汽水、果子水、果子露、果子汁		10	稅務總局(86)財稅外字第176號規定:汽水、果子水、果子露、果子汁由25%的稅率減按10%徵稅。
14	其他液體飲料		10	財政部(86)財稅字第103號。
15	味精、機製醬油精		25	
16	奶粉、煉乳、淡乳		10	
17	鮮牛奶、鮮羊奶		2.5	
18	罐頭食品		10	
19	蛋製品		10	
20	棉紗: 本色棉紗 燒茸棉紗 人造棉棉紗		30支以上的26% 不滿30支的23%	

序號	稅目	徵收範圍	稅率 %	說明
21	棉布： 棉坯布 印染布、色織布		1.5 5	
22	土布： 機土紗交織布 純土紗織布		8 12	
23	棉毯、線毯		6	
24	機製、半機製麻紗		19	
25	麻袋、麻袋布： 機製、半機製 麻袋、麻袋布		10	
26	麻布： 苧麻布、亞麻 布、水龍帶		15	
27	毛紗、毛線： 國產毛紡的毛 紗、毛線 進口毛紡的毛 紗、毛線		15 35	
28	呢絨： 國產毛紡織的呢 絨 進口毛紡織的呢 絨		15 35	
29	工業用呢		25	
30	毛毯		15	
31	地毯		6	
32	絲： 蠶絲、絹絲、 絲棉、人造絲		15	

序號	稅目	徵收範圍	稅率 %	說明
33	化學纖維： 　化學短纖維 　人造纖維長絲 　合成纖維長絲		5 15 10	財政部(86)財稅字第103號。
34	綢緞： 　綢緞坯 　印染綢緞		2 6	
35	毛製品： 　氈呢、氈毯、氈衣、氈帽、氈鞋、氈靴、氈襪、呢帽、呢帽坯		12	
36	皮革： 　牛皮革 　其他皮革		30 20	財政部(63)財稅申字40號通知規定：牛皮革由40%的稅率減按30%徵稅。企業把自己製造的皮革，用於本企業生產的，應當按照規定的稅率納稅。
37	皮貨		20	
38	馬尾、羽毛、馬鬃		10	稅務總局(58)稅政字第34號未經加工整理不徵稅。
39	豬鬃		16	同上

中國大陸涉外稅法實務

序號	稅目	徵收範圍	稅率 %	說明
40	紙漿、絲漿		3	
41	普通紙		10	
42	復製紙： 蠟紙、銅版紙、照相紙、蠟光紙、花壁紙、縐紋紙、卷縐紙、防潮紙、曬圖紙、瓷花紙	包括 PVC 發泡牆紙	10	
43	卷烟紙		18	
44	特種紙： 金紙、銀紙、銅紙、錫紙、鋁紙、玻璃紙		20	
45	自來水筆： 金筆、圓珠筆 鋼筆 自來水筆零件		22 17 17	
46	鉛筆		6	
47	火柴		23	
48	熱水瓶： 金屬殼熱水瓶 竹殼熱水瓶 瓶膽		19 14 14	
49	鋁製器皿		15	
50	搪瓷製品		15	
51	陶器、瓷器		11	
52	自行車及其零件		13	

序號	稅目	徵收範圍	稅率 %	說明
53	鐘錶： 　鐘 　手錶、懷錶		25 35	財政部(85)財稅字第312號文規定：電子錶、電子鐘由35%、25%的稅率一律減按20%徵稅。
54	照相機		25	
55	膠卷、膠片		35	
56	唱片		15	
57	收音機、擴大機、錄音機、電視接收機、唱機		13	
58	電冰箱		20	財政部(86)財稅字第093號。
59	空調器(包括室內調濕裝置、空氣清潔器等)		20	財政部(86)財稅字第093號。
60	吸塵器		20	財政部(86)財稅字第093號。
61	錄像機		20	財政部(86)財稅字第093號。
62	電子計算機(包括外部設備及電子計算器)		10	財政部(86)財稅字第093號

63	化妝品	香水、香水精、口紅、指甲油、睫毛油、卸裝乳、眼睛卸妝水、香粉、胭脂、眉筆、藍眼油、眼睫毛及成套化妝品	40	財政部(86)財稅字第172號批復規定：化妝品由51%的稅率減按40%徵稅。稅務總局(86)財稅外字第184號。
64	護膚護髮品	頭油、燙髮水、髮乳、花露水、染髮精、維生素霜營養霜、潤膚霜、強力水(滋補劑)、防曬霜、嬰兒防曬霜、嬰兒乳、防粉刺霜、防粉刺水、防粉刺乳、雪花膏、面油、髮蠟、髮水、面蜜	30	財政部(86)財稅字第103號。財政部(86)財稅字第172號。稅務總局(86)財稅外字第184號。
65	洗髮用品	油性頭髮香波、去頭屑香波、乾性頭髮香波、水貂香波、嬰兒香波	12	財政部(86)財稅字第172號。

序號	稅目	徵收範圍	稅率 %	說明
66	爽身粉、痱子粉、香皂、牙膏、蛤蜊油		17	財政部(65)財稅曾字第91號規定：爽身粉由30%的稅率減按17%徵稅。痱子粉由15%的稅率調整為17%徵稅。
67	肥皂、藥皂		12	
68	牙粉、鞋油、鞋粉、甘油		6	
69	香精		15	財政部(86)財稅字第103號。
70	電線		11	
71	燈泡： 電燈泡、霓虹燈、日光燈、電珠、電子管		15	
72	電池： 乾電池、蓄電池		12	
73	電扇： 吊扇、坐扇、壁扇		25	
74	油墨		10	
75	漆： 化學漆		16	
76	膠： 動物膠、液體膠、防水膠、印染膠、黃白膠粉		16	

中國大陸涉外稅法實務

序號	稅目	徵收範圍	稅率 %	說明
77	顏料、染料	包括炭黑	16	
78	橡膠製品： 輪胎、輪帶 其他橡膠製品		 10 18	
79	鹼： 碳酸鈉、苛性鈉、 苛性鉀、硫化鈉		 12	
80	酸類： 無機酸 有機酸	包括： 硫酸、硝酸、 鹽酸、醋酸、 氯磺酸等	 10 10	國家稅務局國稅發〔1990〕057號。
81	無機鹽		10	國家稅務局國稅發〔1990〕057號。
82	醇類： 甲醇 乙二醇 其他醇		 15 10 15	國家稅務局國稅發〔1990〕057號。
83	苯類： 石油苯 焦油苯 其他苯	 包括：純苯、 二甲苯、甲苯 等 包括：純苯、 二甲苯、甲苯 等 包括：氯化 苯、硝基苯、 對硝基氯化 苯、二硝基氯 化苯	 15 10 10	國家稅務局國稅發〔1990〕057號。

序號	稅目	徵收範圍	稅率%	說明
84	烯類： 　乙烯 　丙烯 　其他烯		10 10 10	
85	其他無機化工原料		10	國家稅務局國稅發〔1990〕057號。
86	其他有機化工原料		10	國家稅務局國稅發〔1990〕057號。
87	化學試劑		13	國家稅務局國稅發〔1990〕057號。
88	化學溶劑		10	國家稅務局國稅發〔1990〕057號。
89	助劑、催化劑		10	國家稅務局國稅發〔1990〕057號。
90	黏合劑	包括：化學膠等	10	國家稅務局國稅發〔1990〕057號。
91	有機玻璃		10	國家稅務局國稅發〔1990〕057號。
92	聚乙烯醇		10	國家稅務局國稅發〔1990〕057號。
93	滌綸樹脂		15	國家稅務局國稅發〔1990〕057號。
94	聚氯乙烯		10	國家稅務局國稅發〔1990〕057號。
95	聚苯乙烯		15	國家稅務局國稅發〔1990〕057號。

中國大陸涉外稅法實務

序號	稅目	徵收範圍	稅率%	說明
96	聚乙烯		25	國家稅務局國稅發〔1990〕057號。
97	聚丙烯		20	國家稅務局國稅發〔1990〕057號。
98	尼龍66		20	國家稅務局國稅發〔1990〕057號。
99	其他合成纖維單體		10	國家稅務局國稅發〔1990〕057號。
100	磁帶	錄音錄像磁帶、計算機磁帶、軟磁帶等	10	財政部(86)財稅字第103號。
101	塑料製品		5	財政部(86)財稅字第103號。
102	化學肥料		5	
103	玻璃製品		15	
104	平板玻璃		17	
105	玻璃纖維及其製品		18	財政部(86)財稅字第103號。
106	水泥及其製品： 水泥 水泥製品		 20 6	
107	石棉製品		6	
108	磚瓦： 青紅磚瓦、琉璃磚瓦、耐火磚、缸磚、空心磚		 11	

序號	稅目	徵收範圍	稅率 %	說明
109	煤及其製品： 　煤 　煤球		 7.5 2.5	
110	煤氣		2	
111	焦炭及其副產品： 　焦炭 　煉焦副產品		 7 13	
112	礦物油及其副產品： 　礦物油 　礦物油副產品		 20 13	
113	鎢砂		8	
114	其他金屬礦砂		5	
115	金屬冶煉品： 　生鐵、鋼錠、銅 　其他金屬冶煉品		 5 10	
116	金屬壓延品： 　鋼鐵壓延品 　其他金屬壓延品		 7 11	
117	元釘、拉鏈		15	
118	自來水		2	
119	電力		5	
120	非金屬礦產品： 　滑石、白雲石、雲母、石墨、石棉、砩石、硼砂、硫磺、雄黃、石膏		 7	

序號	稅目	徵收範圍	稅率 %	說明
121	機器、機械		5	
122	機動車船		4.5	財政部(64)財稅五字第167號規定：汽車和各種改裝車的稅率由4.5%暫調為5%；汽車的拖車改按5%徵稅；國外進口的各種汽車也應按5%的稅率徵稅。
123	圖書、雜誌		2.5	
124	鞭炮、焰火		35	
125	各種焚化品		55	
126	人造板：膠合板、纖維板、刨花板		3	財政部(86)財稅字第103號。
127	其他工業產品		5	

(二)農、林、牧、水產品部分

序號	稅目	徵收範圍	稅率 %	說明
128	熏烟葉		40	
129	土烟葉		40	
130	茶葉		40	
131	海產食品： 海參、魚肚、魚翅、魚唇、鮑魚、干貝 其他海產食品		35 5	
132	淡水產食品： 魚、蝦、蟹		5	
133	銀耳、燕窩		35	
134	羊毛、羊絨、駝絨、駝毛、兔毛		10	稅務總局(87)財稅外字第047號。
135	生皮		20	
136	原木		10	
137	原竹		5	
138	生漆		16	
139	天然樹脂		16	

(三)商業零售、交通運輸及服務性業務部分

類　別	項　目	稅率%	說　明
商業零售部分	商業零售	3	
交通運輸部分	郵電、鐵道、航空、搬運裝卸、交通運輸、電車、公共汽車	2.5	
銀行保險部分	銀行、保險	5	稅務總局(82)財稅外字第149號。國務院國發(84)161號規定：特區銀行稅率減按3%徵稅。
服務性業務部分	報關轉運、介紹服務、代理購銷、委託拍賣、信託、行棧	7	
	飲食、旅店、租賃、廣告、喜慶、旅遊、展覽	5	稅務總局(86)財稅外字第143號。
	包作、安裝、設計、打撈、疏浚、建築、加工、修理、化驗、試驗、縫紉、洗染織補、彈花、印刷、打字、謄寫、照相、美術、裱畫、鐫刻、浴室、理髮、倉儲、堆棧、諮詢、培訓、勘探等其他服務性業務	3	稅務總局(86)財稅外字第143號。

類　　別	項　　目	稅率%	說　　明
娛樂業部分	舞場、彈子房、高爾夫球場 遊藝場及其他娛樂場所	5 3	稅務總局(86)財稅外字第143號。

註：1990年以後，財政部、國家稅務局對稅目稅率又有以下
　　增補和調整：

序號	稅目	徵收範圍	稅率%	說明
	土地使用權轉讓金	包括：場地使用費、土地處置費	5	國家稅務局國稅函發[1990]505號。
	房屋、建築物		暫按3	國家稅務局國稅函發[1990]505號。
	電子鐘錶		6	國家稅務局國稅函發［1992］1187號通知規定：對若干電子產品減徵工商統一稅的稅率，自1992年8月1日起執行。
	電視機		5	
	顯像管		5	
	電冰箱		5	
	空調器		6	
	電子計算機		5	
	錄像機		10	
	吸塵器		5	
	自行車		10	財政部(93)財稅字003號通知。從1993年1月1日起執行。
	電風扇		8	
	照相機		7	
	錄音機、放音機		5	
	收音機、擴音機		5	
	唱機		5	
	唱片		5	

序號	稅目	徵收範圍	稅率 %	說明
	化學纖維		5	財政部(93)財稅字第 002 號通知規定(1993 年1月1日起執行):
	紡織品:			
	(1)毛紡織品:			企業自製的、用於本企業生產的中間產品免稅。
	毛條		5	
	毛針織品、毛復製品、人造皮毛		7	
	其他毛紡織品		12	單織廠用購進已稅毛紗、毛線生產的其他毛織織品依5%的稅率徵稅；用購進的已稅毛紗、毛線、棉紗、棉型化纖紗、麻紗、蠶絲、化學纖維生產的毛針織品、毛復製品、人造皮毛及其他紡織品，可按應納稅額減半徵收。
	(2)其他紡織品		5	

11.3.2　同一稅目加工改製

　　工業企業用已稅產品加工製成另一種產品，其銷售收入額通常應當按照另一種產品所適用的稅率計算納稅。但依據《細則》第七條第二段的規定，若加工製成後的另一種產品，與原來的已稅產品同屬《條例》"稅目稅率表"中一個稅目範圍以內的，其銷售收入額應當按照"其他工業產品"的稅率計算納稅。

例11.4

　　某企業用購進的已納稅鋼板，加工成焊接鋼管，用銅桿撥成銅絲。

　　某企業用購進的已納稅裸銅線製成包皮電線。

　　某企業用購進的已納稅滑石加工成滑石粉。

　　上述經加工改製後的產品與原產品均屬同一稅目，該等稅目適用稅率分別為：鋼鐵壓延品15%，其他金屬壓延品11%，滑石7%。但依上述規定，該等經加工改製後的產品，均可按照"其他工業產品"稅目，適用5%的稅率納稅。

　　根據財政部〔59〕財稅字第235號批復和〔64〕財稅關字第60號通知的規定，若對產品只經過簡單加工改製，徵稅處理可以進一步從寬。具體有如下處理界限規定。

　　(一)用已稅工業產品加工改製後，和原來的產品同屬一個稅目範圍內的：

　　⑴　已稅工業產品經過改裝，產品的性質、用途、性能沒有改變的，例如將桶裝顏料、染料改成小包裝顏料、

染料後銷售的，可以視為簡單加工，不徵收工業環節的工商統一稅。

(2) 已稅工業產品經過加工改製，雖然改變了原來的形狀，但用途、性能基本上沒有改變的，也可以視為簡單加工，不徵收工業環節的工商統一稅。例如以大鋼板剪成小鋼板，用已稅原木加工成毛坯材料。

(二)用農產品加工改製的：

(1) 農產品經過挑選、整理、曬乾、冷凍等，還是屬於農產品範圍的，不按工業產品徵稅。

(2) 農產品經過加工以後，與加工前的產品變化不大，例如以水果切片曬乾，以籽棉加工成皮棉等，可以視為簡單加工，不按工業產品徵稅。

(3) 農產品經過加工，在質量上同加工前的產品有較大變化，已經成為工業產品的，應當按照工業產品適用的稅率計算納稅。例如以鮮肉經過加工製成火腿、臘肉、香腸等熟肉製品，以生蛋製成鬆花蛋，以水果製成果脯等。

11.3.3 出售原材料和零部件

企業時有出售原材料、零部件的情況，有的是按進價出售或加較低比例手續費（1.5%－5%）出售；有些則低價購進後，按市場價格出售，賺取差價。對此類銷售，稅務局會分別其銷售動機是屬於經營目的、還是調劑餘缺性的，而有不同的稅務處理。原稅務總局（87）財稅外字第155號通知規定，區別下列兩種情況處理：

(1) 對凡屬經營性銷售原材料、零部件的，即在原進價基

礎上加價出售賺取進銷差價的，可按其銷售額依3%
的稅率徵收工商統一稅。

(2) 對確屬生產性企業間互通有無，調劑餘缺性的，按原
購進價或加收少許手續費（管理費）轉讓原材料、零
部件，可對其銷售收入免予徵收工商統一稅。

11.3.4　出售固定資產

依據原稅務總局1958年7月21日對條例規定的解釋，企
業出售固定資產，不納稅。對此，原稅務總局1987年發出
的（87）財稅外字第138號批復對外商投資企業出售作為固定
資產進口的汽車，更為明確地規定為，如果在購進時已繳納關
稅和進口環節的工商統一稅，並經使用後出售，可視為轉讓使
用過的固定資產免徵工商統一稅。

11.3.5　出售殘次品、副產品、下腳廢料

企業出售殘次品、副產品的銷售收入應按同類產品的正常
稅率繳納工商統一稅。

企業出售下腳廢料的銷售收入不繳納工商統一稅。但是以
廢物品作原料製成的產品，一般應按照該產品所適用的稅率繳
納工商統一稅。

11.4　納稅環節與計稅依據

商品從生產到消費通常要經過諸多環節，如工業品生產銷
售或農產品生產採購、商業批發、商業零售。工商統一稅作為
對商品流轉額課徵的稅項，需要確定在商品的生產和流通過程

中的哪一個環節或哪幾個環節納稅，以及如何確定計稅依據。
現行工商統一稅制度的設置，對商品通常會分別在工業生產銷
售時或農產品採購或貨品進口時和商業實現對消費者的銷售兩
個環節，依據各自的銷售收入額或採購支付額課徵工商統一
稅；對交通運輸、銀行保險、服務性、娛樂性等業務通常只在
業務發生後依據取得的業務收入額課徵。對此，《條例》、
《細則》和有關稅務規定對一般情形或某些特殊情形均有詳盡
的規定。

11.4.1　一般規定

關於工商統一稅的納稅環節和計稅依據，區分不同類別的
業務，有如下一般性規定：

(一)從事工業品生產的納稅人，在工業品銷售後，根據銷
售收入的金額，依率計稅（條例第四條一款）。"銷售收入的
金額"是指按照工業品實際銷售價格計算出的銷售收入的金額
（細則第五條）。

(二)從事農產品採購的納稅人，在採購"條例稅目稅率
表"中列舉徵稅的農產品時，根據農產品採購所支付的金額，
依率計稅（參見條例第五條）。"採購所支付的金額"是指按
照農產品的實際採購價格所支付的金額（細則第十條）。

(三)從事貨物進口的納稅人，在工業品或條例中列舉徵稅
的農產品貨物進口後，根據進口該等貨物所支付金額，依率計
稅（參見條例第六條）。依財政部（80）財稅字第218號通知
規定，進口的應稅商品，一律按照組成計稅價格計算徵稅，組
成計稅價格公式為：

（到岸價格＋關稅）÷（1－稅率）＝計稅價格

多年來，國家降低了部分產品項目的工商統一稅稅率，另外又專門批准對某些企業或產品項目給予定期減稅待遇。因而，對上述組成計稅價格計算公式中的稅率應以何者為準，原稅務總局1987年在（87）財稅外字第088號復函中有如下規定：

(1) 對於個別給予減稅照顧或規定有減稅期限的，仍應按工商統一稅＂稅目稅率表＂所列稅率計算其計稅價格；

(2) 對於統一調低稅率，沒有規定減低徵稅期限的，可以按調低後實際執行的稅率計算其計稅價格。即：

（計稅價格＝到岸價格＋關稅）÷（1－實際執行的工商統一稅稅率）。

(四) 從事商業零售的納稅人，在商品銷售後，根據零售收入的金額，依率計稅（條例第七條）。

(五) 從事交通和服務性業務的納稅人，在取得收入後，根據業務收入的金額，依率計稅（條例第八條）。

依據上述規定，商品在流通過程中通常要在兩個環節繳納工商統一稅。即：在生產的工業品銷售後或者農產品採購後或者貨物進口後按不同產品項目的稅率繳納一次工商統一稅，在實現對消費者的銷售後再按商業零售適用的3%稅率繳納一次工商統一稅。當一個納稅人並未同時從事產品生產又兼營自產商品的商業零售業務時，該企業就產品生產或商品銷售業務將只需繳納一次工商統一稅。但若是一個納稅人同時兼有上述兩類營業活動時，例如工業企業設立門市部零售自產品，則除應就其生產的產品按同樣產品的廠銷價格依照產品適用的稅率繳納工業環節的工商統一稅外，還應按照零售的實際收入額依3%的稅率繳納商業零售環節的工商統一稅（參見細則第十二條）。

例11.5

　　某生產葡萄酒的企業，1991年1月份生產葡萄酒30,000瓶。每瓶出廠銷售價格11元，對外銷售給商業企業25,000瓶；另外該企業自己設立銷售商店，直接對消費者零售3,000瓶，零售價格為每瓶16元。

　　該企業以上銷售應繳納的工商統一稅計算如下：

　　（1）銷售給商業公司25,000瓶的工業環節稅：

銷售收入（25,000瓶×@11元）	275,000元
乘：葡萄酒產品適用的工商統一稅率	15%
應納工商統一稅額	41,250元

　　（2）銷售給消費者的3,000瓶的工業環節稅：

按同類產品廠銷售價格計算的	
銷售收入（3,000瓶×@11元）	33,000元
乘：葡萄酒產品適用的稅率	15%
應納工商統一稅額	4,950元

　　（3）銷售給消費者3,000瓶的零售環節稅：

實際零售收入（3,000瓶×@16元）	48,000元
乘：零售業務適用稅率	3%
應納工商統一稅額	1,440元
企業應納工商統一稅總額	47,640元

　　（4）應納工商統一稅地方附加：

應納工商統一稅總額	47,640元
乘：地方附加率	1%
應納地方附加額	476.40元

　　（5）企業1991年1月份應納工商統一稅及其地方附加總額： 48,116.40元

經營農、林、牧、水產品的企業，將收購的應稅農、林、牧、水產品直接銷售給消費者的（即購入後不是用於生產），除了在收購環節按支付額繳納工商統一稅外，還應按實際銷售收入繳納零售環節的工商統一稅；若交售給國營或集體經營單位的，不再繳納工商統一稅。企業將自產的列舉徵稅的農、林、牧、水產品交售給國營或集體收購單位的，不繳納工商統一稅，而由收購單位在收購後納稅；但若將自產列舉徵稅的農、林、牧、水產品直接銷售給消費者的，應按照實際銷售收入依產品項目適用的稅率繳納工商統一稅。企業將自產的未列舉徵稅的農、林、牧、水產品直接銷售給消費者，應按銷售收入按3%的稅率繳納商業零售環節的工商統一稅（參見原稅務局（62）稅改一字第529號通知，國家稅務局國稅函發〔1990〕178號通知）。

　　由於工商統一稅依據商品或非商品流轉額課徵，不論是在哪一環節課徵的稅額都會作為納稅人確定商品銷售價格或勞務價格的組成部分。納稅人所繳納的稅款，最終是由購買者或消費者承擔的，並且在會計處理和計算企業應繳所得稅時，均是允許作為扣除項目的，因而不論納稅人經營規模大小以及盈利還是虧損，只要取得商品銷售收入均應繳納工商統一稅，除非依據有關專門規定而獲准免稅。並且，在一般情形下，工商統一稅稅額均是依據銷售或營業所實際取得的收入全額（包括隨同產品銷售而取得的各種價外收入和其他補貼性收入），或者是採購農產品及進口貨品支付額計算，不得有任何費用扣除。但在某些特殊情形下有例外的規定，主要有以下幾個方面：

（一）關於銷售帶包裝產品

⑴　企業生產的產品連同包裝銷售的，不論包裝是否單獨

計價，一般應按照連同包裝的銷售收入，依照產品適用的稅率繳納工商統一稅。但對白酒、黃酒、啤酒（限於玻璃瓶裝）、復製酒，果木酒、汽水（限於玻璃瓶裝）、酸（鹽酸、硫酸、硝酸）、鹼、焦油和漂白粉等較高稅率產品，可准予按照扣除包裝物成本的銷售收入繳納工商統一稅。

(2) 對准予扣除的包裝物，屬於自製或委託加工的，應按照該包裝物的生產成本或委託加工成本額扣除，並按照所扣除的金額依照包裝物適用的稅率繳納工商統一稅。

(3) 准予扣除的包裝物屬於採購的，應當按照購進價計算扣除，該購進價可以包括包裝物的買價、外地運雜費、運輸中的合理損耗，入庫前的挑選整理費用及大宗市內運輸費。

外購的包裝物金額不繳納工商統一稅。

(4) 企業生產銷售帶包裝的產品收取的包裝物押金，不繳納工商統一稅。但這部分押金，自產品銷售之日起，凡在規定的期限內（一般不得超過一年）不予退還的，應併入產品銷售收入，按照產品所適用的稅率繳納工商統一稅。

（以上可參見國家稅務局國稅函發〔1990〕782號通知及原稅務總局（62）稅政一字第851號通知）

(二)關於銷貨折讓

工商統一稅的計稅依據應是實際收取的銷售收入，因而企業銷售產品時給購貨人的折讓、折扣額，凡在發票上列明，並凡其優惠是由購貨人得到的，可以不計入銷售收入；但以其他方式支付給購貨人以外的其他單位和個人的屬於佣金性質的費用，在計算繳納工商統一稅時，不得從銷售收入中扣除（參見國家稅務局國稅函發（90）第946號通知）。

(三)關於租賃貿易業務

以租賃貿易方式向用戶提供各種機械設備，租賃期滿後，該機械設備以設備殘值作價出售給承租人。對此種租賃方式可准予其在分期收取的租賃費收入中扣除設備價款和能夠提供借款付息證明的轉付貸款利息，按其餘額計算繳納工商統一稅。

(四)關於代墊款項

一般說來，對納稅人代購貨方或客戶墊付款項，可准予不列入應稅收入（參見原稅務總局（88）財稅外字第053號通知）。現行稅務規定對建築工程承包人代發包人採購設備，建築材料的價款的扣除計稅問題有較為詳盡的描述，這可查閱本書第十四章＂承包工程作業＂中的14.2.2＂計稅收入和所得＂一節。

(五)關於貸款利息收入

依據國家稅務局最近發出之稅務規定（國稅發〔1993〕011號通知），外資、中外合資金融機構（包括財務公司）從事的外匯信貸業務取得的利息收入，可以減除籌資利息支出，按其差額計算繳納工商統一稅。但是若對外匯貸款業務的利息收入不能單獨記賬反映並與其他貸款業務利息收入準確劃分的、以及對外匯貸款業務以外的其他金融業務收入仍須按照收入全額計算繳納工商統一稅。

11.4.2 中間產品

中間產品是指工業企業自己製造的，並繼續用於本企業生產的產品。一般而言，工業企業生產的產品是就最終產品繳納工商統一稅。但是為平衡企業間的稅負，條例規定對一家企業生產的某些適用較高稅率的中間產品，在移至下道工序加工生產時，應當計算繳納工商統一稅。《條例》、《細則》和有關稅務規定對此有如下規定內容：

(一)徵稅產品

工業企業自己製造的，用於本企業生產的產品，應就酒、皮革、糖、飴糖、毛線、皮貨（包括皮張）六項產品徵收工商統一稅（**註**：自 1993 年 1 月 1 日起，取消了對棉紗、毛線徵收中間產品稅的規定，見財政部（93）財稅字第 002 號通知）。除上述以外其他自製產品用於生產的，不論是連續生產或非連續生產都不徵稅（參見條例第四條和財政部（61）財稅字第 41 號通知）。

例 11.6

雪松皮革服裝公司是一家生產皮革服裝的企業。該公司將一批自己加工生產的羊皮革 1,500 張用於本企業生產羊皮服裝，該等羊皮革對外銷售價格為每張平均價格 100 元。

（1）該自產羊皮革作為應稅中間產品，應按同樣產品的銷售價格在移送服裝生產工序後，依照羊皮革適用的 20% 稅率繳納工商統一稅，計：

1,500（張）×@ 100 元×20% ＝30,000 元

（2）以該批羊皮革所生產的羊皮服裝在銷售後，所取得的銷售收入另按羊皮服裝適用的〝其他工業產品〞稅目 5% 稅率，計算繳納工商統一稅。

(二)計稅價格

工業企業自製的用於本企業生產的中間產品須繳納工商統一稅的，均應按照本企業銷售同樣產品的銷售價格計算納稅；沒有同樣產品銷售價格的，由稅務機關和企業協商相應的計稅價格計稅（參見《細則》第六條第一款）。

11.4.3 自產自用產品

企業以自製產品用於本企業非生產用途的，例如用於本企業職工福利、基本建設以及用於禮品、捐贈或贊助，即等同於社會消費，從保證稅源和平衡市場和企業稅負出發，不論在會計上如何處理，均須視同銷售，依照產品適用的稅率計算繳納工商統一稅。其計稅價格應按照本企業銷售同樣產品的價格確定（參見細則第六條第二款，財政部（59）財稅字第23號批復和（61）財稅字第41號通知，國家稅務局國稅函發〔1990〕1077號批復）。

11.4.4 委託加工產品

對工業產品在工業生產環節是須徵收工商統一稅的，因而從公平稅負出發，對由委託方提供原料和主要材料，委託其他企業加工生產的產品，亦會視同工業產品徵收工商統一稅（條例第九條）。對此，國家稅務局國稅函發〔1990〕第871號通知及財政部(59)財稅字第23號批復中規定了具體處理方式。

企業委託其他企業加工產品，可向本企業所在地稅務機關申請核發"外商投資企業委託加工產品證明"並向受託方出示此項證明，當委託加工產品收回後，則由本企業向其所在地稅務機關就該項加工產品繳納工商統一稅。其中：

(1) 工業企業委託加工產品用於本企業生產的，與本企業自製中間產品的稅務處理基本一致，即在產品收回後，由委託方對其中酒、皮革、糖、飴糖、毛線、皮貨六種產品計算繳納工商統一稅，其他產品不納稅（詳細規定情形可查閱上文11.4.2〝中間產品〞一節）。

(2) 委託方屬於非工業企業的，或工業企業委託加工產品收回後用於本企業基本建設等非生產用途的，在產品收回後，由委託方在其所在地按同類產品銷售價格計算納稅。如果沒有同類產品銷售價格，則可按組成計

例11.7

佳美服裝銷售公司委託一家服裝加工廠加工訂做一批服裝。佳美公司提供面料及主要材料，成本價為6,000元，加工廠收取加工費3,500元。佳美公司向加工廠提供了公司所在地稅務局開出的委託加工產品證明，證明佳美公司應納的稅款將向公司所在地稅務機關繳納。

佳美服裝公司在該批委託加工的服裝收回後，應按5%的稅率向當地稅務機關繳納該批服裝的產品生產環節的工商統一稅。由於沒有同樣產品的銷售價格可供定價，因而對該批服裝的產品生產環節應納的工商統一稅按組成計稅價格計算如下：

計稅價格＝（6,000元＋3,500元）÷（1−5%）

　　　　＝10,000元

應納工商統一稅額＝10,000元×5%＝500元

應納工商統一稅地方附加額＝500元×1%＝5元

稅價格計算納稅。組成計稅價格公式為：

計稅價格＝(原材料成本＋加工費)÷(1－工商統一稅稅率)

若委託方未能提供上述"外商投資企業委託加工產品證明"的，則會由受託方代收代繳工商統一稅。

委託加工產品應由委託方提供原料和主要材料，受託方只負責加工和代墊部分輔助材料，並收取加工費和代墊輔料的費用。對於由受託方提供原材料生產的產品，或者受託方先將原

例11.8

麗華服裝加工公司接受天寶貿易公司訂製一批呢絨服裝。天寶貿易公司提供服裝式樣並派技術人員監製。麗華公司提供呢絨面料、其他材料和輔料，並負責加工。但麗華公司在接受訂貨時，採取先將加工所需呢絨面料和其他材料作價14,000元售賣給天寶公司的方式，待加工產品完工後，另收取加工製作費6,000元。麗華公司僅就加工製作費收入按服務業務適用的3%稅率繳納了工商統一稅181.80元（包括工商統一稅地方附加額1.80元）。而天寶貿易公司對此批服裝僅作為商品進貨處理，並未按委託加工產品納稅。

稅務局經檢查認定此項業務不屬於委託加工產品性質，實際為接受訂貨生產產品。遂將麗華公司的呢絨面料銷售收入價款和加工製作費收入合併計為服裝生產銷售收入20,000元，按服裝產品適用稅率5%計算徵收工商統一稅1,010元（包括工商統一稅地方附加額10元）。扣除原已納稅款181.80元後，責令麗華服裝加工公司補交稅款828.20元。

料賣給委託方,然後再接受加工的產品,以及由受託方以委託方名義購進原料生產的產品,不論企業在財務上是否作銷售處理,都不作為委託加工產品,而應作為銷售自製產品納稅。

11.5 納稅地點

納稅人應納工商統一稅的納稅地點,原則上是向其從事生產經營業務的機構場所的當地稅務機關繳納。通常若一家公司企業在多個地區設有營業機構,這些地區不是由一個稅務機關直接統一管轄的,則該家公司的各營業機構需就各自的營業活動分別向各所在地的稅務機關繳納工商統一稅。

為便於稅源控制管理,現行稅務規定還對下列幾種情況有專門的規定:

(1) 關於工業企業設立門市部或到外地銷售

工業企業設立門市部或臨時到外地市、縣銷售、以及委託其他企業或個人銷售自產工業產品,其工業環節的工商統一稅應在產品生產所在地向當地稅務機關繳納;其商業零售環節的工商統一稅應在銷售地繳納(參見國家稅務局國稅函發〔1990〕第946號通知和〔1992〕第2042號通知)。

(2) 關於運輸企業跨省運輸

企業從事跨省運輸業務取得的營業收入應匯總在企業所在地繳納工商統一稅(見國家稅務局(89)國稅外字第112號批復)。

(3) 關於到外地承包工程

企業派員外出承包工程取得承包收入的地點為應納稅地點,應按其承包工程取得的收入向該地稅務機關繳納工商統一稅（參見原稅務總局（85）財稅外字第263號批復）。

(4) 關於進口環節應納工商統一稅

進口的工、農業產品應納的工商統一稅，委託海關代徵，一般應由納稅人向進口地海關繳納（參見細則第二十四條）。

11.6 納稅期限

11.6.1 稅額計算期

工商統一稅納稅義務發生的時間，視不同業務內容而有不同的規定（《細則》第四條）。一般是以實際收到貨款或業務收入款為納稅義務發生，這與所得稅採取的權責發生制是有不同的。具體有如下限定：

(1) 從事工業品生產的納稅人，採用銀行結算方式銷售產品的，為銀行收到貨款劃入納稅人賬戶的當天。不採用銀行結算，例如採用交款提貨方式，通常是以收到貨款的當天。

(2) 從事農產品採購的納稅人，為支付貨款的當天。

(3) 從事外貨進口的納稅人，為貨物進口或者申報進口的當天。

(4) 從事商業零售的納稅人，為收到貨款的當天。

(5) 從事交通運輸和服務性業務的納稅人，為取得收入的當天。

由於納稅人的應納稅業務活動通常是持續發生的，為了簡化徵稅手續，細則規定由稅務機關視納稅人生產經營規模的大小和應納稅額的高低，對納稅人計算應納稅額分別核定為1天、3天、5天、10天、15天、一個月為一期，逐期計算。不能按期計算的，則按次計算（參見細則第十九條）。目前，對一般生產規模的納稅人，在多數情形下是核定為每月一期。

11.6.2　申報繳稅期限

為了便於納稅人每一期應納稅額進行計算和辦理申報繳納稅款手續，細則第二十條和二十一條對每期計算的稅額的繳納期限有如下規定：

(1)　按照1天、3天、5天、10天，15天計算稅額的，於期滿後3天內申報繳納。例如：按15天為一期計算稅額的，1月1日至1月15日的稅額應在1月18日以前申報繳納。

(2)　按月計算稅額的，於期滿後5天內申報繳納。即每月應納的稅額，應在次月5日前申報繳納。

(3)　繳納稅款期限的最後一天，如遇星期日或國家規定的其他法定休假日，以休假日的次日為期限的最後一日。

工商統一稅申報表由各省、市、自治區稅務機關印製，但基本格式是相近的。申報內容一般包括：產品名稱或營業項目、產品數量、價格、收入金額等。申報每期稅款的申報表均是相同的，因而納稅人通常可以一次向稅務機關領取一定數量的申報表以備逐期申報之用。

11.7　稅款計算

當工商統一稅的計稅依據確定之後，計算應納稅額則是簡便易行的，即可按這樣的公式算出：

應納工商統一稅稅額＝計稅依據×適用稅率

應納工商統一稅地方附加額＝應納稅額×1%地方附加率

計稅依據的確定是比較複雜一些，較多情況下計稅依據即是實際營業收入額或支付額，但亦可能是按照其他方法計算或核定的計稅價格（詳細的情況可以查閱本章11.4 " 納稅環節和計稅依據 " 一節）。

對某些特殊情況下的應納工商統一稅稅額的計算和繳納，細則和有關稅務規定有專門的描述：

(1) 納稅人在規定的期限內不能計算出應納稅款的，可以按照上期繳納的金額或者估計納稅全額先行交納，待下期一併結算清繳（參見細則第二十三條）。

(2) 納稅人銷貨被退回時，對退貨部分已納的稅額可以向當地稅務機關申請退還或者抵作下期稅款（參見細則第二十八條）。

(3) 納稅人收入全部為外國貨幣的，應當按照填開納稅憑證當日國家公布的外匯牌價，通過銀行兌換成人民幣繳納工商統一稅稅款。納稅人生產經營取得的收入既有外幣，又有人民幣的，可以用其人民幣收入代替外幣收入繳納稅款（見財政部（86）財稅字第226號通知）。

11.8　減稅免稅

國務院、財政部、國家稅務局對工商統一稅的減徵、免徵有諸多的規定，主要有以下幾個方面的內容：

⑴ 對外商投資企業作為投資的進口貨物和專為生產，加工出口產品而進口的原材料、輔料、元器件、零部件和包裝材料有詳盡的免徵進口環節工商統一稅的規定。此類免稅通常應於進口前向主管海關辦理減、免稅申請手續，由主管海關核發減免稅證明，進口地海關憑證明予以減稅免稅。

⑵ 對外商投資企業直接出口或委託外貿企業代理出口本企業的產品，或者用進口料件加工的產成品，雖然不直接出口，但轉售給另一外商投資企業再加工產品出口的，除原油、成品油和國家另有規定的產品外，均免徵工業生產環節的工商統一稅（見財政部（86）財稅字第239號通知和（86）財稅字303號通知，國家稅務局國稅發［1992］146號通知）。此類免稅，通常應由納稅人在產品報關出口後，持憑海關出具的＂出口報關單＂等文件，向企業所在地稅務機關辦理核准手續。

⑶ 對外商投資企業生產的內銷產品，在企業開辦初期納稅有困難的，可以申請在一定期限內減免工商統一稅（參見有關＂企業法＂）。此項規定的減免稅，通常由稅務機關視企業困難程度給予專門的特案批復。

⑷ 設在經濟特區（包括上海浦東新區）的外資、中外合資金融機構自營業之日起五年內需給予減稅或免稅照顧的，由經濟特區人民政府決定：超過五年的，須報國家稅務局審批。

12
城市房地產稅

第 12 章

城
市
房
地
產
稅

12.1 條例

　　中國並未有全面的對財產徵稅的法律，而僅有以城市的房產為徵稅對象，按照房產的價格或租價向房產權所有人徵收的城市房地產稅。城市房地產稅依據《城市房地產稅暫行條例》（以下簡稱〝條例〞）徵收。該條例於 1951 年 8 月由原政務院公布並從即日起施行。1984 年稅制改革時，決定將房地產稅分為房產稅，和土地使用稅，國務院於 1986 年 9 月 15 日和 1988 年 9 月 27 日分別發布《房產稅暫行條例》和《城鎮土地使用稅暫行條例》，但該兩個條例規定均僅適用於國內中資企業、單位和個人。因而對外商投資企業、外國企業以及外籍個人、華僑、僑眷、港、澳、台同胞在華擁有的房產仍按照 1951 年頒布的《城市房地產稅暫行條例》的規定徵收房產稅；由於房屋所佔用土地的所有權均屬於國家，並由政府有關部門徵收土地使用費，故不再徵收地產稅（見財政部(80)財稅字第 82 號通知，原稅務總局(81)財稅外字第 230 號批復）。

　　房產稅根據財政管理體制，是劃歸地方財政作為固定收入的稅種。因而條例規定，房產稅的稽徵辦法由省、自治區、直轄市稅務機關依據條例擬定，報省、自治區、直轄市人民政府核准實施。

　　條例自 1951 年施行以來，情況已有了較大變化，因而迄今為止財政部或國家稅務局發布有諸多稅務規定，對條例原有規定內容進行了重新解釋或者調整，亦有許多原規定條款由於納稅人結構的變化或稅務政策的改變而失去實用意義。本章以下的內容，將以條例規定的內容作為基礎，綜合現行的稅務規定和慣例性辦法，對房產稅的各有關事項做出全面的描述。

12.2 納稅人

房產稅是向房屋產權所有人（即房主）徵收，房屋產權所有人將房屋在一定期限內出典與他人使用的，由房產承典人繳納（條例第三條）。因此，房屋產權所有人或其承典人是房產稅的納稅人。但遇有下列情形之一的，由房產代管人或房產使用人代為申報繳納房產稅：

(1) 產權所有人或承典人不在房產所在城市居住的；

(2) 產權未確定的；

(3) 租典糾紛未解決的；

(4) 租賃關係未建立而先行進住的；

(5) 根據具體情況，有代交之必要的。

例12.1

張先生是一僑居海外人士，在中國境內購置有公寓房一套。張先生自己並未居住該套房屋，而是讓其在華親屬居住並照料此套房屋。

張先生應就此房產負有繳納房產稅的義務。具體繳納稅款手續可以委託其親屬代為辦理。

12.3 徵稅範圍

房產稅的徵稅對象是企業或個人在中國境內擁有的房屋及與該房屋不可分割的附屬設施。該等房屋系指具有頂蓋、四壁、可供居用或其他使用方式的建築物。其不可分割的附屬設施通常包括電梯、上、下水道、電燈、電話線網、暖氣、煤氣、衛生、通風設備等。至於不作為房屋使用的建築物或生產設備，如水塔、變電塔、工廠內落地烟囪等，則不屬於房屋範圍。

根據財政部（80）財稅字第82號通知的規定，房產稅的徵收地區，由各省、市、自治區按照本地區的實際情況，自行確定。目前，在全國範圍內徵收房產稅的範圍並非劃一。有些地區規定僅對城市市區或城鎮內的房屋徵收房產稅。有些地區對屬於城市縣城、鎮行政區劃範圍的經濟較為繁榮的郊區內的企業房產均徵收房產稅（依財政部（51）財稅字第9號通知）；另外對設在市、鎮以外工礦區內的工廠、倉庫、企業宿舍、別墅以及較大的商業、服務業用房亦要求申報繳納房產稅（財政部（54）財稅字第49號通知）。

12.4 減稅與免稅

依據條例本身條款的規定，免於繳納房產稅的房屋包括：（1）軍政機關及人民團體自有自用之房屋；（2）公立及已立案之私立學校自有自用之房屋；（3）公園、名勝、古迹及公共使用之房屋；（4）清真寺、喇嘛廟本身使用之房屋；（5）省（市）以上人民政府核准免稅之其他宗教寺廟自身使用之房屋。由於依據《城市房地產稅暫行條例》所徵收的房產稅，目前僅適用於外商投資企業、外國企業在華的機構和海外人士在華擁有的房產，因而上述免稅的規定顯然均無適用的可能。但依據目前有效的稅務規定，對納稅人符合如下情形的房屋可有免徵或減徵房產稅的優惠：

(1) 屬於居民個人的納稅人，其新建房屋或在原有房屋上添建房屋以及將原有房屋全部拆除，重新建築房屋的，不論材料新舊及有無改變房屋類型或原址移動房屋位置，均可自此項新建房屋落成之日起，免徵房產稅三年（條例第五條第一項）。

(2) 屬於居民個人的納稅人，將原有房屋拆除一部分加以修繕、修理或改裝的，其所耗工料費超過該房屋新建價格二分之一的，對該翻修房屋可自竣工月份起，免徵房產稅二年（條例第五條第二項）。

(3) 華僑、僑眷用僑匯購買或建造的住宅，從發給產權證之日起，5年內免徵房產稅。期滿後，按實際價格計算徵稅，港澳同胞亦比照辦理（見財政部（80）財稅字第82號通知，原稅務總局（55）政三字第1090號通知）。

(4) 在基建工地為基建工程服務的各種工棚、材料棚、休息棚和辦公室、食堂、茶爐房，汽車庫等臨時性房屋，不論是由基建單位出資建造交承建工程企業使用並收取一定費用或承建工程企業自行建造的，也不論大型、小型及使用期長短，均可免納房產稅。但在基建工程結束以後，承建工程的企業將這種臨時性房屋交還或者估價轉讓給基建單位的，應由基建單位自接收該等房屋的次月起繳納房產稅（見原稅務總局（58）政三字第125號通知）。

(5) 其他有特殊情況之房產，需要減徵或者免徵房產稅的可由省、市以上稅務機關核准。目前，有些省、市頒有某些減徵房產稅的規定，或特案批准某些納稅人定期減徵、免徵房產稅。

12.5　計稅依據與稅率

　　房產稅的計稅依據與適用稅率，分為兩種情形。通常是按房屋的標準房價，適用1.2%的稅率計算每年應繳的房產稅；若標準房價不易求得時，可暫依房屋出租價適用18%的稅率計算每年應繳的房產稅。

　　由於有關房產稅計稅價格的規定幾經變化，目前採用按標準房價計算房產稅稅額方法的，其計稅價格的確定在全國各省、市之間並非一致。依據條例原規定，標準房價應由當地房地產評價委員會每年按當地一般買賣價格並參酌當地現時房屋建築價格分類，分級評定。1956年財政部發布通知規定，不再按每年評定的房價計徵房產稅，而改按每年1月1日會計賬簿所記載的房產折餘價值計徵全年房產稅。但是由於企業折舊辦法很不一致，折舊率高低懸殊，形成企業間房產稅稅負差別較大。為此，財政部又發布規定，1957年至1959年之三年的房產稅均按1956年的計稅價格計算，不再減除折舊。至1960年，因上述規定的期限已過，財政部遂又規定，企業房產稅的計稅價格，可由省市自行掌握，中央不再統一規定。因而，現時不同省市確定的房產稅計稅價格有以下三種：

　　(1)　賬簿記載的房屋原值。購入的房屋，以購入價為原值；作為投資的房屋，以投資議定的價格作為原值；自建的房屋，以建造過程中所發生的實際支出金額作為原值。

　　(2)　賬簿記載的房屋折餘價值。即以房屋原價扣除折舊金額後的餘值作為計稅價格。

(3) 房屋原值一次扣除10%—30%後的餘值。這是參照國內中資企業適用的《房產稅暫行條例》的規定採取的辦法。具體扣除幅度由省、自治區、直轄市人民政府確定，因而亦有所不同。

12.6 計稅時間

對房產開始及停止計徵房產稅的時間，區別新建房屋和房產產權轉移而有不同的規定。

12.6.1 新建房屋

依財政部1957年的有關規定，企業新建房屋須從建成驗收並提取折舊的次月份起計算徵收房產稅。所謂"驗收"是指建房的發包方向承建方按照工程建築合同進行驗收。一般來說，新建房屋經發包方驗收後，即構成發包方的財產，即應開始計算應納房產稅。但是若企業在對新建房屋未正式辦理驗收手續前就先期使用的，應視為已經實現驗收，故應自使用的次月起計算應納房產稅。驗收前先期使用的房屋尚未確定入賬價格的，可先按照基建計劃價格計算應納稅額；沒有基建計劃價格的，可以按經稅務機關同意的估價計稅。待該房屋計價入賬後，自有入賬價格的月份起按入賬價格計稅，對已按基建計劃價或估價計算繳納的房產稅款多退少補。

一家經營酒店的中外合資經營企業，其酒店建成並已開業使用，但承建方對工程造價尚未做出決算，酒店亦未將工程價款全部結算及登記入賬。該酒店對其房產估價為15,000萬元人民幣。

稅務機關要求該酒店應自房產開始使用的次月計算繳納房產稅，並同意按估價額15,000萬元計算稅款，俟有準確房價後多退少補。

企業的房屋因故拆除，可自拆除的次月起不再計算繳納房產稅。

對企業購買的商品房或他人新建房屋以及個人新購建的房屋的計稅時間，沒有專門的規定，通常會比照上述規定處理。

12.6.2 產權轉移

房產產權因買賣、贈與、交換、繼承等原因發生轉移時，新舊產權所有人的稅負應自產權轉讓合同生效之日劃分計算。即截至合同生效之日以前的應納稅額由原產權所有人負擔；合同生效之次日起的應納稅額由新產權所有人負擔。但由於各地區對每年應納稅額的繳納期限的規定不盡一致（參閱下文12.7"計算與申報繳納稅款"一節），有可能發生在產權轉讓合同生效日之前的房產稅尚未由舊產權所有人繳納或者產權合同生效日之後的房產稅已由舊產權人繳納的情形。因而，為方便繳納稅款，若新舊產權所有人對應納房產稅的負擔計算問題訂有協議的，可以從其協議處理。

```
┌─────────────────────────────────────────────────┐
│                    例12.3                        │
├─────────────────────────────────────────────────┤
│                                                 │
│     北京一房屋產權所有人將其房產賣與他人。轉讓合同 │
│  於1991年1月15日經雙方簽署生效。並在合同中規定, │
│  賣出之房產由轉讓人在1月31日以前騰清交與受讓人。由 │
│  於北京市稅務局規定每年的房產稅分季繳納,第一季應繳 │
│  的房產稅應於2月1日至5日間繳納。本例中的房屋1991 │
│  年1月1日至3月31日的房產稅尚未由產權轉讓人繳納。 │
│  因而,交易雙方在協議中訂明,由房產受讓人負責繳納並 │
│  承擔1月1日至1月31日的房產稅款。                 │
│                                                 │
│     稅務機關同意依上述協議的內容,由該房屋產權受讓 │
│  人繳納1991年一季度及其以後的房產稅稅款。         │
│                                                 │
└─────────────────────────────────────────────────┘
```

12.7　計算與申報繳納稅款

　　房產稅應納稅款的計算是以計稅價格直接乘以適用稅率求
得。即:

**　　應納稅額＝計稅價格×稅率**

　　由於依據條例規定,房產稅稽徵辦法由各省、市稅務機關
擬定,當地人民政府核準實施。因而在各省、市間,對房產稅
的申報繳納規定不盡一致。

　　一般辦法是,納稅人應在房屋開始使用後一個月內,將房
屋的座落地點、建築情況、房屋價格等情況,向當地稅務機關
申報;遇有房屋產權轉移或房屋添建、改裝或者拆除時,應於
房屋轉移、完工或拆除之日起10日內向當地稅務機關申報。
通常對每年應納的房產稅,當地稅務機關根據具體情況,分別

規定有按季、按半年或一年為一期徵收的。並且對每期的稅款規定有繳納期限，為方便繳納，有些地方規定每期房產稅的納稅期限與繳納稅款當月的工商統一稅納稅期限一致。

第四部分

税務行政管理

13

徵收管理

第 13 章

徵收管理

　　中國習慣上將稅務登記、繳納稅款、稅務檢查、行政復議等事項的程序性規則統稱為稅收徵收管理。這些稅收徵收管理的內容一般應在稅收徵收管理法及其實施細則中加以規範。在單個稅法中，應僅是在徵收管理法規定的原則基礎上，對涉及本稅種的某些更為具體的徵收管理要求給予必要的補充。但是至1992年9月，中國才頒布了能夠普遍適用的《稅收徵收管理法》（見附錄六），該法自1993年1月1日起施行。因而，在我們所討論的各個單項稅收法律或條例及其實施細則中仍然列有許多諸如稅務登記、賬簿、憑證、發票等一般性的稅收徵收管理方面的規定，這些規定內容已在《稅收徵收管理法》及其實施細則中有更為系統和具體的規範。並且，若是以前的稅收法律與《稅收徵收管理法》有不同規定的，均應依《稅收徵收管理法》執行。

13.1　稅務登記

　　稅務登記是企業與稅務機關建立正式稅務聯繫須予以辦理的最基本的手續。從某種意義上說，也是企業向稅務機關就其有關情況所做的最基本的申報。這種申報對稅務機關就申報人有關稅務事項確定適當的處理方式是極為必要的。為此，《稅收徵收管理法》第九條及有關條款，對稅務登記的時限、方式、程序及違章處罰等事項均有明確的規定。

13.1.1　開業稅務登記

　　所謂＂開業＂也可稱為＂成立＂，是指企業向工商行政管理局辦理工商註冊登記，經批准頒發的登記證書或營業執照有效期的起始之日。開業稅務登記是外商投資企業或外國企業在中國設立的生產經營機構場所自企業成立後依稅收法律的規定首次正式向稅務機關辦理的稅務事項。具體有以下限定性要求：

（一）辦理開業稅務登記的期限應是自企業辦理工商登記並領取營業執照之日起30日以內；

（二）承辦開業稅務登記的稅務機關為企業所在地的稅務機關。目前，中國各省、市、自治區設立的涉外稅務管理機構，層次不盡統一。因此，所說企業所在地的稅務機關是指所在縣或所在地區、亦或所在省的直接負責涉外稅務徵收的稅務機關，原則上是指最低一級的直接負責稅務徵收的企業所在地稅務機關。

（三）辦理開業稅務登記須附送或携帶的證件，資料一般包括：

(1) 企業由工商行政管理部門批准登記後發給的法人證書或營業執照（副本）；

(2) 政府經貿部門或有關部門批准企業設立或同意設立的證明文件；

(3) 企業協議、合同或企業章程（均可為複印件）；

(4) 企業負責人簽署的登記申請書；

（四）辦理開業稅務登記須填報稅務登記表。稅務登記表由國家稅務局統一規定表式。但亦有某些省、市依各自稅務管理技術手段的不同要求（如進行電腦化管理操作），對該表式有所改動。稅務登記表一般由企業一式填寫3份。經稅務機關登記簽署後，企業留存一份。

13.1.2　變更稅務登記

企業稅務登記事項遇有變動時，應向當地稅務機關辦理變更稅務登記手續。具體有如下限定性要求：

（一）遇有下列情況，應辦理變更稅務登記：

(1)　遷移、改組、合併、分立；

(2)　變更資本額；

(3)　變更經營範圍；

(4)　外商投資企業在中國境外設立或者撤銷分支機構；

(5)　其他稅務登記主要事項變動；

（二）辦理變更稅務登記的期限應是在辦理工商變更登記後30日內；若外商投資企業在中國境外設立或者撤銷分支機構，須在設立或者撤銷機構之日起30日內辦理變更稅務登記。

（三）辦理變更稅務登記時，應持變更工商登記後的營業執照（副本）或有關證明文件、企業董事會關於變更事項簽署的決議、協議、以及政府有關部門的批准文件。

13.1.3　註銷稅務登記

企業終止，應當在辦理工商註銷登記前向所在地稅務機關辦理注銷稅務登記。

辦理注銷稅務登記時，一般應持企業董事會有關決議、協議及其他有關證件、批件。

辦理註銷稅務登記前，企業應結清經營期間及清算期間的應繳稅款（參閱第十章第10.2"申報期限"一節。對此，稅務機關將向企業開據結稅證明，企業在向工商行政管理機關辦理註銷工商登記時，須持有此項證明。

13.2 企業財務、會計制度、賬簿、憑證

企業財務會計制度、賬簿、憑證作為企業營業活動及損益計算的處理規則及具體記錄，對於確定應納稅收入或所得是為重要的依據和憑證。《稅收徵收管理法》現行企業所得稅法及其細則對此規定有基本的規範性要求：

（一）納稅人的財務、會計制度或處理辦法，應當報送當地稅務機關備案（《稅收徵收管理法》第十三條）。雖然1992年7月1日財政部頒布施行了《外商投資企業會計制度》和《外商投資企業財務制度》，既便如此，《稅收徵收管理法》的此項要求尚具有以下意義：

(1) 允許企業有自己的財務會計制度，或對國家頒布的財務會計制度作出更加具體的補充規範，但需要將其報送稅務機關備案；

(2) 並非要求企業制定的財務會計制度應與有關稅法及細則或有關稅務規定所確定的應納稅收入額及所得額的計算原則和方法一致，但需要使稅務機關瞭解在其之間有可能存在的差異，並要求企業在計算申報應納稅收入額及所得額時，按稅收法規進行必要的調整。

（二）除適用於國家另有的規定，企業應當在中國境內設置能夠正確計算應納稅所得額的會計賬簿、憑證（見企業所得稅法實施細則第一百條第一款）。" 國家另有的規定"包括該細則第十六條關於由稅務機關對企業核定利潤率計算應納稅所得額的規定（參閱第四章第4.3.3" 稅務機關核定應納稅所得

額＂一節）。

（三）企業各項會計記錄必須完整、準確、有合法的憑證作為記賬依據（企業所得稅法第十七條）。稅務機關在稅務檢查及稅務調整中，亦可以利用此項規定，拒絕任何沒有合法的記賬憑證或準確記錄的成本費用支出的稅務扣除。

（四）會計賬簿憑證和報表，應使用中國文字填寫，亦可以使用中、外兩種文字填寫（企業所得稅法實施細則第一百條第二款）。

（五）會計賬簿、憑證和報表，保存期至少十五年（企業所得稅法實施細則第一百條第4段）。對於終止或解散的企業的會計賬簿、憑證和報表的保存期以及何時可予銷毀，尚未有另外的規定。

（六）對採用電子計算機記賬的企業，由電子計算機儲存和輸出的會計記錄，視同會計賬簿，適用於上述規定；如若有未打印的書面記錄的磁帶、磁盤，亦應按規定的期限完整地予以保留。（企業所得稅法實施細則第一百條第3段）。

13.3 發票、收款憑證

企業自行印製發票或收款憑證，或向稅務機關購買由稅務機關監製的統一發票或收款憑證，均須經所在地稅務機關批准。通常在企業辦理了開業稅務登記後，即可向稅務機關提交購領或印製發票及收款憑證的申請。

國家稅務局及各地方稅務局對企業的發票及收款憑證的管理，制定有具體管理辦法及補充性規定。

13.4　繳納稅款

　　一個納稅人，一般會負有多個稅項的納稅義務。而各稅項法律規定的申報繳納稅款的期限並非一致。因而，需要特別加以注意。

　　在一般情形下，納稅人或扣繳稅義務人繳納各項稅款時，應由其經辦人員攜帶各應納稅項的申報表及有關資料，在稅法規定的期限內到當地主管稅務機關辦理申報及開具完稅憑證手續。稅務機關通常在接到稅務申報表並加以一般性的審核後，即開出完稅憑證，並註明繳納稅款的期限（**註**：除匯算清繳企業年度所得稅外，繳納稅款期限一般是與該項稅款的規定申報期限一致的）。納稅人或扣繳稅義務人（經辦人員）持憑稅務機關開具的完稅憑證，到稅務機關指定的銀行（國家金庫代辦銀行）或專設的稅款收款處繳納稅款。

　　企業年度終了匯算清繳全年所得稅時，納稅人向稅務機關辦理申報手續後，稅務機關會對稅務申報表、企業會計決算報表和註冊會計師的審計報告進行一般性的審查調整，其後在限期內另行通知納稅人到稅務機關辦理開具匯算清繳補稅或者退稅憑證手續。

　　由於對收入額較高的大型企業，會按規定要求較為頻繁地分期繳納工商統一稅，甚至要求每隔數天就要繳納一期稅款（參閱第十一章11.6.1＂稅款計算期＂一節），因而某些地區的稅務機關仍准許一些財務制度和會計核算健全，以往納稅狀況很好的企業，採取自核自繳工商統一稅的做法，由企業自行計算應納工商統一稅稅額，並預先發給企業一定數量的完稅憑證由其自行填具，自行到銀行繳納稅款。企業按期將工商統一稅申報表寄送稅務機關，稅務機關定期進行審核。但隨着稅務機關電腦管理系統的開發使用，採用此種自核自繳納稅方式的情形，已愈來愈少。

對某些頻繁發生代扣代繳稅款事項的扣繳稅義務人，稅務機關亦有可能將一定數量的扣繳稅項的完稅憑證預先發給扣繳義務人。在此種情形下，扣繳義務人須在規定的期限內，自行填製扣繳稅完稅證，並到稅務機關指定的銀行解繳已扣之稅款。

在上述情形下，稅務機關將有關完稅憑證發給納稅人或扣繳稅義務人時，將辦理登記備案手續，並要求納稅人或扣繳稅義務人按完稅憑證順序號妥善使用、正確填製及保管該等完稅憑證，定期加以清理檢查，將結存數量和使用情況報告稅務機關。

13.5　追徵稅款與稅收保全

納稅人未按規定期限繳納稅款或少繳稅款的，或者扣繳稅義務人未按規定期限將所扣之稅款解繳或少繳稅款的，稅務機關將責令其限期繳納應繳稅款，並將從稅法規定的應繳稅款期限屆滿之日起到實際繳納稅款的當天止，按日加收滯納稅款2‰的滯納金。此項滯納金加收比例與銀行貸款的一般利率相比要高出許多，如若拖欠稅款逾一年，此項滯納金將相當於稅款的73%。做出這樣高比率加收滯納金規定的原因在於，除了考慮將滯納金作為對國家資金被佔用的一種補償外，亦是考慮適當地起到懲處作用。

依《稅收徵收管理法》第三十一條和其他有關的稅務規
定，因納稅人、扣繳義務人計算錯誤等失誤原因，未繳或者少
繳稅款時，稅務機關在從應繳未繳或少繳稅款之日起的3年期
限內，可予以追徵；對特殊情形，例如涉及稅款數額較大的，
追徵期可以延長到10年。但對因稅務機關的責任，致使納稅
人、扣繳稅義務人未繳或者少繳稅款的，稅務機關在從應繳未
繳或少繳稅款之日起的3年期限內，可以要求納稅人或扣繳義
務人補繳稅款，但是不加收滯納金。

對納稅人偷稅或抗拒不繳的稅款，稅務機關可以無限期追
徵，並依稅法或稅務規定處以罰款或依刑法規定追究刑事責
任。

稅務機關若有根據認為企業有逃避納稅行為，並發現其在
責令的納稅期限內有明顯的轉移、隱匿應納稅的收入或財物
的，可以依據《稅收徵收管理法》第二十六條的規定，責成納
稅人提供納稅擔保或經縣以上稅務局（分局）局長批准，由稅
務機關採取下述稅收保全措施：

(1) 書面通知納稅人開戶銀行或者其他金融機構暫停支付納稅人的金融相當於應納稅款的存款；

(2) 扣押、查封納稅人的價值相當於應納稅款的商品、貨物或者其他財產。

若納稅人在稅務機關責令的限期內繳納了稅款，稅務機關會立即解除稅收保全措施；若納稅人在責令的限期內仍未繳納稅款，稅務機關將書面通知納稅人開戶銀行或者其他金融機構從其暫停支付的存款中扣繳稅款，或者拍賣所扣押、查封的商品、貨物或者其他財產，以拍賣所得抵繳稅款。

13.6　強制執行

納稅人或者扣繳稅義務人未按照規定的期限繳納或者解繳所扣稅款，或者納稅擔保人未按照規定的期限繳納所擔保的稅款，在由稅務機關採取責令限期繳納等追徵措施後（參閱上文13.5〝追徵稅款和稅收保全〞一節），逾期仍未繳納的，依據《稅收徵收管理法》第二十七條的規定，稅務機關經縣以上稅務局（分局）局長批准，可以對上述應繳未繳的稅款及依法加收但亦未繳納的滯納金，採取以下強制執行措施：

(1) 書面通知納稅人或扣繳稅義務人的開戶銀行或者其他金融機構從其存款中扣繳稅款和滯納金；

(2) 扣押、查封、拍賣納稅人或扣繳稅義務人價值相當於應繳稅款和滯納金的商品、貨物或者其他財產，以其拍賣所得抵繳稅款和滯納金。

13.7 退還稅款

依《稅收徵收管理法》第三十條及有關的稅務規定，由於錯徵、誤徵、錯繳、誤繳等原因致使納稅人超過應納稅額繳納的稅款，稅務機關發現後應當立即退還。納稅人或扣繳稅義務人亦有權自結算繳納稅款之日起三年內向稅務機關提請退稅，稅務機關查實後應立即退還。若納稅人或扣繳稅義務人提出退稅，則需提交一份書面的申請文件，對原納稅事項及需退稅的原因予以說明。稅務機關經復核後，會向申請人填據退稅憑證（收入退還書），並將款項劃入申請人銀行賬戶或直接以現金退還。

有關退稅事項，除非遇有爭議，不必通過復議或訴訟程序解決。

13.8 稅務檢查

目前中國稅務機關進行稅務檢查的方式，一般分為辦公室審查及現場檢查兩類，並且由於稅務管理的傳統習慣，仍較頻繁地採用現場檢查的方式。尤其當發現納稅人有漏報漏繳稅款，或其他違反稅務法規行為疑問時，均有可能派員至納稅人經營現場對其賬簿、憑證、報表、資料、文件、實物、銀行賬戶等進行檢查。有關檢查授權及一般性要求，在《稅法》第二十條中有原則性的規定。

有關具體的檢查程序及規範性規定，包括檢查方法、範圍、查補稅款追溯期等規定，在《稅收徵收管理法》第四章及其實施細則中均有更為詳盡的描述。

企業所得稅法第二十條主要有以下原則規定：

(一)接受檢查的人及檢查範圍：

(1) 稅務機關有權對企業的財務、會計和納稅情況進行檢查；

(2) 有權對扣繳義務人代扣代繳稅款情況進行檢查。

(二)對實施檢查的稅務人員的要求：

稅務機關派出人員進行檢查時，應當出示檢查證件，並對檢查所涉及的內容負責保密。

(三)對受查人的原則性要求

被檢查的納稅人和扣繳義務人在接受稅務檢查時，必須據實報告，並提供有關資料，不得拒絕或者隱瞞。

13.9 處罰

對違反各有關稅法及《稅收徵收管理法》有關規定、未能履行有關的責任或義務的企業，稅務機關將依法給予其不同程度的罰款及採取必要的措施，並視其情節嚴重程度有移送司法機構處理、甚至追究當事人刑事責任或判處刑罰的可能。

稅務機關對納稅人或扣繳稅義務人進行的任何處罰，均將向當事人填發"納稅人違章處理通知書"。在該通知書中有如下內容：

(1) 稅務檢查涉及的納稅期；

(2) 違法或違章情節及有關法律、法規依據；

(3) 處罰款金額及其法律依據；

(4) 繳清稅款及罰款的期限；

(5)　在有爭議情形下的申請復議及訴訟的期限；

(6)　送件人及收件人簽字，送件及收件時間。

1993 年 1 月 1 日開始施行的《稅收徵收管理法》對有關處罰的尺度標準有不同於各有關稅法及其實施細則的規定。對此，應按《稅收徵收管理法》的處罰標準執行。

以下各類違反《稅收徵收管理法》、各有關稅法及其實施細則的事項，將會受到稅務機關的處罰：

(一)屬於違反稅務程序性規定的行為：

(1)　未按規定的期限申報辦理開業稅務登記、變更或者註銷稅務登記；

(2)　未按規定設置、填寫、保管賬簿、憑證、報表和有關資料；

(3)　未按規定將財務、會計制度或處理辦法報送稅務機關備查；

(4)　扣繳義務人未按規定設置、保管代扣代繳稅款賬簿、憑證及有關資料；

(5)　未經稅務機關批准，印製或使用發票和收款憑證；

(6)　納稅人或扣繳義務人未按規定的期限向稅務機關辦理納稅申報或報送代扣代繳稅款報告表；

(7)　分支機構或營業機構在向總機構或者負責合併申報納稅的營業機構報送會計決算報表時，未按《細則》第九十六條規定，抄送當地稅務機關；

(8)　外國企業在中國設立的營業機構經批准合併申報納稅後，遇有營業機構增設、合併、遷移、停業、關閉等情況，未按照《細則》第九十條第二款的規定向當地稅務機關報告；

(9)　未按規定要求接受稅務機關檢查、據實報告並提供有
　　　關資料；

(二)屬於違反有關繳交稅款的法律規定的行為：

(1)　納稅人在規定期限內不繳或者少繳稅款，經稅務機關
　　　責令期限繳納，逾期仍未繳納稅款；

(2)　扣繳義務人應扣未扣稅款；或者在規定期限內未將所
　　　扣稅款解繳，經稅務機關責令限期解繳，逾期仍未解
　　　繳稅款；

(3)　納稅人採取偽造、變造、隱匿、擅自銷毀賬簿、記賬
　　　憑證、多列支出、少列收入，或者以虛假申報手段而
　　　不繳或少繳稅款的偷稅行為；

(4)　納稅人欠繳應納稅款，採取轉移或者隱匿財產的手
　　　段，致使稅務機關無法追繳欠繳的稅款；

(5)　納稅人以向稅務機關行賄，不繳或少繳稅款；

(6)　納稅人騙取退稅；

(7)　納稅人以暴力、威脅方法拒不繳稅的抗稅行為；

(8)　納稅人或扣繳義務人未按稅務機關規定期限繳納滯納
　　　金。

　　有關違法事項的具體情節的辨別及處罰的具體尺度標準在
《稅收徵收管理法》中有詳細的列舉。對各類違反法律的行
為，執行處罰的稅務機關在上述法律規定的處罰尺度範圍內具
有一定的自由裁定權，可以視情形的差異，裁定具體處罰數
額。對該等自由裁定權，各級稅務機關通常會制定更為具體的
處罰標準、或者累積形成案例性標準，以資有所依循。稅務機
關在行使此等處罰的自由裁定權時，亦會對處罰案件之間的公
正和恰當性予以特別的注意。

13.10 檢舉獎勵

任何單位和個人對違反稅法的行為和當事人都有權向任何一級稅務機關檢舉或報告。對此,稅務機關應為舉報者保密,並視其舉報情形,按實際追繳的稅款或加處的罰款金額的一定比例給予獎勵。

13.11 復議與起訴

有關稅務爭議,可以通過稅務行政復議及訴訟加以解決。其程序規定主要見之於國家稅務局制定的於1991年10月15日執行的《稅務行政復議規則》和國家《行政訴訟法》。《稅收徵收管理法》對稅務行政復議和起訴的基本程序亦做出了概括性的限定。

13.11.1 稅務行政復議的一般規則

納稅人與稅務機關就稅務事項發生的爭議,在尋求通過訴訟程序解決之前,大多數可以通過稅務行政復議加以解決。有關稅務行政復議的基本規則,有以下基本內容:

(一)復議機構

凡縣級及其以上的稅務機關均可成為稅務行政復議機關,並均設有本機關的復議機構——稅務行政復議委員會(簡稱〝復議委員會〞)及其復議辦公室。復議委員會在該級稅務行政復議機關領導下工作,履行下述各項職責:

(1) 審查復議申請是否符合法定條件;

(2) 向爭議雙方、有關單位和人員調查取證，查閱文件和資料；

(3) 組織審理復議案件；

(4) 擬訂復議決定；

(5) 受復議機關法定代表人的委託出庭應訴；

(6) 法律、法規規定的其他職責。

(二)復議申請人和被申請人

納稅人、代徵人、代扣代繳義務人，直接責任人和其他稅務爭議當事人均可成為稅務行政復議之申請人。

若發生有權申請復議的法人或者組織發生合併、分立或者終止的，承受其權利的法人或者組織可以申請復議。

申請人對稅務機關或其派出機構的具體行政行為不服而申請復議的，該稅務機關或其派出機構是被申請人。

(三)受理復議範圍

稅務行政復議機關受理復議的具體稅務行政行為範圍主要包括：

(1) 徵稅行為；

(2) 行政處罰行為；

(3) 行政強制措施行為；

(4) 委託代扣代繳義務人作出的代扣、代繳稅款行為；

(5) 稅務登記、發售發票等其他行政行為。

(四)復議管轄

稅務行政復議實行一級復議制。復議的管轄一般由作出被提請復議的具體行政行為的稅務機關的上一級稅務機關實行。實際事務中，由於作出具體行政行為的稅務機關級別不同，所說"上一級稅務機關"有需要特別指明之處：

(1) 對稅務機關的具體行政行為不服而申請的復議，由上一級稅務機關管轄。

(2) 對稅務機關設立的派出機構（通常稱為＂稅務所＂）根據稅收法律、法規和規章、規定，以自己的名義作出的具體行政行為不服而申請的復議，由設立該派出機構的稅務機關管轄。

(3) 對稅務機關委託的代扣代繳義務人作出代扣、代繳稅款行為不服而申請的復議，由委託代扣代繳稅款的稅務機關的上一級稅務機關管轄。

(4) 對法律、法規規定需要上級批准的具體行政行為不服而申請的復議，由最終批准的稅務機關管轄。

(5) 對各省、自治區、直轄市稅務局和計劃單列市稅務局，以及國家稅務局直屬徵收分局，海洋石油稅務管理局，國家稅務局派出各地的有關稅收管理機構作出的具體行政行為不服而申請的復議，由國家稅務局管轄。

(6) 若發生對被撤銷的稅務機關在其被撤銷前作出的具體行政行為不服而申請的復議，則由繼續行使該職權的稅務機關的上一級稅務機關管轄。

(五)復議申請

復議申請人需在法定的期限內提出復議申請，有關復議申請的期限視復議事項內容不同而有不同的規定（參見下文9.10.2＂納稅爭議的復議和起訴＂一節和9.10.3＂處罰等其他稅務行政行為爭議的復議和起訴＂一節）。

申請復議須符合以下條件：

(1) 申請人認為具體行政行為侵犯了其合法權益；

(2) 有明確的被申請人（做出具體行政行為的稅務機關）；

(3) 有具體的復議請求和事實根據；

(4) 屬於申請復議範圍；

(5) 屬於受理復議機關管轄；

(6) 屬於納稅爭議復議的，在提出復議申請前，已按稅務機關決定的期限繳清了稅款；

(7) 復議申請是在法定期限內提出的。

復議申請人須向稅務行政復議機關遞交復議申請書，該申請書須載明以下內容：

(1) 法人或者其他經濟組織的名稱、地址、法定代表人姓名；

(2) 復議申請人的工商、稅務登記的情況；

(3) 被申請人的名稱、地址；

(4) 申請復議的要求和理由；

(5) 是否已執行原稅務行政處理決定，具體執行數額和日期，並附有關證明資料；

(6) 提出復議申請的日期、申請人簽名或蓋章。

稅政行政復議機關將自收到復議申請書之日起十日內，對該復議申請分別做出受理、不予受理和限期補正的書面通知。

(六)復議決定

稅務行政復議機關將依據法律、行政法規、地方性法規、規章，以及上級稅務機關依法制定發布的具有普遍約束力的決定或命令，對復議案件進行審理，並在法定期限內做出復議決定，發出復議決定書。有關復議決定視案件和審理情況將有以下可能：

(1) 具體行政行為適用法律、法規、規章和具有普遍約束力的決定、命令正確，事實清楚，符合法定權限和程序的，決定維持；

(2) 具體行政行為有程序上不適的，決定被申請人補正；

(3) 被申請人不履行法律、法規和規章規定的職責的，決定其在一定期限內履行；

(4) 具體行政行為有下列情形之一的，決定撤銷、變更、並可以責令被申請人重新作出具體行政行為：

(a) 主要事實不清的；

(b) 適用法律、法規、規章和具有普遍約束力的決定、命令錯誤的；

(c) 違反法定程序，影響申請人合法權益的；

(d) 超越或者濫用職權的；

(e) 具體行政行為明顯不當的。

13.11.2 納稅爭議的復議和起訴

外商投資企業和外國企業或者代扣代繳稅義務人、納稅擔保人對稅務機關作出的徵稅行為，或委託代徵人、代扣代繳義務人作出的代徵、代扣、代繳稅款行為持有爭議，應先依照規定繳納稅款及滯納金，然後在收到稅務機關填發的納稅憑證之日起 60 日內向上一級稅務機關申請復議。對此類納稅事項的爭議，必須先經過稅務行政復議，若對復議結果不服，才可向法院提起訴訟。未經稅務行政復議的納稅爭議案件若直接向法院起訴，法院是不予受理的。也就是說，此類復議是向法院起訴前的必經程序。

稅務行政復議機關將自接到復議申請之日起的 10 日內作

出復議決定，或10日內作出對復議申請不予受理的決定。申請人若對復議決定不服，可以自收到復議決定之日起15日內，就納稅爭議向人民法院起訴；申請人若對稅務復議機關不予受理的裁決不服，可自收到不予受理的裁決書之日起15日內，就稅務復議機關不予受理的裁決本身向人民法院起訴。

13.11.3 稅務處罰及其他稅務行政行為爭議的復議和起訴

納稅人或扣繳稅義務人對稅務機關的處罰決定、強制執行措施或者稅收保全措施等行政措施行為不服的，可以自接到處罰通知或自稅務機關採取具體行政措施行為之日起15日內提出復議申請，亦可以在上述期限內直接向人民法院提請訴訟。也就是說，此類事項爭議的復議不是向法院提起訴訟的必經程序。向稅務機關申請復議的，若對復議決定不服，可以自接到復議決定之日起15日內，向人民法院起訴。但當事人逾期不申請復議，也不向人民法院起訴，又不履行處罰決定或復議決定的，稅務機關將申請人民法院強制執行。在復議和訴訟期間，稅務機關採取的強制執行措施和稅收保全措施不停止執行。

14
外國企業幾類特殊業務的
稅務處理

第 14 章

外
國
企
業
幾
類
特
殊
業
務
的
稅
務
處
理

在對企業稅務處理的常規情形進行了較為詳盡的討論後，
我們還有必要對外國企業的一些具有特殊性的業務活動的稅務
處理進行適當的描述，以避免在面臨與此類業務有關的稅務事
項時，忽略了那些更為具體或專門的規定。

14.1　常駐代表機構

對外國企業在中國境內設立的代表機構或辦事處等機構
（統稱為常駐代表機構），依據經國務院批准、由財政部於
1985 年 5 月 14 日公布施行的《對外國企業常駐代表機構徵收
工商統一稅、企業所得稅的暫行規定》（以下簡稱"暫行規
定"和有關稅務規定，自 1985 年 6 月 1 日以後取得的業務收入
徵收工商統一稅，自 1985 年度及以後年度取得的所得徵收所
得稅。

14.1.1　"暫行規定"及其法律依據

"暫行規定"是基於外國企業常駐代表機構中，大部分均
有為其客戶或其他企業在中國境內進行聯絡諮詢，居間介紹等
服務性業務活動，由此而取得來源於中國境內的佣金、回扣、
手續費等形式的收入這一實際情況而制定的。在"暫行規定"
中視不同情況採取了區別對待的原則，規定了常駐代表機構的
一部分收入列為徵稅範圍，一部分收入列為免稅範圍。

制定"暫行規定"主要依據以下法律和規定條款：

(一)《中華人民共和國工商統一稅條例》

(1)　該條例第二條規定：一切從事工業品生產、農產品採
　　　購、外貨進口、商業零售、交通運輸和服務性業務的

單位或個人，都是工商統一稅的納稅人，應當按照本條例的規定繳納工商統一稅。

(2) 該條例第八條規定：從事交通運輸和服務性業務的納稅人，在取得收入後，根據業務收入的金額，依率計稅。

(二)原《中華人民共和國外國企業所得稅法》

(1) 該稅法第一條規定：在中華人民共和國境內，外國企業的生產，經營所得和其它所得，都按照本法的規定繳納所得稅。

(2) 該稅法施行細則第二條規定：稅法第一條所說的設立機構，是指外國企業在中國境內設有從事生產，經營的機構場所或營業代理人。

前款所說的機構，場所，主要包括管理機構、分支機構、代表機構和工廠、開採自然資源的場所以及承包建築、安裝、裝配、勘探等工程的場所。

(3) 該稅法施行細則第四條規定：稅法第一條所說的生產，經營所得，是指外國企業從事工、礦、交通運輸、農、林、牧、漁、飼養、商業、服務以及其它行業的的生產，經營所得。

以上原《外國企業所得稅法》的有關條款的規定，在1991年7月1日開始執行的《外商投資企業和外國企業所得稅法》的第一條、細則第二條和第三條中均有相同或類似的規定內容。

(三)中華人民共和國國務院《關於管理外國企業常駐代表機構的暫行規定》第九條規定：常駐代表機構及其人員，應當遵照中國稅法規定，向當地稅務機關辦理納稅登記手續，照章納稅。

　　"暫行規定"是依據上述各有關法律制定的。對上述各法律條款的有關內容可以歸納出這樣一個基本結論：在中國境內，外國企業常駐代表機構從事服務性業務所取得的收入及所得應依法繳納工商統一稅和企業所得稅。

14.1.2　應繳稅業務收入

　　常駐代表機構從事下列業務活動取得的收入應當繳稅：

(1)　常駐代表機構為其他企業進行代理業務（包括為其總機構在中國境外接受其他企業委託的代理業務）在中國境內從事聯絡洽談，居間介紹等業務活動，所取得的佣金，回扣，手續費等各類形式的報酬。

(2)　常駐代表機構為其客戶（包括其總機構的客戶）在中國境內了解市場情況，聯絡事務，收集商情資料，提供諮詢服務，接受代辦事項等，所取得的各類形式的報酬。（參見"暫行規定"第二條）

　　上述兩種類型的業務，既有常駐代表機構自行承接的代理或服務業務，也有其總機構承接後交由常駐代表機構辦理的代理或服務業務，這些活動都是直接地或間接地以他人為服務對象的。做出以上徵稅規定的基本推理是這樣的：這些業務活動都是由常駐代表機構在中國境內或者主要是在中國境內進行的，由此所取得或應該取得的收入，均構成來源於中國境內的所得，因而不論這些業務活動收入的結算支付地點是在中國境內還是境外，亦不論是支付給常駐代表機構還是直接支付給其總機構，均應由常駐代表機構依照中國稅法及有關規定申報繳稅。（參閱財政部（85）財稅字第122號文件附件第六條）

14.1.3　無須繳稅的業務活動

依據《暫行規定》，外國企業常駐代表機構所進行的下列
業務活動無須繳稅：

⑴　常駐代表機構為其總機構自身的生產、經營業務，從
　　事了解市場情況，提供商情資料以及業務聯絡等準備
　　性、輔助性業務活動，能夠提供有關證明的，經稅務
　　機關核准，可免予徵稅。（參見"暫行規定"第一條
　　第一款）。

"常駐代表機構的總機構"，是指直接派出常駐代表機構
的外國公司，企業和其他經濟組織，不包括該外國公司企業的
母公司或其他兄弟子公司。

所說"為總機構自身的生產、經營業務從事業務活動"，
是指總機構本身為製造廠家或自營貿易商，其常駐代表機構為
推銷該總機構自己生產製造的或自己擁有所有權的商品所從事
的聯絡，洽談等以其總機構為最終服務對象的業務活動。但不
包括為其總機構承接的代理業務所從事的服務活動，因為這種
服務活動是以其他企業為最終服務對象的。

確定是否為上述內容的業務活動時，稅務局會要求代表機
構提供其總機構同中國境內企業簽訂的商品貿易合同及該項業
務的銷貨憑證；如果總機構是貿易商的，還應提供總機構與中
國境外製造廠家簽訂的購買該項商品的買賣合同或契約。

但對外國企業採取商品買斷形式，為中國境外企業代理銷
售商品或者為中國境內企業代理採購商品，該等公司的常駐代
表機構在中國境內為此類業務進行聯絡洽談，居間介紹等活
動，由此取得的或應該取得的商品進銷差價收入，會視同佣

金、手續費收入徵稅（參閱原稅務總局（88）財稅外字第197號通知附件第五條）。

(2) 常駐代表機構接受中國境內企業的委託，在中國境外從事推銷商品的代理業務，其業務活動主要是在中國境外進行的，因而對由此而取得的代理業務收入不徵稅（參見＂暫行規定＂第一條第二款）。

所說提出代理委託的＂中國境內企業＂包括中國的國營企業、集體企業、個體經濟以及設立在中國境內的中外合資經營企業，中外合作經營企業，外資企業（參見財政部（85）財稅字第122號文件附件第二條）。

14.1.4　適用稅率

對外國企業常駐代表機構取得的服務業務收入徵收工商統一稅和企業所得稅適用以下稅率：

(1) 對外國企業常駐代表機構取得的應納稅業務收入，要就其收入全額（或稱毛收入）徵收5%的工商統一稅。同時，另按應納稅額附徵1%的地方附加。此類服務性收入在《工商統一稅稅目稅率表》中列舉稅率為7%，依照《暫行規定》的規定，不論該項收入是否在《工商統一稅稅目稅率表》上列舉，均減按5%稅率徵稅（財政部（85）財稅字第122號文件附件第八條）。

(2) 對常駐代表機構取得的業務收入扣除成本、費用及工商統一稅額及其附加額後的淨所得額徵收企業所得稅。1991年7月1日以後取得的所得適用於現行稅法規定的30%的企業所得稅稅率和3%的地方所得稅稅率；對1991年6月30日以前的所得依照原《外國企業所得稅法》的規定，稅率採取從20%—40%的五級超額累進稅率，同時，另按應納稅所得額的10%徵收地方所得稅。按照現行企業所得稅法規定，凡設在經濟特區的外國企業常駐代表機構可以享受特區適用的減低稅率，對其所得減按15%的稅率徵收所得稅（參見財政部（85）財稅字第122號文件附件第五條）。

14.1.5　稅務申報方法

視不同情況，稅務機關對外國企業常駐代表機構分別採取核實徵收、核定徵收、或按經費支出額換算收入計算徵稅的方法。因而，代表機構工商統一稅和企業所得稅的稅務申報有以下不同的方式：

（一）應納工商統一稅收入額的申報：

⑴　應納工商統一稅收入額的核實申報。常駐代表機構從事聯絡洽談，居間介紹或諮詢服務等業務的收入總額，按照該項業務的代理協議或服務合同中載明的各類形式的報酬額申報。這些報酬不論是由一方支付的，還是多方支付的，也不論是由客戶或其他企業按介紹成交額的一定比例或按業務量支付的，還是按期定額支付的，都須合併計算為業務收入總額申報納稅。但是，如果外國企業常駐代表機構為總機構接受委託的代理業務在中國境內從事工作，而在該項代理業務中，仍有一部分工作是由其總機構在中國境外進行的，則＂暫行規定＂確定僅對該常駐代表機構在中

國境內所從事的部分工作取得或應取得的收入徵稅。對此，為避免在實際劃分中的困難，使其簡便可行，若常駐代表機構在申報業務收入總額的基礎上，如果能夠提供有關憑證資料，據以證明其總機構與常駐代表機構分別在中國境外和中國境內就同一項業務進行了工作的，經稅務機關同意，則可以以不高於業務收入總額50%的部分作為其總機構應得的收入，以業務收入總額扣除其總機構應得收入後的餘額做為常駐代表機構應納稅的收入（參閱原稅務總局（85）財稅外字第198號通知第一條）。

在實際執行此條規定時，稅務機關一般要求提供下述證明資料：

(a) 總機構就同一項業務接受代理的委託協議書或合同；或者：

(b) 總機構（人員）簽訂的代理採購或代理銷售合同。

例14.1

　　某外國公司在華常駐代表機構，申報一項為中國境內企業代理採購的業務，佣金（或購、銷差價）收入為100萬元。同時，申報了由總機構簽署的與境外供貨商簽訂的訂貨協議和對中國境內委託方的銷售協議。

　　稅務機關依據上述情況，同意按50%的比例，就上述業務收入總額進行劃分，確定該代表機構應申報繳稅的收入額為50萬元。

常駐代表機構須對核實申報的每筆收入進行記載，並附有

原始單據。同時，應留存有關代理或服務合同以備稅務機關檢查。

(2) 應納工商統一稅收入額的核定申報。常駐代表機構不能提供合法的代理協議或服務合同據以準確申報業務收入額的，稅務機關將參照一般佣金水平或服務費水平，依常駐代表機構的代理成交額或諮詢代辦事項業務量核定相應的收入金額計算徵稅。自1986年10月1日起，核定率為介紹成交額的3%。

在核定申報的情況下，如果常駐代表機構能夠提供總機構簽署的對中國境內企業的代理銷售合同，亦可以按上述（1）項申報方法中所述的規定，對業務收入總額在總機構和代表機構之間進行劃分。在採取核定申報情況下，常駐代表機構須對每筆據以核定收入的介紹成交合同金額或代辦業務量進行記載，並留存有關合同資料備查。

(二)應納稅所得額的申報：

(1) 應納稅所得額的核實申報。凡能夠依照企業所得稅法第十七條和細則第一百條的規定，建立有健全的賬簿並能正確記載業務活動和財務收支，有合法的單據憑證及合同資料作為記賬依據並留存備查的外國企業常駐代表機構，可以採取核實申報應納稅所得額的方法，即：以核實或核定的業務收入額扣除實際成本和費用額以及工商統一稅稅額及其附加後的餘額申報繳納所得稅。

(2) 應納稅所得額的核定申報。凡不具備上述（1）項所述建賬核算條件的外國企業常駐代表機構，依照現行企業所得稅法實施細則第十六條的規定，採取核定利潤率核定應納稅所得額。依現行規定，核定利潤率暫定為業務收入額的10%。

(三)按經費支出額換算收入額申報納稅。按經費支出額換算收入計算納稅的方法，是中國稅務當局考慮到一部分外國企業常駐代表機構由於情況比較複雜，採取按實際收入申報納稅或核定收入申報納稅的方法均有困難這一特殊情況，而規定採用的一種申報納稅辦法。

以屬於下列情況的外國企業常駐代表機構，若納稅人申請並經稅務機關批准，可以採取按經費支出額計算徵稅的方法：

(1) 外國企業常駐代表機構為其客戶（包括其總機構的客戶）或集團公司內聯屬企業，在中國境內從事居間介紹、諮詢聯絡等項服務業務，凡不能提供準確的證明文件，據以計算實際收入額或核定收入額的；

(2) 外國企業常駐代表機構不能提供準確的證明文件，據以區分其是為總機構的生產製造業務或自營商品貿易進行工作還是從事代理服務業務的。（參見原稅務總局（86）財稅外字第046號通知）。

採用按經費支出額換算收入計算徵稅方法的，按下述公式計算收入和所得額：

(1) 工商統一稅的計算：

本期經費支出額

1－（核定利潤率）10%－（工商統一稅率）5%＝收入額

收入額×（工商統一稅率）5%＝應納工商統一稅稅額

應納工商統一稅稅額×1%＝應納工商統一稅地方附加額

(2) 企業所得稅的計算：

收入額×（核定利潤率）10%＝應納稅所得額

應納稅所得額×企業所得稅稅率＝應納企業所得稅額

應納稅所得額×地方所得稅稅率＝應納地方所得稅額

例14.2

　　某外國企業代表機構1992年經批准按經費支出額換算收入申報納稅。其1992年度經費支出總額為85萬元。換算其收入及計算應納稅額如下：

$$收入額 = \frac{85\ 萬元}{1-10\%-5\%} = 100\ 萬元$$

應納工商統一稅額＝100萬元×5%＝5萬元

應納工商統一稅附加＝5萬元×1%＝0.05萬元

所得額＝100萬元×10%（利潤率）＝10萬元

應納企業所得稅額＝10萬×30%＝3萬元

應納地方所得稅額＝10萬×3%＝0.3萬元

　　外國企業常駐代表機構的經費支出額應包括與在華進行上述應稅業務活動有關的各項開支，具體包括：在中國境內、境外支付給工作人員的工資薪金、獎金、津貼、福利費、物品採購費（包括購買汽車、辦公設備等固定資產）、通訊費、差旅費、房租、設備租賃費、交通費、交際應酬費（按實際發生數額）、其他費用。常駐代表機構為其總機構墊付的不屬於公司在華業務活動的下列費用，可不作為常駐代表機構的費用：

(1)　總機構邀請中方人員訪問，由常駐代表機構墊付的有關人員的飛機票等費用；

(2)　總機構組織的代表團訪華，由常駐代表機構墊付的該代表團人員在華食宿費用、交通費用以及交際應酬費

用。但不包括為總機構人員來華從事商務洽談，簽訂
合同等事項所墊付的費用；

(3) 總機構在華舉辦大型展覽、由常駐代表機構墊付的有
關佈展費用、樣品的關稅、境內運輸費用，以及其他
有關費用。

（以上參見原稅務總局（85）財稅外字第200號通知，國
家稅務局（88）國稅外字第333號通知）

稅務局通常要求按經費支出額計算徵稅方法的外國企業常
駐代表機構均應建立賬簿，詳細並準確地記載經費支出額，並
須有合法的憑證做為記載依據，按期向當地稅務機關申報。其
中屬於在中國境外的經費支出部分，還須提供其總機構和註冊
會計師簽字的證明文件，一併報稅務機關審核。

14.1.6 繳納稅款

外國企業常駐代表機構申報納稅的手續及期限區別不同稅
項有如下特別規定。

(1) 工商統一稅為每季一期，每季的稅款在季度終了後
15日內申報繳納。每次申報納稅應提交工商統一稅
申報表及其附表各一式二份，一份交稅務機關，一份
由納稅人留存。

(2) 企業所得稅依通常規定的方式，按年計算，分季預
繳，年終匯算清繳。凡預繳及匯算清繳所得稅均依照
稅法的規定期限進行，對此沒有特別的補充或變通性
規定。依照企業所得稅法實施細則第九十五條的規
定，企業在報送年度所得稅申報表和會計決算報表的
同時，應附送在中華人民共和國登記的註冊會計師的

查賬報告，目前對採取核實應納稅所得額和按經費支出額換算收入額申報納稅的常駐代表機構均要求須依此項規定辦理。但對以核定利潤率核定應納稅所得額的代表機構，一般不要求附送註冊會計師的查賬報告。

一家外國企業在中國境內設立多處常駐代表機構時，依照有關規定，經申請獲准，可以由其中一個常駐代表機構合併申報繳納所得稅。（參閱本書第十章10.1.2〝合併報繳稅〞一節）。

14.2　承包工程作業

外國企業承包工程作業包括：外國公司在中國境內承包建築安裝、裝配、勘探等工程作業或對有關工程項目提供監督管理等勞務服務。對此類業務徵收有關稅項，除依據所得稅法和工商統一稅條例的基本規定內容以外，較為綜合性的規定主要有財政部（83）財稅字第149號《關於對外商承包工程作業和提供勞務服務徵收工商統一稅和企業所得稅的暫行規定》。

14.2.1　適用稅率

外國企業承包建築、安裝、裝配、勘探等工程作業或對有關工程項目提供勞務所取得的業務收入，依3%的稅率徵納工商統一稅，並按應納工商統一稅稅額繳納1%的地方附加。

上述業務收入扣除有關業務成本，費用後的淨所得，依30%的稅率繳納企業所得稅（在經濟特區從事上述業務的收入依15%稅率繳納企業所得稅）；依3%的稅率繳納地方所得稅。1991年7月1日以前的所得適用原《外國企業所得稅法》規定的20—40%的超額累進稅率。

14.2.2　計稅收入和所得

　　工商統一稅的計稅收入，原則上應為承包工程作業或提供勞務服務業務的收入全額，所得稅的計稅所得應為上述收入全額扣除了有關成本、費用和損失後的餘額。但在現行稅務規定中，亦有針對某些特殊情形而制定的專門規定。

　　(一)工商統一稅計稅收入的確定

　　依照《工商統一稅條例（草案）》第八條規定，從事服務性業務的納稅人在取得收入後，根據業務收入的金額，依率計稅。但在計算承包工程作業收入應納工商統一稅的計稅收入時，根據有關稅務規定，有下列情形的，可准予扣除計算納稅：

　　(1)　將承包工程作業或勞務服務的一部分轉包給中國企業或其他外國企業的轉承包價款；

　　(2)　代工程發包方採購或者代為製造工程作業或勞務項目所需用的設備、建築材料的價款，以及與機器設備使用有關的零配件價款，包括能夠提出準確憑證單據的國際運費和保險費。但此項扣除需符合一定條件，且扣除額一般不得超過業務收入總額的70%。對承包機器設備安裝或裝配業務的，其代購、代製機器設備的價款符合扣除條件並確實超過業務收入總額70%的，經當地稅務機關核實後，可以按實際數額在業務收入總額中扣除。允許扣除的代購代製設備及建築材料價款的條件是：

　　(a)　工程承包作業雙方簽訂有專項代購代製設備或建築材

料的合同，或者在所簽訂的工程承包合同或其所附的
議定書、備忘錄等附件中訂有專門的代購設備或材料
的條款內容；

(b) 所代購或代製的機器設備、建築材料全部用於本工程
或勞務項目；

(c) 代購代製的機器設備或建築材料應是歸工程發包方所
有，由工程發包方繳納關稅，並且其購貨原始發貨票
的台頭方應為該工程發包方。

(3) 按單獨簽訂的專項合同規定，在中國境外進行的數據
資料分析處理的價款；

(4) 為機器、設備的使用在中國境外進行人員培訓所收取
的價款。

以上內容可參閱財政部（83）財稅字第149號文件規定，
財政部（87）財稅字第134號通知，原稅務總局（88）財稅外
字第023號通知，原稅務總局（84）財稅外字第196號通知。

(二)應納稅所得額的確定

所得稅的應納稅所得額應按稅法規定的一般原則確定，即
是以收入扣除成本，費用及損失後的實際數額。但對工程作業
或提供勞務的時間比較短，不能提供準確的成本、費用憑證、
不能正確計算應納稅所得額的，當地稅務機關將會依照所得稅
法實施細則第十六條的規定，參照同行業利潤水平核定利潤，
計算承包工程作業的應納稅所得額。為便於執行，現行稅務文
件規定，可以按工程作業或勞務服務業務收入額的10%核定
為應納稅所得額。對准許扣除代購代製機器設備，建築材料價
款的，核定利潤率應適當提高，以不低於業務收入額的10%
為原則。

14.2.3 申報繳稅

(一)工商統一稅的申報繳納

依照《工商統一稅條例施行細則（草案）》第四條規定，從事服務性業務的納稅人，工商統一稅納稅義務發生的時間，為取得收入的當天。關於納稅人繳納稅款的期限，對外國企業承包工程作業，通常規定以一個月為一期，每月應納的稅款，於月終後5天內報送工商統一稅申報表並結算繳納。

外國公司將工程作業或勞務項目的一部分轉包給其他外國公司的，應負責按付出的轉包價款，扣繳轉承包的企業應繳納的工商統一稅。（參見財政部（83）財稅字第149號規定第四條）。

(二)所得稅的申報繳納

所得稅的申報繳納，通常應按稅法規定的期限和程序，分季預繳，年度終了匯算清繳。對此，原稅務總局（86）財稅外字第276號文件有如下靈活性的規定：外國公司、企業和其他經濟組織臨時來華承包工作和提供勞務，期限超過12個月的，由當地主管稅務機關根據實際情況，依據稅法的有關規定，本着便於徵管，簡化手續的原則，確定所得稅的納稅年度和預繳及匯算清繳所得稅的計算方式；臨時承包工程和提供勞務的期限不足12個月的，可在全部工程竣工或服務項目結束後按實際工程收入計算繳納所得額。

外國公司將工程作業或勞務項目的一部分轉包給其他外國企業，如果當地稅務機關對該分包企業採取核定利潤率計算應納稅所得額的，外國公司應按付出的轉承包價款，負責扣繳該分包企業應納的所得稅。（參見財政部（83）財稅字第149條

中國大陸涉外稅法實務

規定第四條）。

14.3　提供設計勞務

外國企業接受中國境內企業委託，在中國境內進行或與中國境內企業合作進行建築、工程等項目的設計勞務，有關的稅務事項除依據稅法和細則的規定處理外，較為綜合性的規定，可見於原稅務總局（86）財稅外字第172號"關於對外商接受中國境內企業的委託或與中國境內企業合作進行建築、工程項目設計所取得的業務收入徵稅問題的通知"。有關規定主要包括以下內容：

(一)適用稅率

工商統一稅按業務收入額依3%的稅率計算繳納，另按應納工商統一稅稅額附徵1%的地方附加。

所得稅按稅法規定的稅率計算繳納（參閱第三章"稅率及稅收優惠"）。

(二)應納稅收入和所得的確定

對外國企業提供設計勞務判定是否徵稅的原則是，視其設計業務中有無在中國境內進行實質性的業務活動。對應納稅所得額的計算採取依實際收入扣除實際成本、費用的核實徵收辦法，或核定利潤率計算應稅所得的核定徵收辦法。具體有以下規定內容：

(1)　外國企業接受中國境內企業的委託，進行建築、工程等項目的設計，除設計工作開始前派人員來中國進行現場勘察，搜集資料，了解情況外，設計方案，計算及繪圖等業務全部在中國境外進行，設計完成後，將

圖紙交給中國境內企業。對此種情況下,外國企業取
得的全部設計業務收入,現均免予徵稅。

(2) 外國企業接受中國境內企業的委託與中國境內企業合
作(或聯合)進行建築、工程等項目的設計,除設計
工作開始前派人員在中國進行現場勘察,搜集資料,
了解情況外,設計方案,計算繪圖等業務全部或部分
是在中國境外進行。設計完成後,又派員在中國境內
解釋圖紙,並對所設計的建築、工程等項目的施工進
行監督管理和技術指導。對此種情形,會被視為在中
國境內構成機構、場所從事經營活動。因而,對該等
外國企業設計業務所取得的收入,准許扣除發生在中
國境外的設計勞務部分所應收取的價款後,就其餘額
部分徵收工商統一稅;對該部分收入扣除有關成本、
費用後的淨所得徵收所得稅。但原稅務總局(86)財
稅外字第172號通知同時還規定,在委託設計或合作
(或聯合)設計合同中,沒有載明在中國境外提供設
計勞務價款的,或者不能提供準確的證明文件,正確
劃分外國企業在中國境外進行的設計勞務活動的,均
應與其在中國境內提供的設計勞務取得的業務收入合
併計算徵稅。

(3) 提供設計服務應繳納的工商統一稅和企業所得稅,須
由企業依照稅法規定進行納稅申報,稅務機關進行核
實徵收。但對不能提供準確成本、費用憑證,不能正
確計算應納稅所得額的,經當地稅務機關審查確定,
將會按照所得稅法實施細則的規定,以核定利潤率計
算應納稅所得額。為便於執行,現行規定均以設計業

務收入按15%核定利潤率計算應納稅所得額。

14.4　飯店管理

　　外國企業（通常為知名的飯店管理集團）受聘從事中國境內飯店的管理業務，一般採取派人員在中國境內直接參與飯店經營管理，包括其人員受聘擔任總經理或各個部門的經理，有些外國企業還同時提供飯店管理集團商號等商標使用權，以及提供世界範圍的訂房服務系統和廣告推廣活動。對此類業務，目前中國稅務當局有以下稅務處理規定：

⑴　外國企業受聘提供飯店管理服務，屬於在中國境內設立營業機構、場所提供勞務服務。對其收取的管理費收入依照工商統一稅條例規定的服務性業務適用的5%的稅率徵收工商統一稅，對其淨所得徵收企業所得稅。在徵收企業所得時，納稅人若不能提供準確的成本費用賬冊、憑證等，可採用核定利潤率方式計算應納稅所得額，利潤率的核定由外國企業提供管理服務所在地的省、自治區、直轄市的稅務機關根據當地同行業利潤水平在20%－40%之間確定。（參見原稅務總局（86）財稅外字第033號通知第三條）。

⑵　對提供商標使用權所收取的許可證費，依照稅法規定由支付人源泉扣繳所得稅。

⑶　對在中國境外為接受管理服務的賓館、飯店進行業務廣告宣傳，招攬生意，預訂客房等勞務活動的收入，可免予徵稅。（參見原稅務總局（87）財稅外字第226號通知）。

14.5 開採石油資源

目前從事開採石油資源的外國企業，多數是採取與中國企業合作開發的方式。一般是在勘探階段由外國石油企業投資，在開發階段，中國國內企業參與投資，並由合作各方約定開發產品分成比例或收入和利潤的分配方式。由於開採石油資源的業務與一般生產、經營業務相比有特別之處，因而在有關稅務處理上，除適用有關之稅法規定的一般原則和方法外，在某些單項稅務規定中，均有一些專門性的規定，這些規定包括以下內容：

(一)適用稅率

依《工商統一稅條例（草案）》規定，原油和天然氣的稅率為收入額的5%。依財政部（84）財稅字第133號文件的規定，對中外合作開採海洋石油的原油收入，在徵收工商統一稅時，不再按其應納稅額附徵1%的地方附加。依財政部（82）財稅字第108號和（83）財稅字第148號文件的規定，原油收入應納的工商統一稅，按原油產量依照工商統一稅稅率計算並用原油實物繳納。

所得稅依現行稅法規定的稅率計徵，企業所得稅為應納稅所得額30%,地方所得稅為應納稅所得額的3%。1991年7月1日以前的所得應適用原《外國企業所得稅法》規定的超額累進稅率（查看第三章3.1.3 "1991年7月1日以前設立的企業適用稅率的確定"一節）。

(二)收入和所得的計算

開採石油資源的企業收入和所得的計算，亦應依照通常的計算原則進行。收入總額包括：從合作經營中回收的生產作業費、利息、產品分成收入以及其他收入；成本費用包括：按照稅法規定計算的合理的物探費用、生產作業費用、勘探費用、開發費用、利息支出以及其他費用支出（參見財政部（83）財稅字第148號文件）。所得稅法實施細則及財政部和原稅務總局對以下有關事項的稅務處理有專門的規定：

(1)　收入的確定

外國企業從事合作開採石油資源，合作者在分得原油時，即為取得收入。其收入額應當參照國際市場同類品質的原油價進行定期調整的價格計算（企業所得稅法實施細則第十二條二款）。

(2)　利息支出

合作開採石油資源的外國企業為勘探開發作業籌措資金，按合理的利率所實際發生的利息，准予在計稅時扣除。但是，根據中國海洋石油總公司＂標準合同＂的規定，為完成最低限度勘探工作量義務所籌措的資金必須是合同者的自有資金，因而不發生利息費用，也不存在計稅時的列支問題。如果合同者的勘探工作超過了最低限度的勘探工作量義務的要求，為此超額勘探工作籌措的資金按合理的利率發生的利息支出，在計算所得稅時准予列支（參見財政部（83）財稅字第148號文件）。

(3)　勘探費用

從事開採石油資源的企業所發生的合理的勘探費用，可以在已經開始商業性生產的油（氣）田收入中分期攤銷；攤銷期限不得少於一年。

外國石油公司擁有的合同區，若由於未發現商業性油（氣）田而終止作業，該公司如果不連續擁有開採油（氣）資源合同，也不在中國境內保留開採油（氣）資源的經營管理機構或者辦事機構的，對其已投入終止合同區的合理的勘探費用，經稅務機關審查確認並出具證明後，從終止合同之日起十年內又簽訂的新的合作開採油（氣）資源合同的，准予在其新擁有的合同區的生產收入中攤銷。

外國石油公司在中國海洋石油第一輪和第二輪招標中，同中國海洋石油總公司簽訂合作勘探、開發和生產海洋石油合同所發生的下列屬於合同前期的合理的費用項目，經向稅務機關提供有關憑證或文件，並經審核確屬於該公司有關費用開支的，可以視同勘探費用，依稅法和細則的規定分期攤銷：

(a)　為執行1979年與中國石油天然氣勘探開發公司簽訂的物探協議所發生的費用；

(b)　對物探資料進行處理、解釋所發生的費用；

(c)　為簽訂合作勘探、開發和生產海洋石油合同所發生的費用。

(4)　開發階段投資

從事開採石油資源的企業，在開發階段的投資，須以油（氣）田為單位，全部累計作為資本支出，從油（氣）田開始商業性生產月份的次月起計算折舊。在開發階段及其以後的投資所形成的固定資產，可以綜合計算折舊，不留殘值，折舊的年限不得少於六年。

(三)申報繳稅

從事開採石油資源的企業有關申報繳稅及其他涉及稅務徵收管理的事項，均須依據稅務法規的一般規定處理（參看第九章"徵收管理"）。

(四)免稅

對中外合作開採海洋石油進口下述貨物免徵關稅和進口環節工商統一稅：

(1) 直接用於勘探和開發作業的機器設備、備件和材料；

(2) 為在國內製造供開採海洋石油作業（包括勘探、鑽井、固井、測井、錄井、採油、修井等）用的機器、設備，經核准需要進口的零部件和材料；

(3) 外國合同者為開採海洋石油而暫時進口並保證復運出口的機器和其他工程器材，在進口和復運出口時予以免稅。

（見海關總署、財政部（82）署稅字第172號通知）。

14.6　海運、空運業務

外國企業從事國際海運、空運業務，在中國境內起運客貨的收入額須繳納工商統一稅和所得稅。有關稅務規定主要有以下內容：

(一)適用稅率

依據財政部、國家稅務局的有關規定，為簡化徵納手續，對外國企業從事國際海運、空運業務，從中國境內起運客貨的收入總額，按工商統一稅和所得稅的綜合負擔率4.175%合併徵收工商統一稅和企業所得稅。

上述稅收綜合負擔率4.175%的組成如下：

(1) 工商統一稅

依照工商統一稅條例規定的稅率為運輸收入總額的2.5%。

(2) 工商統一稅地方附加

工商統一稅地方附加為工商統一稅稅額的1%,即相當於運輸收入總額的0.025%

(3) 企業所得稅

依據現行企業所得稅法實施細則第十七條的規定,外國航空、海運企業從事國際運輸業務,以其在中國境內起運客貨收入總額的5%為應納稅所得額。該等運輸業務的所得應按30%的稅率繳納企業所得稅。因而,按運輸收入總額計算的企業所得稅的負擔率為1.5%。

(4) 地方所得稅

地方所得稅適用稅率為應納稅所得額的3%。因而,地方所得稅的負擔率為運輸收入總額的0.15%。

以上四項合計為4.175%,即為運輸收入總額的稅收綜合負擔率。(**註**:1991年7月1日以前,外國企業從事國際運輸業務收入適用原《外國企業所得稅法》規定的稅率徵收所得稅,故1991年7月1日以前的綜合稅收負擔率為4.025%)。

上述海運、空運業務收入總額,是指外籍飛機、輪船每次由中國起運貨物及旅客到達目的地的貨運收入和客票收入的總和。作為計稅基數,港口使用費和佣金、手續費等各項支出,是不能從收入總額中扣除的。其中貨運收入應包括基本運費及各項附加收入;客票收入應包括行李運費、餐費、住宿費、保險費等。

(二)申報繳納稅款

外國海運、空運企業在中國設立有辦事機構的,有關稅項的申報繳納應由該機構依照各有關稅法規定辦理。若外國海運、空運企業在中國沒有設立辦事機構,將有關業務的收費結算委託中國外輪代理公司或中國航空公司辦理或在境外辦理的，有關中國代理部門在與外國海運、空運企業結算運費收入時，須直接從轉付給承運人的運輸總收入中扣繳稅款。結算國際運輸收入十分複雜，故此在實際辦理繳稅時，特別需要注意查看那些具體的或最新之稅務規定。

（三）與中國簽訂有互免稅收協定的國家的海運、空運企業運輸收入的稅項處理，依國家間簽訂的稅收協定執行。

14.7　代銷寄售商品

外國企業委託中國境內公司企業代銷或寄售商品，依照企業所得稅法實施細則第四條的規定，區別具體情況有可能被視為在中國境內通過代理人進行營業而須繳納有關稅項。原稅務總局（83）財稅外字第155號通知對外國企業委託代銷或寄售商品業務有關稅務事項的處理，規定了具體界線：

⑴　中國公司、企業與外國企業簽訂代理協議或合同，專為該外國企業單獨設立營業機構，其業務全部或絕大部分是為該外國企業代銷商品或為其銷售的機械產品負責維修和銷售零配件，在此種情況下，對該外國企業由此取得的營業收入和利潤，應按照有關稅法規定，徵收零售環節的工商統一稅和所得稅。

⑵　中國公司企業接受外國企業的委託，按其確定的價格或由雙方協商定價寄售商品，代售零配件，並按雙方商定的比例分取銷售額的，如果沒有為該外國企業單獨設立機構進行營業，對該外國企業分取的銷售收入額應徵收零售環節的工商統一稅、免徵所得稅。

⑶　中國公司企業接受外國企業委託代銷或寄售商品，但

由中國公司企業按雙方確定的價格作為進貨，同該外
國企業結算價款，再由該中國公司自行確定銷售價格
並進行獨立的銷售而取得進銷差價的，對此種情況
下，外國企業取得的商品銷售收入額免徵工商統一稅
和所得稅。

(4) 外國企業委託中國公司企業代銷儲存於保稅倉庫中的
專供中外遠洋運輸船舶使用的化工產品，儀器設備，
不論是由外國企業確定銷售價格，還是由雙方商定價
格，如果是由保稅倉庫中直接銷給中外遠洋運輸船舶
使用的，則對該外國企業的此項銷售收入免徵工商統
一稅和所得稅。

附　　錄

中華人民共和國
稅收徵收管理法

（1992年9月4日通過）

第一章　總　　則

第一條　為了加強稅收徵收管理，保障國家稅收收入，保護納稅人的合法權益，制定本法。

第二條　凡依法由稅務機關徵收的各種稅收的徵收管理，均適用本法。

第三條　稅收的開徵、停徵以及減稅、免稅、退稅、補稅，依照法律的規定執行；法律授權國務院規定的，依照國務院制定的行政法規的規定執行。

任何機關、單位和個人不得違反法律、行政法規的規定，擅自作出稅收開徵、停徵以及減稅、免稅、退稅、補稅的決定。

第四條　法律、行政法規規定負有納稅義務的單位和個人為納稅人。

法律、行政法規規定負有代扣代繳、代收代繳稅款義務的單位和個人為扣繳義務人。

納稅人、扣繳義務人必須依照法律、行政法規的規定繳納稅款、代扣代繳、代收代繳稅款。

第五條　國務院稅務主管部門主管全國稅收徵收管理工作。

地方各級人民政府應當加強對本行政區域內稅收徵收管理工作的領導，支持稅務機關依法執行職務、完成稅收徵收任務。

各有關部門和單位應當支持、協助稅務機關依法執行職務。

稅務機關依法執行職務，任何單位和個人不得阻撓。

第六條　稅務人員必須秉公執法，忠於職守；不得索賄受賄、徇私舞弊、玩忽職守、不徵或者少徵應徵稅款；不得濫用職權多徵稅款或者故意刁難納稅人和扣繳義務人。

第七條　任何單位和個人都有權檢舉違反稅收法律、行政法規的行為。稅務機關應當為檢舉人保密，並按照規定給予獎勵。

第八條　本法所稱稅務機關是指各級稅務局、稅務分局和稅務所。

第二章　稅務管理

第一節　稅務登記

第九條　企業，企業在外地設立的分支機構和從事生產、經營的場所，個體工商戶和從事生產、經營的事業單位（以下統稱從事生產、經營的納稅人）自領取營業執照之日起 30 日內，持有關證件，向稅務機關申報辦理稅務登記。稅務機關審核後發給稅務登記證件。

前款規定以外的納稅人辦理稅務登記的範圍和辦法，由國務院規定。

第十條　從事生產、經營的納稅人，稅務登記內容發生變化的，自工商行政管理機關辦理變更登記之日起 30 日內或者在向工商行政管理機關申請辦理注銷登記之前，持有關證件向稅務機關申報辦理變更或者註銷稅務登記。

第十一條　納稅人按照國務院稅務主管部門的規定使用稅務登記證件。稅務登記證件不得轉借、塗改、損毀、買賣或者偽造。

第二節　賬簿、憑證管理

第十二條　從事生產、經營的納稅人、扣繳義務人按照國務院財政、稅務主管部門的規定設置賬簿，根據合法、有效憑證記賬，進行核算。個體工商戶確實不能設置賬簿的，經稅務機關核准，可以不設置賬簿。

第十三條 從事生產、經營的納稅人的財務、會計制度或者財務、會計處理辦法，應當報送稅務機關備案。

從事生產、經營的納稅人的財務、會計制度或者財務、會計處理辦法與國務院或者國務院財政、稅務主管部門有關稅收的規定抵觸的，依照國務院或者國務院財政、稅務主管部門有關稅收的規定計算納稅。

第十四條 發票必須由省、自治區、直轄市人民政府稅務主管部門指定的企業印製；未經省、自治區、直轄市人民政府稅務主管部門指定，不得印製發票。

發票的管理辦法由國務院規定。

第十五條 從事生產、經營的納稅人、扣繳義務人必須按照國務院財政、稅務主管部門規定的保管期限保管賬簿、記賬憑證、完稅憑證及其他有關資料。

賬簿、記賬憑證、完稅憑證及其他有關資料不得偽造、變造或者擅自損毀。

第三節　納稅申報

第十六條 納稅人必須在法律、行政法規規定或者稅務機關依照法律、行政法規的規定確定的申報期限內辦理納稅申報，報送納稅申報表、財務會計報表以及稅務機關根據實際需要要求納稅人報送的其他納稅資料。

扣繳義務人必須在法律、行政法規規定或者稅務機關依照法律、行政法規的規定確定的申報期限內報送代扣代繳、代收代繳稅款報告表以及稅務機關根據實際需要要求扣繳義務人報送的其他有關資料。

第十七條 納稅人、扣繳義務人不能按期辦理納稅申報或者報送代扣代繳、代收代繳稅款報告表的，經稅務機關核准，可以延期申報。

第三章　稅款徵收

第十八條　稅務機關依照法律、行政法規的規定徵收稅款，不得違反法律、行政法規的規定開徵、停徵、多徵或者少徵稅款。

第十九條　扣繳義務人依照法律、行政法規的規定履行代扣、代收稅款的義務。對法律、行政法規沒有規定負有代扣、代收稅款義務的單位和個人，稅務機關不得要求其履行代扣、代收稅款義務。

扣繳義務人依法履行代扣、代收稅款義務時，納稅人不得拒絕。納稅人拒絕的，扣繳義務人應當及時報告稅務機關處理。

稅務機關按照規定付給扣繳義務人代扣、代收手續費。

第二十條　納稅人、扣繳義務人按照法律、行政法規規定或者稅務機關依照法律、行政法規的規定確定的期限，繳納或者解繳稅款。納稅人因有特殊困難，不能按期繳納稅款的，經縣以上稅務局（分局）批准，可以延期繳納稅款，但最長不得超過三個月。

納稅人未按照前款規定期限繳納稅款的，扣繳義務人未按照前款規定期限解繳稅款的，稅務機關除責令限期繳納外，從滯納稅款之日起，按日加收滯納稅款 2‰ 的滯納金。

第二十一條　納稅人可以依照法律、行政法規的規定向稅務機關書面申請減稅、免稅。

減稅、免稅的申請須經法律、行政法規規定的減稅、免稅審查批准機關審批；地方各級人民政府、各級人民政府主管部門、單位和個人違反法律、行政法規規定，擅自作出的減稅、免稅決定無效。

第二十二條　稅務機關徵收稅款和扣繳義務人代扣、代收稅款時，必須給納稅人開具完稅憑證。

第二十三條　納稅人有下列情形之一的，稅務機關有權核定其應納稅額：

（一）依照本法規定可以不設置賬簿的；

（二）依照本法規定應當設置但未設置賬簿的；

（三）雖設置賬簿，但賬目混亂或者成本資料、收入憑證、費用憑證殘缺不全，難以查賬的；

（四）發生納稅義務，未按照規定的期限辦理納稅申報，經稅務機關責令限期申報，逾期仍不申報的。

第二十四條 企業或者外國企業在中國境內設立的從事生產、經營的機構、場所與其關聯企業之間的業務往來，應當按照獨立企業之間的業務往來收取或者支付價款、費用；不按照獨立企業之間的業務往來收取或者支付價款、費用，而減少其應納稅的收入或者所得額的，稅務機關有權進行合理調整。

第二十五條 對未取得營業執照從事經營的單位或者個人，除由工商行政管理機關依法處理外，由稅務機關核定其應納稅額，責令繳納；不繳納的，稅務機關可以扣押其價值相當於應納稅款的商品、貨物。扣押後繳納應納稅款的，稅務機關必須立即解除扣押，並歸還所扣押的商品、貨物；扣押後仍不繳納應納稅款的，經縣以上稅務局（分局）局長批准，拍賣所扣押的商品、貨物，以拍賣所得抵繳稅款。

第二十六條 稅務機關有根據認為從事生產、經營的納稅人有逃避納稅義務行為的，可以在規定的納稅期之前，責令限期繳納應納稅款；在限期內發現納稅人有明顯的轉移、隱匿其應納稅的商品、貨物以及其他財產或者應納稅的收入的迹象的，稅務機關可以責成納稅人提供納稅擔保。如果納稅人不能提供納稅擔保，經縣以上稅務局（分局）局長批准，稅務機關可以採取下列稅收保全措施：

（一）書面通知納稅人開戶銀行或者其他金融機構暫停支付納稅人的金額相當於應納稅款的存款；

（二）扣押、查封納稅人的價值相當於應納稅款的商品、貨物或者其他財產。

納稅人在前款規定的限期內繳納稅款的，稅務機關必須立即解除稅收保全措施；限期期滿仍未繳納稅款的，經縣以上稅務局（分局）局長批准，稅務機關可以書面通知納稅人開戶銀行或者其他金融機構從其暫停支付的存款中扣繳稅款，或者拍賣所扣押、查封的商品、貨物或者其他財產，以拍賣所得抵繳稅款。

採取稅收保全措施不當，或者納稅人在限期內已繳納稅款，稅務機關未立即解除稅收保全措施，使納稅人的合法利益遭受損失的，稅務機關應當承擔賠償責任。

第二十七條 從事生產、經營的納稅人、扣繳義務人未按照規定的期限繳納或者解繳稅款，納稅擔保人未按照規定的期限繳納所擔保的稅款，由稅務機關責令限期繳納，逾期仍未繳納的，經縣以上稅務局（分局）局長批准，稅務機關可以採取下列強制執行措施：

（一）書面通知其開戶銀行或者其他金融機構從其存款中扣繳稅款；

（二）扣押、查封、拍賣其價值相當於應納稅款的商品、貨物或者其他財產，以拍賣所得抵繳稅款。

稅務機關採取強制執行措施時，以前款所列納稅人、扣繳義務人、納稅擔保人未繳納的滯納金同時強制執行。

第二十八條 欠繳稅款的納稅人需要出境的，應當在出境前向稅務機關結算應納稅款或者提供擔保。未結清稅款，又不提供擔保的，稅務機關可以通知出境管理機關阻止其出境。

第二十九條 稅務機關扣押商品、貨物或者其他財產時，必須開付收據；查封商品，貨物或者其他財產時，必須開付清單。

第三十條 納稅人超過應納稅額繳納的稅款，稅務機關發現後應當立即退還；納稅人自結算繳納稅款之日起三年內發現的，可以向稅務機關要求退還，稅務機關查實後應當立即退還。

第三十一條 因稅務機關的責任，致使納稅人、扣繳義務人未繳或者少繳稅款的，稅務機關在三年內可以要求納稅人、扣繳義務人補繳稅款，但是不得加收滯納金。

因納稅人、扣繳義務人計算錯誤等失誤，未繳或者少繳稅款的，稅務機關在三年內可以追徵；有特殊情況的，追徵期可以延長到十年。

第四章　稅務檢查

第三十二章　稅務機關有權進行下列稅務檢查：

（一）檢查納稅人的賬簿、記賬憑證、報表和有關資料，檢查扣繳義務人代扣代繳、代收代繳稅款賬簿、記賬憑證和有關資料；

（二）到納稅人的生產、經營場所和貨物存放地檢查納稅人應納稅的商品、貨物或者其他財產，檢查扣繳義務人與代扣代繳、代收代繳稅款有關的經營情況；

（三）責成納稅人、扣繳義務人提供與納稅或者代扣代繳、代收代繳稅款有關的文件、證明材料和有關資料；

（四）詢問納稅人、扣繳義務人與納稅或者代扣代繳、代收代繳稅款有關的問題和情況；

（五）到車站、碼頭、機場、郵政企業及其分支機構檢查納稅人托運、郵寄應納稅商品、貨物或者其他財產的有關單據、憑證和有關資料；

（六）經縣以上稅務局（分局）局長批准，憑全國統一格式的檢查存款賬戶許可證明，查核從事生產、經營的納稅人、扣繳義務人在銀行或其他金融機構的存款賬戶；查核從事生產、經營的納稅人的儲蓄存款，須經銀行縣、市支行或者市分行的區辦事處核對，指定所屬儲蓄所提供資料。

第三十三條　納稅人、扣繳義務人必須接受稅務機關依法進行的稅務檢查，如實反映情況，提供有關資料，不得拒絕、隱瞞。

第三十四條　稅務機關依法進行稅務檢查時，有關部門和單位應當支持、協助，向稅務機關如實反映納稅人、扣繳義務人和其他當事人的與納稅或者代扣代繳、代收代繳稅款有關的情況，提供有關資料及證明材料。

第三十五條　稅務機關調查稅務違法案件時，對與案件有關的情況和資料，可以記錄、錄音、錄像、照像和復製。

第三十六條　稅務機關派出的人員進行稅務檢查時，應當出示稅務檢查證件，並有責任為被檢查人保守秘密。

第五章　法律責任

第三十七條　納稅人有下列行為之一的，由稅務機關責令限期改正，逾期不改正的，可以處以 2,000 元以下的罰款；情節嚴重的，處以 2,000 元以上 10,000 元以下的罰款：

（一）未按照規定的期限申報辦理稅務登記、變更或者註銷登記的；

（二）未按照規定設置、保管賬簿或者保管記賬憑證和有關資料的；

（三）未按照規定將財務、會計制度或者財務、會計處理辦法報送稅務機關備查的。

第三十八條　扣繳義務人未按照規定設置、保管代扣代繳、代收代繳稅款賬簿或者保管代扣代繳、代收代繳稅款記賬憑證及有關資料的，由稅務機關責令限期改正，逾期不改正的，可以處以 2,000 元以下的罰款；情節嚴重的，處以 2,000 元以上 5,000 元以下的罰款。

第三十九條　納稅人未按照規定的期限辦理納稅申報的，或者扣繳義務人未按照規定的期限向稅務機關報送代扣代繳、代收代繳稅款報告表的，由稅務機關責令限期改正，可以處以 2,000 元以下的罰款；逾期不改正的，可以處以 2,000 元以上 10,000 元以下的罰款。

第四十條　納稅人採取偽造、變造、隱匿、擅自銷毀賬簿、記賬憑證，在賬簿上多列支出或者不列、少列收入，或者進行虛假的納稅申報的手段，不繳或者少繳應納稅款的，是偷稅。偷稅數額佔應納稅額的 10% 以上並且偷稅數額在 10,000 元以上的，或者因偷稅被稅務機關給予二次行政處罰又偷稅的，除由稅務機關追繳其偷稅款外，依照關於懲治偷稅、抗稅犯罪的補充規定第一條的規定處罰；偷稅數額不滿 10,000 元或者偷稅數額佔應納稅額不到 10% 的，由稅務機關追繳其偷稅款，處以偷稅數額五倍以下的罰款。

扣繳義務人採取前款所列手段，不繳或者少繳已扣、已收稅款，數額佔應繳稅額的 10% 以上並且數額在 10,000 元以上的，依照關於懲治偷稅、抗稅犯罪的補充規定第一條的規定處罰；數額不滿 10,000 元或者數額佔應繳稅額不到 10% 的，由稅務機關追繳其不繳或少繳的稅款，處以不繳或者少繳的稅款五倍以下的罰款。

　　第四十一條　納稅人欠繳應納稅款，採取轉移或者隱匿財產的手段，致使稅務機關無法追繳欠繳的稅款，數額在 10,000 元以上的，除由稅務機關追繳欠繳的稅款外，依照關於懲治偷稅、抗稅犯罪的補充規定第二條的規定處罰；數額不滿 10,000 元的，由稅務機關追繳欠繳的稅款，處以欠繳稅款五倍以下的罰款。

　　第四十二條　企業事業單位犯有第四十條、第四十一條規定的違法行為，構成犯罪的，依照關於懲治偷稅、抗稅犯罪的補充規定第三條的規定處罰；未構成犯罪的，由稅務機關追繳其不繳或者少繳的稅款，處以不繳或者少繳的稅款五倍以下的罰款。

　　第四十三條　納稅人向稅務人員行賄，不繳或者少繳應納稅款的，依照關於懲治偷稅、抗稅犯罪的補充規定第四條的規定處罰。

　　第四十四條　企業事業單位採取對所生產或者經營的商品假報出口等欺騙手段，騙取國家出口退稅款，數額在 10,000 元以上的，除由稅務機關追繳其騙取的退稅款外，依照關於懲治偷稅、抗稅犯罪的補充規定第五條第一款的規定處罰；騙取的國家出口退稅款數額不滿 10,000 元的，由稅務機關追繳其騙取的退稅款，處以騙取稅款五倍以下的罰款。

　　前款規定以外的單位或者個人騙取國家出口退稅款的，除由稅務機關追繳其騙取的退稅款外，依照關於懲治偷稅、抗稅犯罪的補充規定第五條第二款的規定處罰；數額較小，未構成犯罪的，由稅務機關追繳其騙取的退稅款，處以騙取稅款五倍以下的罰款。

　　第四十五條　以暴力、威脅方法拒不繳納稅款的，是抗稅，除由稅務機關追繳其拒繳的稅款外，依照關於懲治偷稅、抗稅犯罪的補充規定第六條第一款的規定處罰；情節輕微，未構成犯罪的，由稅務機關追繳其拒繳的稅款，處以拒繳稅款五倍以下的罰款。

以暴力方法抗稅，致人重傷或者死亡的，按照傷害罪、殺人罪從重處罰，並依照關於懲治偷稅、抗稅犯罪的補充規定第六條第二款的規定處以罰金。

第四十六條　從事生產、經營的納稅人、扣繳義務人在規定期限內不繳或者少繳應納或者應解繳的稅款，經稅務機關責令限期繳納，逾期仍未繳納的，稅務機關除依照本法第二十七條的規定採取強制執行措施追繳其不繳或者少繳的稅款外，可以處以不繳或者少繳的稅款五倍以下的罰款。

第四十七條　扣繳義務人應扣未扣、應收未收稅款的，由扣繳義務人繳納應扣未扣、應收未收稅款。但是，扣繳義務人已將納稅人拒絕代扣、代收的情況及時報告稅務機關的除外。

第四十八條　違反本法第十四條規定，非法印製發票的，由稅務機關銷毀非法印製的發票，沒收違法所得，並處罰款。

第四十九條　本法規定的行政處罰，由縣以上稅務局（分局）決定；對個體工商戶及未取得營業執照從事經營的單位、個人罰款額在1,000元以下的，由稅務所決定。

稅務機關罰款必須開付收據。

第五十條　以暴力、威脅方法阻礙稅務人員依法執行職務的，依照刑法第一百五十七條的規定追究刑事責任；拒絕、阻礙稅務人員依法執行職務未使用暴力、威脅方法的，由公安機關依照治安管理處罰條例的規定處罰。

第五十一條　人民法院和稅務機關的罰沒收入，一律上繳國庫。

第五十二條　稅務人員與納稅人、扣繳義務人勾結，唆使或者協助納稅人、扣繳義務人犯本法第四十條、第四十一條、第四十二條、第四十四條罪的，按照刑法關於共同犯罪的規定處罰；未構成犯罪的，給予行政處分。

第五十三條　稅務人員利用職務上的便利，收受或者索取納稅人、扣繳義務人財物，構成犯罪的，按照受賄罪追究刑事責任；未構成犯罪的，給予行政處分。

第五十四條 稅務人員玩忽職守，不徵或者少徵應徵稅款，致使國家稅收遭受重大損失的，依照刑法第一百八十七條的規定追究刑事責任；未構成犯罪的，給予行政處分。

稅務人員濫用職權，故意刁難納稅人、扣繳義務人的，給予行政處分。

第五十五條 違反法律、行政法規的規定，擅自決定稅收的開徵、停徵或者減稅、免稅、退稅、補稅的，除依照本法規定撤銷其擅自作出的決定外，補徵應徵未徵稅款，退還不應徵收而徵收的稅款，並由上級機關追究直接責任人員的行政責任。

第五十六條 納稅人、扣繳義務人、納稅擔保人同稅務機關在納稅上發生爭議時，必須先依照法律、行政法規的規定繳納或者解繳稅款及滯納金，然後可以在收到稅務機關填發的繳款憑證之日起60日內向上一級稅務機關申請復議。上一級稅務機關應當自收到復議申請之日起60日內作出復議決定。對復議決定不服的，可以在接到復議決定書之日起15日內向人民法院起訴。

當事人對稅務機關的處罰決定、強制執行措施或者稅收保全措施不服的，可以在接到處罰通知之日起或者稅務機關採取強制執行措施、稅收保全措施之日起15日內向作出處罰決定或者採取強制執行措施、稅收保全措施的機關的上一級機關申請復議；對復議決定不服的，可以在接到復議決定之日起15日內向人民法院起訴。當事人也可以在接到處罰通知之日起或者稅務機關採取強制執行措施、稅收保全措施之日起15日內直接向人民法院起訴。復議和訴訟期間，強制執行措施和稅收保全措施不停止執行。

當事人對稅務機關的處罰決定逾期不申請復議也不向人民法院起訴、又不履行的，作出處罰決定的稅務機關可以申請人民法院強制執行。

第六章　附　　則

第五十七條　納稅人、扣繳義務人可以委託稅務代理人代為辦理稅務事宜。

第五十八條　農業稅、牧業稅、耕地佔用稅、契稅的徵收管理，參照本法有關規定執行。

關稅、船舶噸稅及海關代徵稅收的徵收管理，依照法律、行政法規的有關規定執行。

第五十九條　中華人民共和國同外國締結的有關稅收的條約、協定同本法有不同規定的，依照條約、協定的規定辦理。

第六十條　本法施行前頒布的稅收法律與本法有不同規定的，適用本法規定。

第六十一條　國務院根據本法制定實施細則。

第六十二條　本法自1993年1月1日起施行。1986年4月21日國務院發布的《中華人民共和國稅收徵收管理暫行條例》同時廢止。

中國大陸涉外稅法實務／盧雲著. -- 臺灣初版
　-- 臺北市：臺灣商務, 1994 [民83]
　　面 ； 公分
　　ISBN 957-05-0986-4（平裝）

1. 直接稅 - 法律方面

567.2　　　　　　　　　　　　　　　　83006372

中國大陸涉外稅法實務

定價新臺幣 280 元

著　　　者　盧　　雲
策 劃 編 輯　廖　劍　雲

發 行 人　張　連　生
出 版 者　臺灣商務印書館股份有限公司
印 刷 所　臺北市 10036 重慶南路 1 段 37 號
　　　　　電話：(02)3116118・3115538
　　　　　傳眞：(02)3710274
　　　　　郵政劃撥：0000165-1 號
　　　　　出版事業
　　　　　登 記 證：局版臺業字第 0836 號

• 1993 年 7 月香港初版
• 1994 年 9 月臺灣初版第一次印刷
本書經商務印書館(香港)有限公司授權本館在臺灣地區出版發行

ISBN　957-05-0986-4（平裝）　　　　b 56473000